MEIJIE PIPING

媒介批评

第八辑

蒋原伦　张　柠　主　编
王颖吉　魏宝涛　副主编

GUANGXI NORMAL UNIVERSITY PRESS
广西师范大学出版社
·桂林·

图书在版编目（CIP）数据

媒介批评. 第八辑 / 蒋原伦，张柠主编. —桂林：广西师范大学出版社，2018.9
ISBN 978-7-5598-1196-7

Ⅰ. ①媒… Ⅱ. ①蒋… ②张… Ⅲ. ①传播媒介—研究 Ⅳ. ①G206.2

中国版本图书馆 CIP 数据核字（2018）第 214309 号

广西师范大学出版社出版发行
（广西桂林市五里店路 9 号 邮政编码：541004
网址：http://www.bbtpress.com）
出版人：张艺兵
全国新华书店经销
广西广大印务有限责任公司印刷
（桂林市临桂区秧塘工业园西城大道北侧广西师范大学出版社集团有限公司创意产业园内 邮政编码：541100）
开本：720 mm × 970 mm 1/16
印张：19 字数：296 千字
2018 年 9 月第 1 版 2018 年 9 月第 1 次印刷
定价：49.00 元

目　录

智能源于生命:人工生命的实践与观念

王颖吉　卫琳聪

自1956年达特茅斯会议提出人工智能这一概念以来,人工智能在短短60多年间迅速发展,并在90年代后半期随着机器学习的进步迎来第三次浪潮。尤其是近年来AlphaGo与人类棋手的对弈,使得人工智能成为当下全民关注的话题,也引发了人们关于机器是否会取代人类等争论与思考。与人工智能相比,人工生命这一概念的普及度要小很多。其实,人工生命的研究与人工智能同宗同源,两者拥有共同的计算机科学基础,并且表现出对人类智能的共同关注。

事实上,我们可以将人工生命看成是人工智能发展路径除了符号主义和神经网络学派之外的另一个流派,这个流派主张智能是生命的结果,而生命则表现为一系列的行为。人工生命的观念更加接近神经网络的思路,都反对符号主义人工智能自上而下的智能观,而主张自下而上的智能观。不过,与神经网络不同的是,人工生命并不仅仅关注智能,而是更多地关注生命现象和生命系统本身,智能不过是生命的结果,因此人工生命的成功自然也就意味着人工智能的成功,反之,如果缺乏对生命系统和现象的了解,很可能错失发展真正智能的机会。毕竟，智能是否可以被视为独立的研究对象和领域还是存在着很大争议的。

看起来人工智能研究所取得的进展要远大于人工生命，然而人工智能60多年的历史经验告诉我们，现在处于相对沉寂的领域未尝不会在未来成为大众所关注的主导方向。神经动力学的研究就是一个最有代表性的例子，它的起步时间并不比符号主义人工智能晚，在20世纪五六十年代，这一学派与符号主义并驾齐驱，齐头并进，只是到了60年代中期以后，由于受到符号主义的打击、研究进展遭遇瓶颈、计算机硬件性能限制等的影响，神经网络销声匿迹了长达20年时间，以至于一些人工智能方面的历史著作对这一早期重要学派只字不提。但20世纪80年代中期以后，神经网络迅速崛起，并最终取代符号主义成为当代人工智能发展的主流。人工生命事实上在20世纪八九十年代也一度热门，但同样遭遇了技术瓶颈，在进入21世纪以后一直缓步前行。不过，没有人能够准确预测这一流派未来的发展趋势会不会重演神经网络学派的那种发展历程，只不过人工生命的理念是从生命整体系统的框架来思考智能问题，而这种对智能的理解本身就是对符号主义路径失败经验加以总结的结果，是具有其合理性的。

从长远一些的时间维度看，人工智能如果要在未来取得进一步的突破，就需要模拟生命的实际存在模式，让机器学会从它所沉浸的环境之中发展出智能。从身体感觉、知觉到理性运作的过程将成为未来人工智能的一个重要的发展方向，而这些环节只有在对生命体系的整体观照下才能得到很好的把握。因此，对于人工生命的持续关注，对于我们更好地理解人工智能本质及其未来趋势具有重要意义。

一、人工生命的起源与发展

1.人工生命的研究源起

人工生命的研究萌芽于20世纪上半叶，在源起阶段受到阿兰·图灵(Alan Mathison Turing)、约翰·冯·诺依曼(John von Neumann)和诺伯特·维纳(Norbert Wiener)的影响。20世纪50年代，图灵在一篇论形态发生

(生物学形态发育)的数学论文中提出了人工生命的萌芽思想。冯·诺依曼则提出了“细胞自动机”(Cellular Automaton)的构想，并证实了能够自我繁殖的细胞自动机确实存在，从而证明了如果把自我繁衍视为生命独有的特征，则机器也具有生命。几乎在同一时期，维纳开始应用信息理论以及自我调节(静态)过程分析来研究生命系统。

但由于早年间计算机运算能力的限制，图灵和冯·诺依曼等人关于人工生命的理念和相关研究并未充分展开。直到20世纪七八十年代，约翰·康韦(John Con-way)、沃弗拉姆(Stephen Wolfram)、克里斯托弗·盖尔·兰顿(Christopher Gale Langton)等人才对细胞自动机进行了进一步研究。1970年康韦编写了“生命游戏”程序，它使细胞自动机产生无法预测的延伸、变形和停止等复杂的模式。在“生命游戏”的启发下，兰顿对相关问题进行了进一步研究，并于1987年9月在美国洛斯阿拉莫斯国家实验室主持召开了“关于生命系统合成与模拟的跨学科研讨会”。在这次大会上，兰顿正式提出了“人工生命”这一概念。随后，人工生命的研究吸引了系统科学、控制科学、计算机科学、生物科学以及经济学、哲学等众多学科专家的注意，逐渐形成了美国、欧洲、日本三大研究中心。

2.人工生命的概念与分类

作为人工生命概念的提出者，兰顿认为人工生命是“关于人造系统的研究，这个人造系统展示的行为必须具有自然生命系统的特征”。[①] 此外，也有其他学者对人工生命提出不同定义。如人工生命科学的著名学者 Boden 认为“人工生命用信息概念和计算机建模来研究一般的生命和地球上特有的生命”[②]；而 T. S. Ray 则认为“人工生命用非生命的元素去建构生命现象以了解生物学，而不是把自然的生物体分解成各个单元，它是一种综合性方法而不是还原的方法”[③]。国内学者涂序彦等认为“人工生命，即人造生命、非自然生命，如数字生命(digital life)、人工鱼(artificial fish)、机器人(robot)、软件人

① 凯瑟琳·海勒：《我们何以成为后人类》，刘宇清译，北京大学出版社2017年，第312页。

② M. A. Boden, “The Philosophy of Artificial Life”, *Oxford Readings in Philosophy*, 1996.

③ T. S. Ray, “An Approach to the Synthesis of Life”, *Artificial Life II: Proceedings of the Workshop on Artificial Life*, Addison-Wesley, 1990:371—408.

(softman)等”[①]，是对“自然生命的模拟、延伸与扩展”[②]。

随着人工生命的发展，这一领域出现了三个不同的研究阵营，分别为基于软件(Software)的软人工生命(Soft artificial life)、基于硬件(Hardware)的硬人工生命(Hard artificial life)与基于湿件(Wetware)的湿人工生命(Wet artificial life)。其中，软人工生命指的是具备自我繁殖、自我复制等生命特征，通过电脑程序展现的生命形式，即凯瑟琳·海勒(N. Katherinen Hayles)所说的“可以实现新兴的或者进化论过程的计算机程序”[③]，是一种不具备实体形态的虚拟“数字生命”。硬人工生命则是“关于机器人以及其他具形化生命形态的建构”[④]，比如通常所说的机器人，即为一种硬人工生命。湿人工生命则衍生自分子生物化学研究，试图“通过在试管中培育单细胞机体成分的方法来创造人工的生物学生命”[⑤]，如克隆羊等。

从生命实在性角度出发，人工生命又被划分为强人工生命与弱人工生命。强人工生命的支持者认为，生命的本质不取决于其外在形式，他们试图摆脱物质的影响，将生命理解为一种过程或组织形式，从中抽象出控制生命的逻辑，认为具备生命行为特点与逻辑的存在即为生命。人工生命这一概念的提出者兰顿即这一派观点的代表人物，在兰顿看来，能够展现生命所共有的自我繁殖、新陈代谢活动、死亡、复杂的组织和行为等特点的计算机程序也应该被看作是“活的”。而弱人工生命的支持者认为，人工生命只是对真实生命的模拟，其本身不能称之为生命。如卢卡斯(J. Lucas)、彭罗斯(R. Penrose)等学者即从心与机器的不同、计算机与人在思想上的差异等角度进行论证，批驳了强人工生命的观点。此外，还有一种观点认为，硬人工生命有可能成为真正的生命，而软人工生命因为只存在于虚拟环境中，难以称之为生命。

此外，在2002年举办的第一届全国人工生命及应用学术会议上，我国学者涂序彦对兰顿提出的人工生命概念进行了拓展，将人工生命分为广义人工

---

① 涂序彦、韩力群、王洪泊:《广义人工生命》，科学出版社2011年，第5页。
② 曹少中、涂序彦:《人工智能与人工生命》，电子工业出版社2011年，第230页。
③ 凯瑟琳·海勒:《我们何以成为后人类》，刘宇清译，北京大学出版社2017年，第302页。
④ 凯瑟琳·海勒:《我们何以成为后人类》，刘宇清译，北京大学出版社2017年，第302页。
⑤ 凯瑟琳·海勒:《我们何以成为后人类》，刘宇清译，北京大学出版社2017年，第302页。

生命与狭义人工生命。涂序彦将兰顿提出的人工生命概念划归为狭义人工生命，并与之对应地提出了广义人工生命的概念，将其定义为是"模拟、延伸、扩展自然生命(首先是人的生命)，采用分析或/和综合的方法，生物或/和工程科学技术生成或制造的，基于碳链或/和非碳链物料的，具有类似自然生命形态结构、特性功能、现象行为的广义人造生命"①，具体包括生物人工生命、工程人工生命、生物工程人工生命三种类型。

以上三种分类方式中，软人工生命、硬人工生命、湿人工生命的划分方法占据主流。其中，软人工生命在人工生命研究中处于主导地位，这种在软件上实现进化的系统被认为是研究有关进化系统问题最真实、最具建设性的方式；硬人工生命研究则与人工智能研究有着直接交叉；湿人工生命由于更多地借助生物科学的方法而与前两种人工生命有较大不同，与兰顿等最初提出的人工生命概念也有本质区别，对于其是否属于人工生命仍有争议。因而，本文对人工生命的探讨主要采用软人工生命、硬人工生命、湿人工生命这一划分方法，且主要探讨软人工生命、硬人工生命两种形态。

3.人工生命与人工智能的关系

人工生命与人工智能有着共同的研究源起，两者都在计算机科学的基础上发展起来，并且共同受到阿兰·图灵和约翰·冯·诺依曼的影响。作为人工生命萌芽思想的提出者，图灵也有"人工智能之父"之称，其于 1950 年发表的论文《计算机器与智能》被认为为人工智能研究提供了开创性构思，所提出的"图灵测试"更是成为检验机器是否具备智能的重要方法。② 而提出细胞自动机构想的冯·诺依曼也在 1958 年出版的《计算机与人脑》一书中预示了人工智能的发展路线。

在具体的研究中，人工生命与人工智能也存在诸多交叉与融合。其中，硬人工生命的研究与人工智能的重叠最为明显，但两者展现出了不同的研究思路。人工智能的研究试图采用自上而下的、集中式的方法直接在机器中创造人类智能，硬人工生命则试图将系统的自主适应性与智能行为合成起来，采用

---

① 涂序彦、韩力群、王洪泊：《广义人工生命》，科学出版社 2011 年，第 11 页。

② Stuart J. Russell，Peter Norvig：《人工智能：一种现代的方法》第 3 版，殷建平等译，清华大学出版社 2011 年，第 17 页。

自下而上的、分布式的方法，从昆虫级别的智能逐步进化出高级智能。硬人工生命的这种研究方法被称为“基于行为”的机器人技术，由麻省理工大学人工智能实验室的罗德尼·布鲁克斯（Rodney Brooks）首先提出。布鲁克斯认为，“我们最终能够利用人工生命的技巧，在计算机内部发展人类智能的等价物”。[①] 目前，这种源自人工生命研究的方法已被人工智能研究所吸收，被称之为行为主义学派，成为人工智能研究的重要方法之一。

人工生命与人工智能都关注认知问题和智能的实现，但研究思想有所不同：“人工智能将认知想象为逻辑的运行/运算，反之，人工生命则把认知视为神经系统的运行/运算；人工智能从人类层面的认知出发，而人工生命则从昆虫或者动物的认知开始；在人工智能对认知的建构中，认知仿佛是独立于知觉的，而在人工生命领域，认知却与感觉/运动神经经验结成一体。”[②]

从研究领域来看，人工生命研究涵盖软人工生命、硬人工生命、湿人工生命三个方向，比人工智能的研究范围也更为广泛。

二、人工生命视角下的生命观

人工生命研究强调以并行处理的方式，从处于底层的低级行为和简单规则中自下而上地突现出复杂结构来，这种突现、自下而上建构、局部控制、并行处理等是人工生命研究的主要思想。其最重要的两点特质是，“首先关注于生活系统（living system）的本质而非偶然属性；其次通过人工合成极端简单的生活系统的形式来理解该系统”[③]。这两种特性相互关联，使得人工生命研究可以“建设性地探索成为生命的分界线是什么”[④]。具体而言，人工生命的研究对智能和生命的看法有以下几点：

---

① 凯瑟琳·海勒：《我们何以成为后人类》，刘宇清译，北京大学出版社，2017 年，第 321 页。

② 凯瑟琳·海勒：《我们何以成为后人类》，刘宇清译，北京大学出版社，2017 年，第 321 页。

③ 莫汉·马修、克里斯托弗·斯蒂芬斯：《爱思唯尔科学哲学手册（生物学哲学）》，赵斌译，北京师范大学出版社 2015 年，第 708 页。

④ 莫汉·马修、克里斯托弗·斯蒂芬斯：《爱思唯尔科学哲学手册（生物学哲学）》，赵斌译，北京师范大学出版社 2015 年，第 708 页。

1.从“如吾所识的生命”到“如其所能的生命”

人工生命的生命观核心在于,认为生命的本质不在于其物质基础或外在表现形态,而在于其是否具有反映生命本质特点的行为,即生命不仅是以有机物为基础的“如吾所识的生命”(life-as-we-know-it),也包括具备生命行为逻辑的“如其所能的生命”(life-as-it-could-be)。人工生命的研究者试图摆脱物质的限制,从中抽象出控制生命的本质逻辑,并在其他介质上再现这些逻辑,以此创造生命。在人工生命的研究者看来,这些反映生命本质特点的行为逻辑包括繁衍、进化、应激等。

这样的生命观在最初冯·诺依曼对人工生命的探索中就已得到了体现。冯·诺依曼提出,任何能够进行自我繁殖的遗传物质都应具有两个基本特点:一是具有在繁衍过程中能够运行的算法,二是具有能够复制和传到下一代的数据。[①] 通过细胞自动机的构想,冯·诺依曼进一步证实,在无机物的介质上这种自我繁殖也能够实现。也就是说,如果把自我繁殖视为生命的本质特点,以无机物为物质基础的人造物也可以成为生命。作为人工生命这一概念的提出者,兰顿也明确指出,“人工生命中确定的原则性设想,一是机体的‘逻辑形式’可以与其结构的物质基础分离开来;二是‘活力’(aliveness)要成为前者的属性,而不是后者的”。[②] 他的观点更为清晰地揭示了人工生命所认为的生命本质。基于这样的生命观,兰顿认为“人工生命是对传统生物科学的补充;生物学建立在经验性基础之上,将经验性基础延伸到地球上已经发展了的碳链生命(carbon-chain life)之外,人工生命可以为理论生物学做出贡献,把‘如吾所识的生命’(life-as-we-know-it)放置到‘如其所能的生命’(life-as-it-could-be)这个更广泛的场域中”。[③]

2.意识是一种伴随状态

笛卡尔认为,人的存在取决于心灵,但如何认识心灵却一直存在争议。在人工生命、人工智能等领域,研究者将这一问题转化为对人类智能的研究,试图通过探究人类意识、思维的产生机制破解生命的奥秘,进而复制生命。在这

① 喻海飞、汪定伟:《人工生命研究综述》,《信息与控制》2004 年第 4 期,第 434—439 页。

② 凯瑟琳·海勒:《我们何以成为后人类》,刘宇清译,北京大学出版社 2017 年,第 310 页。

③ 凯瑟琳·海勒:《我们何以成为后人类》,刘宇清译,北京大学出版社 2017 年,第 312 页。

一问题上,人工生命界流传着这样一句格言,即“意识是一种伴随状态”①,这体现了人工生命研究者所认为的人类智能的产生方式,构成了人工生命生命观的重要原则。

所谓“意识是一种伴随状态”,指的是在人工生命的研究者看来,人类智能是在具备自繁衍、自组织、自适应等特点的系统中通过突变、不断进化所涌现出来的,意识以伴随的状态栖息在由分布系统执行的机器般的功能之上。在人工生命的研究思想下,生命的建构应该从简单的个体单元开始,通过定义个体单元间的简单规则,令其相互发生作用并产生突变,从而实现自繁衍、自进化、自组织,最终在简单结构中涌现出复杂系统的整体特性。

这样的思想与传统的人工智能研究存在很大不同。传统的人工智能研究遵循符号主义学派,又称逻辑主义、心理学派或计算机学派。符号主义实现人工智能的方法通常被称为基于知识的方法,即以符号表示知识,把知识存储到计算机中去,在处理具体问题时需要具备该领域足够多的知识,进而对符号进行处理,采用启发式知识及启发式搜索对问题进行求解。在这种方法指导下,传统AI模型往往采用自上而下指定的串联系统(top-down-specified serial systems),由复杂的集中控制器在获取全局各方面状态的基础上做出决定。人工智能的复杂行为目标是给定的,是一种自上而下的、集中式的处理方法。

相反,人工生命则采用“局域相互作用主题构成的自下而上指定的并行系统”②,遵循自下而上的、分布式的生命构建方法。罗德尼·布鲁克斯(Rodney Brooks)便认为人类更加本质的属性是四处活动的能力以及与环境强劲互动的能力,因而并不主张从人类思想最先进的性质出发,而是从运动和简单的互动开始,自下而上地构建生命。这样的观念打破了汉斯·莫拉维克(Hans Moravec)所希望保持的意识的完整性,将认知与感觉/运动神经经验联系在一起,体现了简单互动,及由此产生的突变、进化等生物行为对生命的重要性。按照兰顿的说法,“生命也许确实是某种生化机器,但要启动这台机器,不是把生命注入这台机器,而是将这台机器的各个部分组织起来,让它们产生互动,

① 凯瑟琳·海勒:《我们何以成为后人类》,刘宇清译,北京大学出版社2017年,第320页。

② 莫汉·马修、克里斯托弗·斯蒂芬斯:《爱思唯尔科学哲学手册(生物学哲学)》,赵斌译,北京师范大学出版社2015年,第711页。

从而使其具有‘生命’”[①]。

3.生命的本质是算法

从“如其所能”的生命观念的提出已可以看出，人工生命对于生命的认识有着浓厚的笛卡尔“身心二元论”的色彩，即认为生命并不依赖于物质、不依赖于其外在形态。但不同于笛卡尔将生命的本质归结于心灵、归结于“我思”，人工生命的研究者从计算机科学的角度出发，将生命的本质理解为算法。

软人工生命的研究可以说是这一生命观的最佳体现，研究者通过程序模拟应激、繁殖、进化等生物行为，并认为这些具备了生命特征的计算机程序也是一种生命。更进一步，在尤瓦尔·赫拉利(Yuval Harari)等人看来，算法是一套进行计算、解决问题、做出决定的有条理的步骤，基于这一理解，他们认为生物本身就是一种算法。而智能机器、人类乃至整个宇宙的本质功能就是处理信息，宇宙“本身都是一个巨大的计算机，我们都是这个大计算机运行的程序”[②]。

在“生命即算法”这一观点的支持者看来，“关于每一个人，最重要的就是数据，以及大脑里数据中的程序。在某一天你可以取出所有的数据，放到一张小小的磁盘中，储存几千年之后，再把它还原，于是你就可以在四千年或者五千年后活着”[③]。早在20世纪50年代，诺伯特·维纳就指出了向人体发送电报的理论可能性，即把人体所包含的信息加以编码，并通过电报传送，之后以其他材料把它制造出来，人就可以实现所谓的“电报旅行”。在这个设想的基础上，汉斯·莫拉维克和雷·库兹韦(Ray Kurzweil)等人提出了心灵上载(mind uploading)的技术设想，认为如果将人类大脑中的自我意识、记忆等信息进行编码后上传至电脑，则电脑即与之前的人脑无异，从而实现了生命的重生与延续。玛蒂娜·罗斯布拉特(Martine Rothblatt)在此基础上进一步提出了“虚拟人”(Virtually Human)的概念，设想通过存储一个人生命中的大量信息形成“思维文件”(Mindfile)，并借助作为人造意识操作系统的“思维软件”(Mindware)从中提取该文件主体的人格，再通过软件设置复制这一人格，进

① 李建会：《人工生命对哲学的挑战》，《科学技术哲学研究》2003年第4期，第23—26页。

② 凯瑟琳·海勒：《我们何以成为后人类》，刘宇清译，北京大学出版社2017年，第322页。

③ 凯瑟琳·海勒：《我们何以成为后人类》，刘宇清译，北京大学出版社2017年，第329页。

而形成具有人类级别意识、可以复制人类思维文件中固有意识的“思维克隆人”（Mindclone），玛蒂娜·罗斯布拉特将其视为一个人身份的数字二重身和数字延伸。

这些设想的共同点在于将生命视为一套可编码的信息组合，认为如果我们可以变成自己构建的信息，就可以达到真正的“长生不老”。在这样的生命观下，人的本质是信息的，并且信息不依赖于物质，而只是承载信息的载体，只要能保证信息的完整，则以何种材料来作为外在形态、甚至有无外在形态都不重要，即玛蒂娜·罗斯布拉特所说的“如果它们能够像人类一样思考，那么它们就是人类”①。

三、对人工生命生命观的批判与反思

1.人工生命生命观的本质

人工生命的研究受到控制论的极大影响，这一领域对生命的看法本质上反映了诺伯特·维纳的信息论生命观。

有学者将维纳的信息论生命观概括为四个命题：(1)人的心灵或思想本质上是信息，身体是物质，是出于稳态（平衡）的物质聚合，由于信息与物质不同，所以心灵与身体不同；(2)人的存在，用维纳的话说，就是个体的同一性，取决于记忆的连续性，而不是构成身体的物质；(3)心灵与身体在现实中是可分离的；(4)人与动物、昆虫，乃至机器，从能维持自身能量和物质平衡上看，是没有区别的。② 这其中既有笛卡尔身心二元论的色彩，又有系统科学、计算机科学视角下信息一元论的特点。笛卡尔认为身心可分，人的存在取决于心灵而不是身体。维纳的信息论生命观继承了笛卡尔身心二元的观点，并结合系统科学将笛卡尔所论述的心灵推至信息，认为人的本质在于信息，而信息与物质可以分离。在信息一元论的基础上，维纳的信息论生命观打破了笛卡尔认为的人因具有心灵而与其他动物或机器有所不同的观点，提出人与其他动物、人与

---

① 玛蒂娜·罗斯布拉特：《虚拟人》，郭雪译，浙江人民出版社 2016 年，第 8 页。

② 计海庆：《赛博格分叉与 N. 维纳的信息论生命观》，《哲学分析》2017 年第 6 期，第 122—194 页。

机器、有机物与无机物无差别的生命观。

人工生命对于生命的看法与维纳的信息论生命观有诸多暗合之处。人工生命研究者所提出的从“如吾所识的生命”到“如其所能的生命”便是建立在对生命的无差别认知上，有关“算法即生命”的看法也体现了“信息是生命的本质”这一信息一元论的观点。他们与笛卡尔和维纳一样，将身体或者说物质与生命的本质剥离开来，从信息或算法的角度出发，进而探究生命在其他载体上的复制。在控制论看来，“所谓生命就是一个可以通过与外界进行信息交换而保持自身平衡的系统。信息的交换过程就是有机体对外界环境的种种偶然因素进行反馈调节并在环境中有效地生活着的过程”①。从这种定义生命的方法来看，人工生命研究者将软人工生命等人造形态理解为生命便合情合理，其所重视的反馈调节等机制与人工生命研究所遵循的自上而下使意识涌现的思想也有诸多相似之处。

2.对人工生命生命观的批判

对于人工生命研究所展现的生命观，学界也存在诸多争议和批判。尽管从维纳的信息论生命观来看，人工生命研究者将具备生命行为逻辑的软人工生命等人造形态理解为生命有其合理之处，但凯瑟琳·海勒认为，兰顿所提出的“如其所能的生命”背后的依据是“同义反复的(tautological)”，她认为兰顿“以这种方式定义生命，是为了确保程序达标(qualify)。然后，因为程序是达标的，所以他声称程序是有生命的”。② 也就是说，当“人工生命研究者所认为的繁衍、进化、应激等生命本质，是否真的就是生命本质”这一问题无法被解答时，人工生命能否被认为是生命也就有待商榷。

更重要的是，人工生命生命观所基于的身心二元的观点受到具身认知的挑战。不同于人工生命研究者所认为的作为“软件”的思维独立于作为“硬件”的身体和大脑，持具身认知观点的学者认为身体与认知有着密切关系。他们认为认知的表征和操作是以物理环境为基础的，人类所有认知(包含那些高级知觉过程)都建立在大脑的特定模式系统中。法国现象学家梅洛-庞蒂

① 计海庆：《赛博格分叉与N. 维纳的信息论生命观》，《哲学分析》2017年第6期，第122—194页。

② 凯瑟琳·海勒：《我们何以成为后人类》，刘宇清译，北京大学出版社2017年，第310页。

（Maurice Merleau-Ponty）提出的身体现象学即认为身体是知觉的中心，认为人之所以能思考，是因为他有一个能感知外界的身体，身体是经验的主体，而不是被经验的客体。

与这样的观点相一致，在人工生命的研究中，一些研究者也反对“只关心模拟，坚称具形/体塑并非必要”的观念，认为“只有具形化的形式才能完全地抓住集体与环境互动的丰富性”。[①] 安东尼奥·达马西奥（Antonio Damasio）便强调具体形象的重要性，他认为身体“贡献的内容也是正常心灵/思维工作的部件或者包裹”，而不单单只是大脑的一个生命支持系统。[②] 在达马西奥看来，利用算法研究心灵的做法在很大程度上忽视了感情的存在，“简单地说，每当受到来自生理的和社会文化环境的次级干扰时，以及对那些环境采取行动时，神经线路都连续不断地表现机体。如果那些表现的基本主题不是栖居在身体里的机体，我可能有某些想法，但是我怀疑它不是我们真正的想法”。[③] 同样，德莱福斯（H. L. Dreyfus）也强调人类智能的具身性。在他看来，由于机器没有这样一个“参与的（involved）、境遇性的（situated）、物质的身体”，人所特有的智能便没有安身立命之所。[④] 借用凯瑟琳·海勒的总结，在具身性的观念看来，“没有人类身体的人类心灵就不是人类心灵”。[⑤] 这与人工生命的生命观截然相反，是对人工生命生命观的根本性挑战。两者之间的争议关乎以人工生命的方法创造的存在能否被认为是生命，也影响着人工生命研究的具体思想与具体方法。

3.人工生命与人工智能的生命观异同

相比于人工生命，人工智能领域对于生命本质问题的探讨并不突出。但从其对智能的研究中可以看出，人工智能研究所体现出的生命观与人工生命有许多相似之处。

人工智能的研究目的在于模拟、拓展人的智能，而模拟、拓展的方法便是

---

① 凯瑟琳·海勒：《我们何以成为后人类》，刘宇清译，北京大学出版社 2017 年，第 300 页。
② 凯瑟琳·海勒：《我们何以成为后人类》，刘宇清译，北京大学出版社 2017 年，第 330 页。
③ 凯瑟琳·海勒：《我们何以成为后人类》，刘宇清译，北京大学出版社 2017 年，第 331 页。
④ H. L. Dreyfus, *What computers still can't do*, MIT Press, 1992.
⑤ 凯瑟琳·海勒：《我们何以成为后人类》，刘宇清译，北京大学出版社 2017 年，第 331 页。

借助于计算机技术，以信息的方式实现智能。这便决定了这项研究从一开始就和人工生命一样，是支持身心二元论的，并且认为智能可以被信息化，本质上是对维纳信息论生命观的反映。基于身心二元论，智能（抑或说心灵）便成为了判定生命最重要的因素，某一人造物是否具备智能便决定了它能否被视为生命。在这一层面上，人工生命与人工智能的研究本质上是一致的，共同反映了从“如吾所识的生命”到“如其所能的生命”的拓展。而在“生命即算法”这一对生命的计算机主义解读上，人工智能研究体现得比人工生命更为明显。毕竟，无论是心灵上载，还是虚拟人的设想，其所针对的都是人类的思维、意识，依旧是通过计算机算法实现人类智能，进而创造生命。

从智能与生命的关系来看，人工生命与人工智能的生命观本质上是一回事，但从智能的实现方式上考虑，两者又有极大不同。如前所述，人工生命的研究者认为“意识是一种伴随状态”，智能的实现需要在简单结构中逐步进化而来，人工智能的研究者则倾向于直接在计算机等载体中实现人类级别的智能。这两种思路反映了对智能的不同认知，但考虑到目前人工生命基于行为与进化的方法已经被人工智能研究所借鉴吸收，二者在对生命的认识上又有了更高的统一性。

4.人工生命生命观的研究意义

对生命现象的考察与模拟对于理解生命本质有着重要意义，由人工生命研究而得来的对于生命的认识有助于我们把握生命的本质特征，进而在回答关于生命的一些疑问，比如生命是否存在等级、生命的物质化身与这些物质所参与的生命动态过程之间的关系等问题上为人们提供了新的思路。更为重要的是，人工生命推动了人们对于广泛意义上的生命的关注，为探索不同生命概念的内涵提供了可能性。

此外，人工生命的生命观对于理解包括人工智能在内的信息技术的发展也有重要意义。

尽管人工生命的发展较晚，这一概念的普及度也远不如人工智能，但就其反映的对生命的理解与认知而言，两者并无二致。可以说，探讨人工生命的生命观，同时也是在探讨人工智能的生命观。两者共同反映的维纳信息论生命观为信息化时代的发展提供了富有哲学意味的解释，在这一生命观下，信息被赋予了极高地位，尽管其身心二元的观点受到具身认知等的挑战，但其所反映的信息之于生命的重要性在这个信息时代却难以被否认。这对于信息技术迅速发展的时代有着重要意义，它使得我们重新思考基于以往认知所形成的传统生命观，启发我们从信息的角度看待生命、从生命的角度看待信息，为重新审视生命提供了新的视角。

（王颖吉，北京师范大学新闻传播学院，副教授；卫琳聪，北京师范大学新闻传播学院2017级学硕）

关于人工智能与新闻业未来的断想

王 蔚

人工智能是近年来互联网领域的一个热词，更是一个受到各国政府高度重视的研究领域，有人甚至把它与宇宙开发、生命科学并列称为当代最引人注目的三大前沿科技领域。对于新闻业而言，机器人写作早已不再新鲜，算法推荐也渐成标配，人工智能的应用正在不知不觉中日益深入。人工智能与新闻业之间的故事，虽不复杂却影响深远，值得好好谈一谈。

一、智能社会即将到来

一般而言，人工智能是一种技术科学，主要是用于模拟、延伸和扩展人类的智能的理论、方法、技术及应用系统。从我国人工智能发展的情况看，国家与科技企业对人工智能领域的重视和投入，有力地推动了人工智能产业的发展。

从国家层面看，政府对于人工智能的重视程度逐渐增强。2017 年，人工智能被首次写入全国政府工作报告。国务院也印发了《新一代人工智能发展规划》，提出六方面的重点任务和一系列保障措施，要求到 2020 年人工智能总体技术和应用与世界先进水平同步，人工智能核心产业规模超过1500亿元，带动相关产业规模超过1万亿元；到2030年，我国人工智能理论、技术与应用总体达到世界领先水平。工业和信息化部印发了《促进新一代人工智能产业发展三年行动计划（2018—2020年）》，部署了人工智能在未来三年的重点发展方向和发展目标，提出了四方面的主要任务，力争到2020年，实现"人工智能重点产品规模化发展、人工智能整体核心基础能力显著增强、智能制造深化发展、人工智能产业支撑体系基本建立"的目标。

从企业层面看，追随着国际知名互联网企业纷纷收购AI技术相关公司的浪潮，中国互联网巨头BAT们也在2017年继续发力，将人工智能视为未来互联网企业不可或缺的技术领域，纷纷在人工智能领域布局。如百度宣布了开源自动驾驶系统Apollo；阿里宣布投资千亿成立达摩院，在全球各地建立实验室，启动人工智能领域争夺战计划；腾讯宣布正式在计算机视觉、智能语音识别、自然语言处理等领域进军AI。从艾媒咨询发布的数据看，2018年，中国人工智能产业将达到238.2亿元，比2017年增长56.6%。①

2014—2019年中国人工智能产业规模及预测

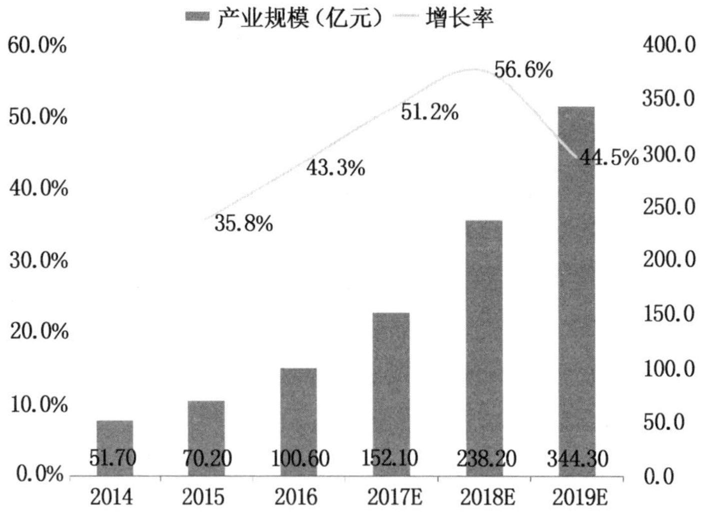

数据来源：iiMedia Research

① 艾媒咨询：《2016年中国人工智能产业专题研究报告》。

在国家和企业资源倾斜的背景下，人工智能技术的应用也应该更为多元。目前，最为基础的，有些也是普及程度最高的人工智能应用，是在某个局部的专业领域进行技术突破。如今天非常火爆的语音识别、智能导航、算法推荐、无人驾驶汽车等，都属于这一类基础应用。这些基础的人工智能应用，大部分都是在占有大数据的基础上，通过对数据的学习、统计、分析，按照预算的标准对最好的结果予以推算和呈现。而在 2017 年 12 月，一种新的学习方法横空出世。创造了 AlphaGo 的谷歌旗下的 Deepmind 团队公布了 AlphaZero，Zero 的学习方法不同于 AlphaGo，它从零开始，通过自我对弈强化学习，在多种任务上达到或超越人类水平。这或许意味着，人工智能的创造不仅是对人类智能的模仿，还可以成为对人类智能的改造、升级甚至重新发明。

除了这些基础应用之外，更加进阶的人工智能应该是将专业领域的人工智能技术相互融合在一个系统中，从而创造出更加智能的应用产品。如智能机器人协助人们从事各类工作，智能化的物联网将终端延伸到虚拟或现实的设备。2017 年 10 月，沙特阿拉伯授予智能机器人索菲亚以公民身份，这是人类历史上第一个获得公民身份的机器人。在大数据逐渐成为互联网时代重要生产资料的环境下，越来越多的领域将接受人工智能技术的改造，我们的交通、医疗、教育、安防等公共系统都将进一步智能化，人类个体也将使用越来越多的智能穿戴设备，并为智能机器人的融入留出慷慨的空间。这样的智能社会终将到来。

二、智能化的新闻业已经触手可及

在智能社会到来之前，人工智能对当前新闻业的介入已经非常深入，这种介入是全方位的，完全覆盖了采访、写作、编辑、传播、应用等新闻生产传播全链条。

人工智能对新闻业的介入最初体现于写作环节。早在 2007 年，美国科技公司 Automated Insights 就推出了新闻编写的软件 WordSmith，用于撰写财经类和体育类新闻稿件。只要导入最新的数据，每分钟最快可以生成2000篇报道。[①] 2014年，美联社开始用WordSmith写稿，刚开始仅应用于写财报新闻，随着学习能力的提升，又介入到体育板块。这个机器人的财报新闻产出效率几乎是新闻记者的十倍，其表现在业界引起震动。伴随着传统媒体的转型，美国的主流报纸机构几乎都拥有机器人写稿的“标配”。中国的机构媒体和商业媒体也迅速跟进，出现了一大批写稿机器人：新华社的“快笔小新”、南方都市报的“小南”、第一财经的“DT稿王”、腾讯的“DreamWriter”、今日头条的“张小明”、搜狐的“智能报盘”等。

在信息编辑方面，人工智能也有新的探索和尝试。英国的《卫报》，用人工智能生产了报纸《Open001》，整个报纸的内容筛选、编辑与排版全部由人工智能完成。此外，《纽约时报》的“R&D Editor”系统和路透社的“OpenCalais”系统，都可以通过文本阅读和分析，为文章编辑合适的标签。利用对数据采集和编辑方面的技术优势，人工智能大大提高了内容生产的时效性、准确性和数量规模。

人工智能在传播环节的介入，主要表现在算法技术不断精进，信息分发和推荐能力不断增强。算法能够在大数据时代进行精准的数据分析，一方面可以更好地识别头部内容，更好地捕获点击量；一方面可以建立用户画像，把握用户潜在需求，实现个性化的精准投放，从而给长尾信息带来阅读价值。从具体应用看，《纽约时报》的Blossom就是一款专门做内容分发＋个性编辑的人工智能产品，它可以对社交平台上的内容进行大数据分析，研判哪些信息更具社交媒体传播效应，并据此对《纽约时报》的内容进行筛选和分发。经测算，由Blossom筛选后自动推荐的文章的点击量是普通文章的38倍。[②] 在国内，今日头条的推荐算法在业内备受瞩目，和百度进行信息搜索的算法类似，今日头条的算法同样建立在对信息内容的分析之上，但不同之处在于，百度的算法是面向大众的，而今日头条的算法面向独立用户。它根据用户的上网行为为用户画像，从而为用户推荐其关心的信息，力图做到“千人千面”“投其所好”。

---

① 匡文波、韩廷宾：《消息写作有可能被人工智能取代》，《新闻论坛》2017年第4期。

② 刺猬公社公众号：《在人工智能和新闻的结合上，国外媒体已经飞起来了？》，2016年12月6日。

Facebook、Twitter 等社交平台也利用算法推荐，提升用户黏性。还有很多媒体采用聊天机器人的方式来分发信息，如 CNN、BBC、《华尔街日报》(*Wall Street Journal*)、《华盛顿邮报》(*Washington Post*)等都先后在 Facebook Messenger、Kik、Slack 等社交媒体平台上推出聊天机器人，[①]可以和用户进行交流并获取用户对信息的精确需求。

值得一提的是，一些聊天机器人正在实现新闻采访的功能。如 Buzzfeed 推出的 BuzzBot，可以对身处新闻现场的用户进行调查采访，并向他们征集现场图片、视频等一手资料。这些资料可以经由后台编辑，用于进一步的新闻生产。

对于呈现信息的终端设备，人工智能也有非常宽广的发挥空间。人工智能对信息终端的应用主要表现在终端不断地智能化、复合化，远远超出了受众对终端的想象。目前能看到的产品中，AI 网络音箱已经成功借助语音识别技术，既成为一台能够进行网络信息服务的信息终端，也同时成为一台进行智能家居服务和管理的终端。未来，随着物联网的实现，万物互连的同时，也可能造就各种形态的智能终端，完全颠覆现有的信息接收模式，也使信息本身能够拓展更加广泛的传播场景，从而反过来影响和改造新闻生产的内容和流程。

随着今后人工智能对图片、视频内容的识别技术的提升，对图片信息、音视频信息的规模化生产也成为指日可待的信息生产领域。未来在大数据日益丰富、人工智能学习能力和算法能力日益提升，其写作领域和编辑领域将进一步拓展。目前难以驾驭的深度报道、政治新闻等，也有可能成为人工智能的新写作技能。当这些都成为现实，那我们必然迎来一个全新的新闻业。

三、被 AI 赋能和困扰的新闻业

毋庸置疑，人工智能使人们的生活更加便捷，因此获得了大众的积极评价。许多人工智能的基础应用都围绕人们的切实需求而研发，比如语音识别

---

① 荆棘鸟：《聊天机器人介入新闻业，助力还是攻占》，《上观新闻》2016 年 9 月 19 日，https://web.shobserver.com/wx/detail.do? id=30430&time=1515650365308

有助于解决翻译问题，继而促进沟通；智能导航有助于人们更好地把握路况，继而把握时间；算法推荐有助于人们甄别与筛选信息，继而更精准地获取信息；无人驾驶汽车有助于人们摆脱驾驶的束缚，继而用节约的时间创造其他价值。不难看出，人工智能的一个重要功能在于：不断将庞大而繁杂的信息清晰化，为人们认识事物提供更好的参照。

在信息传播领域，还有一个积极评价在于，由于人工智能的介入，管理者将可以更好地进行互联网治理，从而打造一个更加良性的互联网空间。比如，人工智能对人类语言、表情、图片、视频等信息内容的识别技术以及学习技术的升级，能够在大数据分析的基础上，更好地把握社会心态，从而为相关政策制定提供更为准确的参考，帮助管理者更加科学地进行决策。再如，人工智能技术有助于识别网络谣言及其他不适宜信息的存在、传播、发布规律，是一个很好的信息治理工具。2017 年 9 月，中国科协和腾讯联合组织了一个“慧眼”行动，旨在通过人工智能的深度学习最终实现机器识别、专家分包，从源头上控制谣言的发布和传播。① 这只是一个初步的实践，未来人工智能在网络信息治理方面还应当有更大的作为。

新闻业对人工智能的应用虽在不断推进，却评价各异。面对机器写稿，坊间都承认它给新闻业带来了巨大挑战，常常见到有“记者哭晕在厕所”的议论。当然也另有文章认为，人工智能在新闻业应用中有很多局限，提出人工智能只是一种辅助，只善于帮助记者从事信息密集领域的基础分析，而记者“能集中精力进行深入细致地调查，撰写更有深度的文章，进一步发挥‘铁肩担道义，妙手著文章’的时代功能”。② 然而，《机器人写稿，记者要哭晕在厕所？》《机器人写稿，让记者饭碗更稳》《2 年了，号称“抢记者饭碗”的写稿机器人怎么样了？》等大批类似文章，依然透露出新闻业面对机器写稿时的焦虑和纠结。实际上，全球媒体在互联网兴起的环境下，近年来一直在压缩就业岗位，记者的饭碗早就被科学技术抢去很多。今天，如果说在机器写稿擅长的领域，开始有财经记

---

① 中国科协网站新闻：《启动科普中国·腾讯“慧眼行动”》，http://www.cast.org.cn/n200685/c57665664/content.html

② 新华社：《机器人写稿，记者要哭晕在厕所》，http://news.xinhuanet.com/tech/2015－09/18/c_128243047.htm

者、体育记者“哭晕”，随着机器写稿能力的提升，更多的记者、编辑需要重新思考和整理自己在人工智能时代的定位和价值。

对于新闻业来说，还必须面对的一个残酷事实是，人工智能发展的前沿并不掌握在新闻业手中，新闻业也不是人工智能最首要的应用阵地。很明显，全球人工智能的发展都存在一种资本化的趋势。目前，Google、IBM、Yahoo、Intel、Apple 等公司，成为在人工智能领域收购、研发新技术投入最多的公司，在国内则是 BAT 三家互联网头部公司在人工智能领域的大手笔布局，这些互联网大鳄们将人工智能领域变成了“有钱人的游戏”。国内国外，互联网的信息传播格局由互联网大鳄们打造，信息传播的未来同样由其规划。与此相较，新闻业对人工智能的应用及本行业对人工智能相关技术的驱动作用明显滞后。

这个现象带来的一个重要后果就是，人工智能技术正在对信息传播秩序予以重塑，同时其中并没有刻意留给新闻业更多主导权。很显然，大资本的投入带来更高质量的算法推荐技术，继而带来更大的传播力和影响力。对于机构媒体而言，在互联网逐渐兴起的进程中，其依赖信源垄断、渠道垄断而形成的传播力和影响力已经衰退，黄金时代已经渐行渐远。在人工智能逐渐兴起的当下，新闻生产的全链条正在经历新的变革。和互联网发展初期的引擎技术、商业门户一样，人工智能技术正在帮助互联网巨头和商业媒体对机构媒体的传播力和影响力进行新一轮的争夺和收割。在占据大数据这一信息时代的基本生产要素的前提下，人工智能将占据重塑信息传播秩序的主动权，而机构媒体在被卷入人工智能浪潮的同时，也不得不黯然接受这个残酷的现实，并继续在人工智能那里索取新的空间。

与信息生产和传播相关联的是，在信息的接受环境方面，人工智能很有可能塑造不关心价值、更关心效率和享受的民众。技术的发展总是诉诸利润和效率，它具有政治性和自主性。对于人工智能而言，它更倾向于生产和传播那些能够有点击量回报的信息，由此形成了学界所批判的“过滤泡泡”“回音壁”“信息茧房”等现象。虽然照顾了用户爱好，却很可能忽视用户的拓展需求以及更高层面的价值需求。随着机构媒体传播力和影响力的衰落，那些更有深度的、对精神成长更有益的、更加关注公共领域的信息由于很难“自带流量”，从而被算法技术排除在外。虽然它依然可以进入"长尾"空间,但它的公共性价值则大打折扣。长此以往,人工智能所携带的技术逻辑将有可能塑造更倾向于追求效率和享受的大众,而这一点,却与诉诸公共性的新闻业的价值观南辕北辙。

那么这一次,机构媒体又要在人工智能技术的发展中被商业媒体甩得更远了吗?人工智能时代,新闻业的边界和价值又在哪里?当人工智能被用于在总统大选中操纵个体选民,对于人工智能技术发展知之甚少的新闻业又该如何守护社会的公共利益?

四、赘言:智能化新闻业的公共性

很显然,人工智能对新闻业的业态和价值观都有很大的冲击,其对新闻业的最终影响尚未有乐观的判断,但遗憾的是,新闻业依然要热情地拥抱人工智能。

面对这一趋势,我们能够想到的,一方面是积极地将新闻业发展的外部技术环境改造得更加符合新闻业的价值观,在人工智能研发的规则制定中,应当加入对公共性的考量。2017 年 1 月,美国举行"Beneficial AI"会议,建立了阿西洛马人工智能原则(Asilomar AI Principles)。其中与公共性相关的原则包括:"研究目的:人工智能研究的目标,应该是创造有益的而不是不受控制的智能。""研究文化:人工智能的研究者和开发者应该培养一种合作、互信与透明的研究文化。""人类价值观:人工智能系统的设计和操作,应和人类尊严、权力、自由和文化多样性的理想相一致。""共享利益:人工智能应该造福尽可能多的人。""共享繁荣:人工智能创造的经济繁荣应该由全人类广泛共享和受惠。""军备竞赛:应当避免致命武器的军备竞赛。"[①]类似的人工智能研发规则,尚未成为全球认可的版本,但这个方向值得有关领域努力。毕竟公共性涉及每个个体的利益以及未来人类发展空间,而这个空间的塑造,不应该由掌握人工智能技术的互联网巨头们所主导。统一的发展规则,有助于限制人工智能

---

① https://futureoflife.org/ai-principles/

技术发展背后的工业主义逻辑，增加对公共价值的考量。

而另一方面，是在新闻业的内部建设人工智能应用的公共规则、培养人工智能的公共品格。新闻业确实应该深入人工智能应用，这是人类社会发展的技术逻辑决定的。但与此同时，新闻业应当重新审视互联网时代效率至上的衡量标准，是否影响了新闻业的公共性。今天，人工智能再次把新闻业的生产效率提升了几个层级，很多机构媒体和商业媒体都在炫耀由机器写稿、算法推荐等人工智能技术带来的新一轮的效率增加，饱含着对人工智能大幅提升点击量的殷切期待。或许，在这个技术创新的又一个出发点，正是一个反思新闻业公共性的好时机。

（王蔚，上海社会科学院新闻研究所，副研究员）

应用与反思：机器新闻写作研究现状

何莹子

机器新闻写作是人工智能在传媒领域的一个现象级发展，随着机器新闻写作在传媒领域的广泛应用，对机器新闻的研究也逐渐增多。人们普遍关注机器新闻写作的应用情况、给行业带来的影响及其未来发展趋势，本文通过梳理近年来国内外关于机器新闻写作研究的文献，探讨机器新闻写作的研究现状。

一、机器新闻写作改变新闻生产领域

"机器写作"是指自动根据算法将目标数据通过自然语言生成的方式输出文章的一种人工智能技术。"机器新闻写作"则指用这种技术进行新闻写作，即运用算法对输入或搜集的数据自动进行加工处理，从而自动生成完整新闻报道的一整套计算机程序，是人工智能学科在新闻传媒领域的一项重要应用。

机器新闻写作的应用始于国外。影响最大的早期实践是"Google News"，它本质上是一款 Web 新闻聚合器，首页更新和新闻推荐都不依赖于人工操作,而是由后台的聚合算法实现。2010年,美国的Automated Insights公司和Narrative Science公司分别将其研发的自动写作平台Wordsmith和Quill投放市场。由于机器新闻写作的速度快、效率高、产量大、成本低,从2010年春季开始,美国十大电视网已经开始采用Narrative Science的软件进行体育赛事的简要报道。同年10月,美联社宣布与Automated Insights公司合作,采用其开发的Wordsmith进行新闻生产。雅虎、福布斯网站也开始采用机器人进行特定种类的新闻写作。

腾讯是中国第一个运用机器新闻写作技术的公司,在2015年9月,腾讯使用Dreamwriter写作软件,完成了一篇题为《8月CPI同比上涨2%创12个月新高》的新闻报道。该报道输出十分高效,用时仅一分钟。2015年11月,新华社推出"快笔小新",为多个部门提供新闻稿件写作。越来越多的机器人开始在新闻行业撰写新闻,新闻行业的自动化生产时代已经来临。机器新闻写作带来了内容生产的新变革,改变了传统新闻的编辑、生产过程,为记者带来了新的机遇与挑战。

二、国内机器新闻写作研究现状

机器新闻写作是新闻生产自动化应用,即基于算法的新闻内容生产、编辑、出版。李苏认为,我们可以从广义和狭义两个层面来理解机器新闻写作。广义上看,机器新闻写作是指人工智能技术在新闻写作、采访、编辑、主持等新闻活动中的具体运用。狭义而言,机器新闻写作则指机器写作的新闻(machine-written news)或计算机生成新闻(computer-generated news),它是基于数据统计和机器学习,运用计算机自动算法从可识别的数据中提取具有新闻价值的信息,形成新闻报道角度,自动选择语词样本、新闻报道模版生成的新闻故事。①

我国对机器新闻写作的研究始于2014年金兼斌的《机器新闻写作:一场正在发生的革命》,聚焦于新闻生产的自动化趋势,介绍了机器新闻写作目前

① 杨名宜、吴海荣:《探讨"机器新闻写作"的发展趋势》,《视听》2016年第11期,第131—132页。

的发展现状、工作原理和应用前景。此后，对机器新闻写作的研究逐年增多。笔者通过知网，以“机器新闻”为关键词进行检索，检索到研究机器新闻写作的论文共70余篇。2014年有2篇，2015年为8篇，2016年共21篇，2017年则多达40篇。虽然有逐年增多之势，但总的来看，机器新闻写作是国内的一个新兴议题，研究数量还较少。对机器新闻写作的称呼上，主要有“机器新闻写作”、“机器人写手”、“写稿机器人”和“机器人新闻”，其中，最主流的称呼还是“机器新闻写作”。在研究范围上，前三年对机器新闻写作的探讨主要集中在新闻活动中的具体运用上。包括机器新闻写作的优点与局限、给传媒业带来的变革以及新闻从业者应如何应对、机器新闻写作未来发展应用展望。2017年对机器新闻写作的研究则更加多元，涉及对机器新闻写作带来的数据伦理、著作权等相关法律问题的思考。

（一）人机协同——机器新闻写作发展趋势

机器新闻写作的优点主要借助于其深度学习、大数据处理技术和自然语言处理技术。付松聚通过机器新闻写作与人工新闻写作的实证性研究发现，机器新闻写作在时效性和标题、导语的拟定上具有明显的优势，这得益于其强大的数据处理技术。① 卢永春认为，机器人擅长写一些结构化的稿件，数据处理优势明显，智能语义分析技术的进步，使得机器写作实现部分“人格化”。② 也就是说，对于模式化的稿件和以数字为主的财经类报道、体育类新闻，机器新闻写作要比人工写作更快速高效。

机器新闻写作速度快、数量大、个性化等特点使得写稿机器人的应用快速发展，诸多传媒公司、门户网站、报业集团等均已使用写稿机器人作为日常的内容生产工具，这给新闻生产带来的影响是全方位的，从内容的生产、编辑、出版和发布各方面都带来根本性的变化。喻国明提出，机器新闻写作仅就内容生产而言，就可以做到以下四点：对规格化的新闻资讯精准、迅速地生成和发布；自动生成适应不同人群语言习惯的表达方式；可以将杂乱无序的个人生产的资讯传播纳入拥有生态意义的传播框架和平台上，激活个人传播力，形成

① 付松聚：《我国首创机器新闻与人工新闻写作之实证性研究——以8月CPI新闻报道为例》，《传媒观察》2015年第11期，第14—16页。

② 卢永春：《人工智能推动媒体转型》，《中国报业》2015年第23期，第27—29页。

“无影灯效应”;以及通过对大数据和碎片化文本的总体性处理,建构“上帝视角”。[①] 同时,内容生产的总体格局也会因为写稿机器人的出现而变化,传统的记者写稿环节可能会解构为记者“指导”下的机器写稿和记者或编辑进行人工修改把关,稿件生产也会越来越依赖于大数据,稿件内容的发布和推送将会更加个性化、定制化。[②]

机器新闻写作给传媒业带来的上述变革使得机器人会不会跟媒体人抢饭碗成了人们热议的话题。对此,不少研究者们都持有记者不会被取代但需要做出相应转型的观点,并探讨了记者应如何应对这一变革。喻国明提出新闻人角色应该有两个方面的升迁,一是重点挖掘采集机器新闻写作无法完成的调查性报道、解释性报道;二是建构一个具有平衡和再平衡能力的信息场域,实现互联网时代多元信息的生态化导流和管理。

正如彭兰所说,“智媒时代不应该是一个机器统治人的时代,相反,机器的力量应在于更好地连接人与人,更好地汇聚人的智慧,并以机器的智慧拓展人的能力”。[③] 对于机器新闻写作的前景,学者们普遍认为,人机协同是未来传媒生产的主流模式。由于机器本身不具有判断新闻倾向和新闻价值的能力,机器新闻写作离不开新闻记者的把关;机器新闻写作则能够帮助记者实现资料的实时、快速抓取,让新闻记者从重复、烦琐、低技术含量的数据搜集工作中解脱,有更多的时间去思考和从事更具想象力和创造性的工作。[④] 技术与人,机器与记者应该是互补互存的关系。正确利用机器的能力,发挥人的特长,是机器新闻写作未来发展的方向。

(二)数据与人情味——机器新闻的技术局限性

有的研究者从机器新闻写作技术原理的角度出发,分析了机器新闻写作存在的问题和局限。机器新闻写作有其擅长的技术逻辑,但人类独有的理性思维,记者进行新闻事件报道时必不可少的观察视角、固有立场,以及通过自

---

① 喻国明:《“机器新闻写作”时代传媒发展的新变局》,《中国报业》2015 年第 23 期,第 22—22 页。

② 金兼斌:《机器新闻写作:一场正在发生的革命》,《新闻与写作》2014 年第 9 期,第 30—35 页。

③ 彭兰:《智媒化时代:以人为本》,《社会科学报》2017 年 3 月 30 日。

④ 喻国明、刘瑞一、武丛伟:《人机协同将成为未来传媒生产的主流模式》,《中国广播》2017 年第 4 期,第 94 页。

身的身体，即通过视觉、听觉、嗅觉、味觉所感知到的现场环境都是机器无法做到的。

目前，机器新闻写作领域主要局限于财经、体育等几个少数领域，机器新闻尚不能脱离算法和模版的窠臼，仅能依赖一些定量数据进行挖掘展现，无法进行创造，因而模式化、同质化倾向明显，主题单一并且缺乏人情味。这样的机器新闻必然缺乏故事性，难以吸引读者阅读。

美国自动化生产新闻公司 Automated Insight 的 CEO Robbie Allen 早前说过："其实就是让机器人把数据转化成故事，真正的难点在于怎么让它看起来像人写的，因为只有数据不是好故事。"机器可以根据格式和语法规则写一首诗或一篇小说，但把全世界的数据加起来，也无法让一个程序理解爱、悲伤或恐惧。在新闻创作过程中的人文价值思考更依赖人脑，机器无法做到。机器新闻写作的另一个缺陷是机器人内容的输出取决于其数据库积累的质量。一方面，平台数据库的大小、质量、类别等都是不确定的；另一方面，发生于社会现实的素材或实地实景的信息，写稿机器人难以呈现。① 同时，由于数据是机器新闻形成的重要元素，没有数据就无法形成报道，因此，数据的获取和可信度也是一个问题。能否访问到关键数据，数据的来源能否公开透明、真实准确，使得数据和处理结果更加可信，也是机器新闻的一个挑战。②

（三）创造性与价值观——机器新闻无法取代人类记者

机器新闻能够通过自身的技术优势做到人类记者做不到的事情，如对大量数据的精准挖掘分析、根据数据和自然语言生成技术高效完成模式化写作，但对于新闻写作来说，其核心灵魂不仅仅是对事件的描述性堆砌，更是对事实真相的挖掘，是通过新闻事件所反映的价值观和意识形态，对人类共同价值观、世间真善美的宣扬和对黑暗、邪恶的揭露。只有这种同时具有真实性、及时性和富有人情味的新闻报道，才是大众所需要的。

匡文波在《记者会被机器人取代吗》一文中提出，"人类擅长的创造性思维，是人工智能无法取代的"。有律可循的消息报道也许会被人工智能取代，

---

① 卢永春：《人工智能推动媒体转型》，《中国报业》2015 年第 23 期，第 27—29 页。

② 周佳玥：《从 NLG 到机器新闻写作——机器新闻的发展与反思》，《今传媒》2017 年第 10 期，第 18—19 页。

但深度报道、新闻评论等需要创造性思维的体裁无法被机器写作取代,这些都应是人类进一步深耕的领域。机器人不能亲临事件现场,因此无法像人类记者一样体察人情冷暖,与人沟通,从而挖掘出有人情味、有温度的新闻和能够折射社会深层次问题的调查性报道。作者认为,新闻报道是主要在人脑内完成的精神产品,正是精神产品生产的创造性是记者不会被机器人取代的根本原因。①

极个别的研究者从"为谁写"的角度探讨了机器新闻写作无法取代人类记者的地方,对机器新闻写作进行了反思。苏婧认为,应用于我国的新闻实践应该在我国的媒介体制和新闻实践下运作,接受马克思主义新闻观的指导。但基于数据采集、数据加工的机器新闻写作折射的是新闻客观主义,机器新闻无法观察、思考,更不能表现出我国所需要的马克思主义新闻观的思想态度和立场倾向。其次,她对机器新闻写作折射出的市场逻辑和消费主义取向提出批评,她认为,对机器新闻的一味推崇将导致消费者引导媒介而非媒介引导消费者,这将加剧传媒行业中消费主义的盛行。②

(四)伦理与法律——机器新闻写作的潜在问题

机器新闻写作带来的潜在伦理和法律问题主要有以下三个方面:数据侵权问题、著作权问题和机器人新闻的责任归属问题。

机器新闻写作能够通过大量的微观数据的整合发现人类记者发现不了的问题,挖掘有价值的新闻,进行数据类新闻的快速、准确编写,但是,机器新闻写作对大数据利用的具体边界与规范都尚未确立。网络兴起带来的问题是网络上个人隐私的泄露,而网络数据伦理失范与数据隐私泄露是大数据时代带来的严重问题。网络数据伦理指在对网络数据利用中普遍应遵守认同的道德标准和观念,是约束网络数据使用行为的软性规范,健康良性的网络数据伦理应有强大的约束力与普遍的认可度。③

机器新闻写作的技术原理决定了机器新闻的主要价值就在于对大数据的利用与深度挖掘,未来利用大数据技术为主的机器新闻写作向深度报道领域

---

① 匡文波:《记者会被机器人取代吗》,《新闻与写作》2017 年第 9 期,第 59—62 页。
② 苏婧:《对机器新闻写作的冷思考》,《青年记者》2017 年第 19 期,第 47—48 页。
③ 曾振华:《机器新闻写作带来的数据伦理问题》,《新闻与写作》2017 年第 12 期,第 92—94 页。

广泛发展是一种趋势，而深度报道体裁更易造成数据隐私泄露与违背数据伦理。曾振华具体列举了三种机器新闻报道有可能造成的侵权与数据伦理问题。如针对某一类群体的消费行为以及某一个地区的消费特征、消费能力进行分析报道，该类报道通过人工智能软件对某一类群体的网上消费行为进行数据搜集与跟踪，这种未经个人许可的行为是否违背数据伦理值得商榷。类似的还有针对某一小众群体的报道，同样易于侵犯群体隐私和个人隐私。

机器新闻写作除了带来数据伦理与隐私权的讨论以外，也引发了学者对数据新闻著作权的讨论。由于人工智能创作是由计算机模拟人的某些思维过程和智能行为，那么利用人工智能生成的机器新闻似乎也有了智力创作的痕迹，那么机器新闻在著作权法中应如何定性、它们是否可以作为著作权法意义上的作品受到保护也是亟需探讨的法律问题。王迁提出，自动新闻写作是综合运用算法与模版的结果，其关键在于针对某一类型的文章，如财经新闻、体育新闻等开发出针对原始数据进行分析的算法，再将其分类套入内置的各种模版。当软件根据函数和算法对原始信息进行筛选和计算后，将所得数据依对应关系填入模版之中，一篇新闻报道就形成了。[①] 他认为，这在本质上仍然属于执行既定流程和方法的结果，其产生过程不符合独创性要求。目前的人工智能本质上还是“人”的智能，其生成作品的过程不涉及创作所需的智能，因此属于人工智能范畴的机器新闻写作不能成为受著作权法保护的作品。刘梦婷认为，机器人新闻不属于单纯思想与情感、实用功能、单纯事实、官方文件等著作权法无法给予保护的范围，不致形成对思想、事实等的垄断权。判断机器人记者是否享有著作权不应该一味地遵照现行的著作权法来盲目评判，而应参照自然人记者所写新闻作品划定标准，并在合适情况下考虑著作权法保护对象的界限和范围。[②]

如今，机器新闻作为信息传播的主体之一，无论其著作权是否受到保护，机器新闻都有可能出现权利和义务的纠纷。由于“机器人记者”并非可以承担法律责任的自然人、法人，当机器新闻出现侵权或被侵权的问题时，我们就难

---

① 王迁：《论人工智能生成的内容在著作权法中的定性》，《法律科学》（西北政法大学学报），2017年第5期，第148—155页。

② 刘梦婷：《机器人记者著作权问题探究》，《法制博览》2017年第24期，第87—88页。

以找出其第一责任人。因此,不论是技术开发公司,还是媒体机构,对于机器人新闻的责任人认定都亟需法律法规进行明确。在机器人新闻存在侵权行为和著作权问题的时候,明确责任人才能让事件得到进一步的推进和解决。[①]

在人工智能与大数据迅猛发展的今天,新闻作品的产生和传播方式都发生了改变,知识产权的实践方式也随之改变,法律和政策也需要做出相应调整,以适应新的技术与新发展领域,解决新的问题。

三、国外机器新闻写作研究现状

国外研究者多用"机器人新闻"(robotic journalism)、"机器写的新闻"(machine-written news)、"自动内容"(automated content)、"自动新闻"(automated journalism)等名词来指称机器新闻写作。国外对机器新闻写作讨论的范围较为宽泛,除了对机器新闻优缺点、行业影响和法律问题的探讨外,也涉及了读者对机器新闻写作的看法等实证性研究。

(一)量与质——机器新闻普及的驱动因素

目前,全世界的公司都在开发自动化新闻软件,美联社、福布斯、《纽约时报》、《洛杉矶时报》等媒体均已使用机器新闻进行自动生产。虽然目前这项技术还处于早期市场阶段,但自动化新闻早已进入新闻编辑室,并将继续存在。

由于机器新闻可以自动从大数据中提取信息并将它们转化为可读性的新闻,无需人工介入,除了节省人力成本外,机器新闻还可以找到记者容易忽略的故事,如果算法编程正确,机器永远不会疲惫。目前,机器人新闻的应用有如下几个方面:机器人代理、机器人编辑、移动内容生成器机器人、远程监控机器人和机器人记者。[②] 有媒体预测,新闻生产工作将在未来十年内发生重大的变化,因为人工智能程序将会引入到新闻发布与传播的各个方面。届时,新闻编辑室将成为自动新闻编辑室,管理编辑室的将不再是传统的记者和编辑,而将是数据管理员和软件工程师。

---

① 竺怡冰:《机器人新闻的侵权危机与责任管理》,《新闻论坛》2017 年第 1 期,第 42—44 页。

② N. L. Latar, "The Robot Journalist in the Age of Social Physics: The End of Human Journalism?" *New World of Transitioned Media*, 2015(Springer):65—80.

为何机器新闻的应用如此大受行业欢迎？Andreas Graefe[①]对此进行了总结。首先，机器新闻在生成常规报道时最有用，因为它们可以提供准确、结构化的数据；其次，算法能够进行更大规模的数据处理，并且准确性极高，比人类记者犯更少的错误；算法还可以依据读者的个人偏好，以不同的语言、不同的角度来讲述故事，实现个性化新闻生成与推送。对于新闻机构来说，使用机器新闻写作可以削减成本、增加新闻数量，这无疑也是他们大力发展机器新闻的一大驱动因素。

M. Carlson[②]认为，机器新闻写作所创造的可能性是无限的。第一，机器新闻将极大地拓展新闻领域。机器新闻可以将数据转化为叙事，新闻写作的世界因此被急剧扩大了，因为电脑挖掘出的大量数据、可读性的事件、趋势和发展，都是记者曾经无法完成的报道。第二，机器新闻写作将冲击新闻工作者的未来，重新定义新闻工作者。第三，机器新闻将对新闻创作形式进行重新定义，如新闻报道的数据驱动化、规模化和个性化，将强化以受众为中心的新闻理念。最后，是对权威的重新定义。任何权威概念所必需的社会价值都来自自动化过程，它消除了人类的偏见和分析能力，从而从复杂的数据中产生意义。

（二）可信度与可读性——读者眼中的机器新闻

由于机器新闻可以生产出从前没有的新闻作品并满足读者的个性化需求，因此有研究者从读者的视角出发，研究了机器新闻写作下的消费者是如何看待机器新闻写作的。这主要涉及两个重要问题。首先，是新闻消费者认为机器新闻的质量如何。总的来说，人们认为机器新闻写作的内容可信度更高，但可读性很低，人们并不喜欢阅读机器新闻。其次，由于机器新闻目前适用于那些需要快速、高效完成的新闻主题，而不擅长深度的、复杂的叙事，因此，读者对机器新闻的文章质量期望值较低。再次，是新闻消费者对机器新闻算法的透明度要求如何。

在这些研究中，研究者通常要求参与者阅读一个机器新闻作品，并让他们

---

① ② Andreas Graefe, *Guide to Automated Journalism*, Columbia Journalism School, 2016.

② M. Carlson, "The Robotic Reporter: Automated Journalism and the Redefinition of Labor, Compositional Forms, and Journalistic Authority", *Digital Journalism*, 2015(3): 416－431.

对机器新闻作品的各方面进行评价。Christer Clerwall[①]探讨了读者如何看待人类记者和机器新闻生产的稿件。研究表明，在阅读体验上，如内容清晰、令人愉快等方面，人类记者所写的内容更受读者肯定，但在可信度、信息性(informative)、客观性方面，机器新闻得分更高。也有研究者通过实验法探究了记者和读者对机器新闻的信赖程度。他们发现，读者组对机器新闻和记者新闻的信赖程度、专业知识水平认知都是一样的；但记者组认为，记者新闻的可信度要比机器新闻高，而在专业知识水平上，记者组则认为机器新闻更高。(Hille van der Kaa，Emiel Krahmer，2014)

在算法透明度问题上，当算法被用于在读者个人层面上创建个性化新闻故事时，人们可能会想知道算法知道了什么，或者他们的故事与其他消费者看到的有什么不同，在这种情况下，读者应该有权利了解算法的功能性信息。Andreas Graefe 在他的书中提出，读者可能会对算法中人的参与、数据来源、模型以及算法的存在感兴趣。比如，读者可能会想知道自动化内容的背后是谁，其目的和意图是什么，谁创建和控制算法，数据是如何收集、转换的，数据的来源是公开的还是私有的，在机器新闻生成个性化故事时使用了哪些读者的个人信息。Andreas Graefe 认为，这些问题对用户应如何公开以及透明度如何都是需要探讨的。

(三)理解机器新闻——人类新闻工作者的新视野

机器新闻有诸多优点，极大地推动了传统新闻生产方式的变革，但是，机器新闻写作也有很多局限是人类记者需要认识到的，并以此来发展自身优势，避免被新闻机器所取代。

Noam Lemelshtrich Latar[②] 认为，如果人类记者能够理解人工智能在新闻领域的局限性，就能发现更多的机会，为他们的职业提供服务，甚至可以利用机器新闻来获得更多的影响力。首先，人工智能在数据挖掘上擅长的是发现多个变量之间的关系，具有极高的统计学意义，但数据分析的结果很有可能

---

① C. Clerwall, "Enter the Robot Journalist: Users' perceptions of automated content", *Journalism Practice*, 2014.8(5):519－531.

② N. L. Latar, "The Robot Journalist in the Age of Social Physics: The End of Human Journalism?" *New World of Transitioned Media*, 2015(Springer):65—80.

是毫无意义和价值的。算法依赖于数据和假设,若两者都出现偏差和错误,就会导致错误的结果,最终影响决策。其次,人工智能对人类自然语言的理解也是有限的,尤其是涉及思想、隐喻、幽默和诗歌的语境。对此,学者们正在进行一场哲学辩论,探讨机器是否能够完全理解自然语言在文化和社会环境中的丰富性和生动性,更何况,这些环境也是随着时间的变化而变化的。目前,机器新闻写作的质量远不如人类作者,只有在自然语言生成技术取得进步的情况下,机器新闻写作的质量才有可能进一步提高。最后,作者还提出,人工智能算法只能回答问题,不能提出问题、解释新现象或建立因果关系,缺乏编写意见的能力,这些都限制了机器新闻观察社会和完成新闻任务的能力。

Arjen van Dalen① 对 2010 年的 68 篇博客文章和报纸报道进行了分析,以了解机器新闻这种新技术使得记者如何重新审视自己的技能、如何重新定义自己的职业。面对自动新闻,记者更加强调分析技巧、个性、创造力和复杂语句的使用,而不是机器所擅长的事实、客观性、简单化和速度。记者们把机器新闻看作是使新闻更加人性化的一个机会,并将利用例行新闻自动生产的时间去完成更多有深度的报道。

也许机器新闻会取代那些仅仅能够报道常规性话题的记者,对于人类记者来说,人机结合是未来最好的工作方式,记者应该培养一些算法无法形成的技能,如深度分析、采访和调查性报道。人类记者只要能够理解机器新闻的诸多局限,便能够充分扬长避短,发挥自己作为"人"的优势,将机器新闻作为自己的工具加以利用,以完成更加优质、高效,视野更加开阔的作品。

(四)信息过载与舆论碎片化——机器新闻的潜在社会影响

对于机器新闻的社会影响,有学者认为,由于机器新闻能够快速、大规模地创建新闻内容,并个性化地满足读者的需求,机器新闻会大大增加新闻数量,虽然这种发展趋势有助于满足人们对信息的需求,但也可能会带来信息过载,增加人们的负担,使人们花费更多的精力来找到与他们相关的内容。

另一方面,为了应对信息过载,搜索引擎供应商将会通过分析用户的个人

① A. V. Dalen,"The algorithms behind the headlines: How Machine-Written News Redefines the Core Skills of Human Journalists", *Journalism Practice*, 2012.6(5-6):648-658.

数据,为新闻消费者提供他们最感兴趣的信息,在这种情况下,不同的新闻消费者可能会得到不同的搜索结果和不同的新闻故事,然而,这又会导致消费者得到越来越同质化的信息。算法将只提供用户喜欢阅读的或与用户意见一致的信息,人们将不大可能遇到与他们观点不同或利益相矛盾的信息,这可能会给民主社会的舆论形成带来风险,导致公共舆论碎片化。

虽然目前,个性化新闻带来的影响是积极的还是消极的尚无定论,但这仍然是机器新闻写作中一个值得研究的重要领域。

四、总结

纵观国内外对机器新闻的研究不难发现,学者大多将视点聚焦于机器新闻的实际应用和对新闻行业的影响上,致力于探讨未来新技术的发展方向和人类记者的应对之策。他们多从实用主义、技术主义出发,迎合新技术,对机器新闻带来的技术逻辑、消费主义、用户隐私和机器新闻伦理等问题的探讨还不够充分。

笔者认为,技术并非是中性的,它有自己的"意向结构",包含着特定的价值取向。机器新闻写作对数据的依赖,使得机器新闻所擅长的也是和数字高度相关的报道领域。人们只能针对其固有的"意向结构"加以利用,而不必让机器全然替代新闻写作领域。技术是构造人和世界的环节,技术潜在地决定了我们的行为逻辑。机器新闻所构造的媒介世界必然和人类记者所构造的世界是不同的,人工智能对新闻作品的处理是通过算法,而算法无法将真实世界的一切都形式化、数字化,机器新闻写作是具有数据结构化取向的。人类拥有身体和感官,自然风光、新闻事件都是需要人类用身体去感知探索的,如果我们都通过机器新闻来认识世界,那么我们将陷入由真真假假、纷繁庞杂的数据所构成的世界,逐渐失去人类所有的视角、感知与思想,最终丧失人的自然性。

机器新闻还将带来新闻价值的重构。由于机器新闻快速高效,甚至能通过大数据对未来趋势进行预测,"时效性"这一新闻价值被增强了。同时易读性、参与性都将成为机器新闻的重要价值。但是,传统新闻价值中,深度、重要性、趣味性等是机器无法取人类记者而代之的,人类记者应该坚守价值阵地,人机协同，共同创造更加多元的新闻价值。

随着机器新闻的大量运用，机器新闻伦理问题也需得到人们的重视。读者有权利知道自己阅读的新闻是由记者还是机器所创作，除此以外，机器新闻写作需要用到大量的数据，数据的来源是否公开、透明、真实，来自用户的数据使用权、归属权、用户隐私等都是亟须探讨的问题。

（何莹子，北京师范大学新闻传播学院2017级硕士研究生）

3D 乌托邦:论 CRPG 游戏的浸没体验

贾 想

一、从冷媒介到热媒介:CRPG 游戏的诞生

电脑角色扮演类游戏(Computer Role Playing Games),简称 CRPG 游戏,是一类以电脑为媒介、以角色扮演为形式的类型游戏。玩家通过第一人称视角,操纵游戏角色在 3D 世界中游走冒险,是这类游戏的基本模式。个人电脑的兴起引起游戏软件的爆发性增长,是 CRPG 游戏风行世界的媒介根源。[①] CRPG 游戏孕育于西方现代奇幻小说。这类小说的鼻祖公认是写出《蛮王柯南》系列(20 世纪 30 年代)的霍华德与写出《魔戒》系列(20 世纪 50 年代)的托尔金。霍华德首次建构起一个完全架空的蛮荒世界,托尔金则虚构出了一片完全自足的、具备完整时空架构和人文因素的中土大陆,一个文本意义上的引

① Chris Crawford:《游戏大师 Chris Crawford 谈互动叙事》,方舟译,人民邮电出版社 2015 年,第 225 页。

人入胜的平行世界。后者的里程碑式创造，为后来大部分奇幻小说提供了架空世界的原始模型。

奇幻小说本质上是文字媒介之中的角色扮演游戏。读者时常会融入小说主人公的体验，借助文字的描述和自身想象力，达成在小说世界中漫游冒险的效果。奇幻小说的这种角色扮演性首先催生了桌上角色扮演游戏（Table Role Playing Games），以《龙与地下城》为代表。游戏中，玩家面对面抽取纸牌决定各自角色，再通过投掷特殊骰子的方法进行游戏。游戏参与者在共同的规则下扮演角色进行交流、探险、战斗等活动。20 世纪 80 年代之后，这种角色扮演的游戏形式，像充满活力的胚胎一般迅速在新兴的电子媒介——电脑之中着床。风靡全球的 CRPG 游戏诞生了。

麦克卢汉曾将媒介分为基本的两类：冷媒介和热媒介。他将冷媒介定义为“低清晰度”的媒介，这类媒介给受众提供的信息匮乏，要求的参与度高，比如言语、文字、电话。而热媒介是一种“高清晰度”的媒介，它延伸人的感觉，使人的各种感官都充满数据和信息，所以要求的参与度相对低，比如电影、电脑。[①] 角色扮演的游戏形式从奇幻小说到个人电脑的转移，就是从冷媒介向热媒介的转移。媒介的“升温”必然带来玩家体验的变化：CRPG 游戏世界的“高清晰度”，在给予玩家高仿真的虚拟体验的同时，也将玩家强制安排到了被动接收信息的位置，一个被诱惑的、意乱心迷的位置。这时，一种浸没其中的沉醉感迷住了电子屏幕之前的玩家。虚实的界限抹除了，玩家和角色的情感发生了奇妙的共振。一位玩家这样描述浸没于 CRPG 游戏的体验：

> 有一次，在我非常失落的时候玩老滚 5，凌晨 2 点，正在我（游戏角色）一个人慢慢步行走在路上，觉得十分孤独的时候，（现实中的玩家）点上了一支烟对着屏幕里的背影发呆，游戏里也是黑夜，这时突然耳机里响起了这首曲子（游戏配乐），我一下就流出泪了，一瞬间。[②]

---

① 马歇尔·麦克卢汉：《理解媒介：论人的延伸》，何道宽译，商务印书馆 2000 年，第 70—71 页。

② “老滚 5”是《上古卷轴 5：天际》的俗称。引文是用户 Mr.Brightsid 2015 年 6 月 8 日在虾米音乐《上古卷轴 5：天际》配乐中的留言。括号内的解释为笔者添加。http://www.xiami.com/song/1770675869#wall

这位玩家的描述生动地呈现了何为"浸没体验"。"浸没体验"是指玩家在投入游戏世界时,表现的暂时的佯信和注意力的高度集中。[1] 在"浸没体验"里,角色取代了玩家(在上述引文中,叙述主语在玩家和游戏角色之间颠来倒去),像素的组合取代了世界万物的原貌,代码的编程取代了实体的衣食住行:真实世界的边疆在悄无声息之中被虚拟王国一寸寸侵占了,玩家恍如"穿越"到了一个平行世界之中。

"浸没体验"的发生得益于游戏的古老特质——"隔离性"。[2] "隔离性"在传统游戏形态中,指的是游戏者必须在特定时空范围内游戏,与平常世界隔离开来。但这个时空,只是平常世界中的暂时天地,游戏者清楚地明白这个时空的虚假性——因为他们时刻看得见周围的平常世界,感受得到游戏世界与平常世界的差异。比如大街上的"跳房子"游戏,街上来往的行人破坏了游戏者完全沉入游戏世界的企图。总之,"隔离性"强调游戏时空与现实时空的界限。而在电子媒介之中,游戏的"隔离性"出现了异变。CRPG游戏恰恰致力于抹除界限,抹除玩家对于"隔离"的感知。CRPG游戏之所以能做到这一点,源于两方面原因。第一,电子媒介提供的游戏世界,不再占据平常世界的具体空间,玩家不必迈开腿进入外部世界,只需坐在电子屏幕之前游戏。于是,传统游戏中必要的身体参与被取消了。第二,CRPG游戏通过模仿现实世界的各种存在物,再现种种日常性活动,极力满足了玩家的各种感官体验(视、听、说),收缴了玩家的全部注意力。如此一来,CRPG游戏就暂时性地切断了玩家对于现实世界的感知,隔离感(界限感)自然也就消失无踪了。只有在这个前提之下,彻底的"浸没体验"才会产生。

《上古卷轴5:天际》[3](*The Elder Scrolls V:Skyrim*)是CRPG游戏系列作品《上古卷轴》在2011年发行的力作,也是CRPG类游戏的巅峰之作。作品的主线情节讲述了玩家扮演的龙裔(Dragonborn,具备神奇能力的人类)为了拯救泰姆瑞尔大陆(Tamriel,游戏构建的世界总称),对抗妄图毁灭世界、让一

---

① 黄石:《基于用户交互体验的游戏性评估》,《北京理工大学学报》(社会科学版)2010年第4期。

② 赫伊津哈:《游戏的人》,舒炜等译,中国美术学院出版社1996年,第10页。

③ 后文简称为《上古5》。

切重回混沌的巨龙奥杜因，一步步踏上英雄征途最终解除世界危机的故事。虽然世界观同样源自奇幻小说，但该作弥补了以往 CRPG 游戏在情节设定和人物设定上过于机械化的缺憾，并以玩家的体验作为游戏设计的核心意图，全方位提升了 CRPG 游戏的自由度。该作在玩家的心目中地位颇高：

> 上古卷轴五是一部伟大的游戏……我在心里永远为它保留第一的位置……上古卷轴五在我心中的地位是不可被超越的。[①]
>
> 玩过时间最长，最心旷神怡，最无法自拔的单机游戏。没有之一。[②]

《上古 5》能在众多玩家心中确立独尊地位的重要原因有二。一方面是游戏设计者对于玩家"浸没体验"的完美追求。该作通过极致的视觉奇观与听觉辅助，将玩家的"浸没体验"营造到了"致幻"的效果。另一方面，游戏设计者又并不满足于单纯营造幻境，他们在游戏中添加了诸多"脱幻"的因素——同样是与"浸没体验"紧密相连的设计，进而实现了玩家在"致幻"体验与"脱幻"体验之间的自由切换。这种自由切换的体验超越了一般 CRPG 游戏的设计思路，是玩家在以往的 CRPG 游戏中不可触及的。因此，《上古 5》是研究同类游戏"浸没体验"的绝佳标本。

二、从"视野叠合"到"身份叠合"："浸没体验"的发生学

"浸没体验"并不仅仅发生在 CRPG 游戏之中。传统游戏同样会带来类似的体验，因为所有游戏当中都存在"秩序"，而本质上，"浸没体验"就是玩家融入一种暂时而有限完美的秩序之中的体验。将游戏当作一种文化与社会现象来研究的赫伊津哈，这样表述传统游戏当中的类似体验："它是'沉醉的'，'痴迷的'，它被赋予了我们在事物中所能察觉的最高贵品质：韵律与谐和"，"它带

---

① 来自虾米音乐评论，用户风雨中的天天儿 2017 年 9 月 20 日留言，http://www.xiami.com/song/1770675869#wall_list

② 来自虾米音乐评论，用户 Mr.Brightsid 2017 年 3 月 31 日留言，http://www.xiami.com/song/1770675869#wall_list

有一种专注，一种陷入痴迷的献身”。[1] 因此，CRPG 游戏中“浸没体验”的发生，首先源于泛游戏层面。

赫伊津哈认为这种体验源自游戏中普遍存在的“扮演性”。在一般游戏中，玩家会化装或者蒙面，“扮演”另一个人、另一个存在。总之，“他是别人”。[2] 同时发生的还有另一件事——“我非我”——主体性的暂时位移，或者主体性的出窍运动。主体性由此获得了一副新皮囊。在这副新皮囊之下，游戏者隐藏起了个人的原始身份，同时也卸下了原始身份在现实生活中受到的各种局限，比如法律的规范、道德的约束。此时的游戏者在“扮演”中被解放了，他们终于可以告别现实的镣铐，得到暂时的“放风”或“假释”，甚至得到对于暴力等极端行为的许可了。动作类 CRPG 游戏中的玩家之所以会轻而易举地实施杀戮，正是源于这种许可。在玩家无意识中，所有的暴力行为都被自动转嫁到角色的皮囊之上，游戏中的一切暴力都提前被游戏的“扮演性”宽恕了。

游戏的“扮演性”是“浸没体验”得以发生的最重要条件。但仅靠游戏的“扮演性”是不够的。只要游戏的开展需要借助平常世界的具体空间，“浸没体验”就面临着随时被日常偶然事件打断的危险。而 CRPG 游戏的热媒介属性，出色地化解了这一危险。它借助虚拟现实技术让玩家足不出户即可享受游戏。另外，它借助技术层面的“视野叠合”，触发了玩家无意识层面的“身份叠合”。“身份叠合”一旦完成，“浸没体验”也就发生了。

所谓“视野叠合”，是指（现实世界中）玩家的视野与（虚拟世界中）游戏角色的视野合二为一的过程，也就是玩家由现实体验向虚拟体验的“顺利过渡”。过渡的成功取决于两点：第一，CRPG 游戏虚拟世界的高度仿真性；第二，CRPG 游戏第一人称内聚焦视角的设定。

在电脑这一热媒介当中，冷媒介（奇幻小说）里需要读者借助想象力实现的画面，被动画、编程技术变成了电子屏幕当中的虚拟视觉景象。《上古 5》把北欧神话世界和冷兵器时代图景，事无巨细地呈现在了玩家的眼前：天地、日月、花草、虫鱼、鸟兽组成的自然景象；村镇、城堡、宫殿、矿场、祭坛、军队、商

---

① 赫伊津哈：《游戏的人》，舒炜等译，中国美术学院出版社 1996 年，第 12 页。
② 赫伊津哈：《游戏的人》，舒炜等译，中国美术学院出版社 1996 年，第 15 页。

贩、平民组成的人文景象；龙、幽灵、魔神、吸血鬼组成的神祇景象……种种 3D 仿真景象，形成了目不暇接的视觉奇观。这些奇观以全息的形态出现在玩家眼前，瞬间占据了玩家的感官体验，让玩家体验到了感官的极大满足。这种感官的愉悦拒斥理性的干扰，因此玩家对《上古 5》奇幻世界的感知不可能是清晰与形式化的，只能是模糊与直观化的。这种“震撼”的直观欣悦感，抑制了玩家对这个虚拟世界的怀疑能力。而对游戏世界的信任一旦建立，自愿融入游戏世界的可能性就被打开了。

相比于高度仿真性的视觉奇观的营造，第一人称内聚焦视角的设定在技术上非常容易实现。它达到的效果是这样的：玩家进入游戏的时候，并不能看到自己所扮演的角色的面目。游戏中的玩家与角色使用同一副身体。玩家对于角色身体的感知，和现实中对于自我身体的感知是一致的：只能看到除开脸庞之外的身体；视野内通常只能看到双手的运动。于是，游戏中这种存在自我观察死角的视角，与玩家十分熟悉的观察经验相遇了。同质相融，一虚一实两种视角，到此叠合到了一起。

“身份叠合”，指的是玩家身份与角色身份的合二为一的过程，它是与“视野叠合”同时发生的。让我们来到《上古卷轴 5》的初始场景：游戏画面出现，玩家看到了一片运动之中的乡野图景，颓败，寒冷——这幅初始图景的仿真性至关重要。《上古 5》的高仿真动画，让玩家瞬间被肃穆感和萧条感带入了一个陌生而新奇的世界。紧接着，玩家通过转动鼠标，调整第一人称视角，感知到自己操控的角色坐在一辆马车上，正同几名男人一起被押赴某地。玩家看不到自己的脸，不知道自己是谁。突然，身边一位男人和他对话，他才明白自己和众人一样，是即将被押赴刑场判处死刑的罪犯。可见，在开头的几分钟动画里，高仿真的视觉设计与第一人称视角帮助玩家迅速融入了荒凉的游戏世界，进入到一名不明身份的角色的体验之中：我只知道自己是一名赴死的囚犯，除此之外，一切是谜。到此，“视野叠合”顺利完成，而无意识之中“玩家—角色”的“身份叠合”，也同时完成了。这是“浸没体验”的媒介发生学原理。

完成“身份叠合”的玩家在进行游戏时，使用的是自己的身份，角色的身份，还是二者的融合？我认为此时玩家的身份，可以称之为“神话身份”。也即玩家在游戏时，已然变成了罗兰·巴特神话学意义上的一则神话。我们设定

玩家在游戏中选择了一名诺德人作为操纵的游戏角色,那处于"浸没体验"之中的玩家身份可以表示如下:

<table>
<tr><td>能指(诺德人的身份)</td><td>所指(勇猛无畏的种族性[1])</td><td></td></tr>
<tr><td colspan="2">符号(玩家选择的游戏角色)</td><td>次级所指(游戏角色的行动生成的具体意义)</td></tr>
<tr><td colspan="3">神话(浸没体验中的玩家身份)</td></tr>
</table>

游戏的过程,就是玩家通过操纵游戏角色的行动,发挥主观能动性,不断生成具体意义的过程;也就是次级所指(行动带来的角色品性)不断生成的过程。比如游戏角色通过冒险生成了勇猛无畏的品性,通过拯救弱者生成了怜悯慈悲的品性,通过破解谜题生成了聪颖伶俐的品性……这些品性最终会叠加到游戏角色身上,生成一个全新的身份:神话身份。这个神话身份是"浸没体验"的直接产物,是游戏预设的品性与玩家激发的品性的混合物。

在"神话身份"的美妙体验中,一方面游戏角色操持的正面行为准则(比如勇猛无畏的种族性)会逐渐内化为玩家的行为准则,激励玩家"超我"意识的强化,对玩家的价值导向产生积极作用。另一方面,游戏世界的超道德原则又会以无意识的形式强化玩家"本我"这头野兽的野蛮性。游戏中的暴力冲动,极有可能转化为现实生活中的攻击性。可见,《上古 5》这类 CRPG 游戏在游戏角色和游戏情节上的设计,对于玩家深层心理产生的影响是不可小觑的。

三、乌托邦规则与高度交互性:"浸没体验"的维持

"视野—身份叠合"的效用只能保证"浸没体验"的发生,但不能保证"浸没体验"的长久维持。实际上,"浸没体验"和心理学当中的"高峰体验"[2](Flow

① 来自游民星空《〈上古卷轴〉系列背景及世界观详解》,http://www.gamersky.com/handbook/201705/909943.shtml。资料称:"诺德人是来自 Skyrim 的高大、金发的人类。他们强壮、固执,是出色的战士,能熟练使用各种武器和装甲。"

② Mihaly Csikszentmihalyi. *Flow: the Psychology of Optimal Experience*, New York: Harper Collins Publishers, 1991:49.

State)一样,是很难维持的。“高峰体验”包含两点:既要使玩家产生强烈乐趣,又要保持玩家的注意力高度集中。游戏想要做到这一点,就既要为玩家提供一个始终起激励作用的游戏规则,又要为玩家提供丰富多彩的交互体验与源源不断的新刺激。针对以上两方面问题,《上古5》对症下药:不但建立起了一套基于激励机制的乌托邦规则,还在游戏的高度交互性方面下足了功夫。

《上古5》建立的游戏规则,与所有的CRPG类游戏大同小异。总结起来,共包含三条基本原则:一、不死原则;二、等级压制原则;三、进化原则。第一条原则,可以称之为复活原则。这一原则借助CRPG游戏的存档设置实现。只要在游戏过程中及时建立存档点,那么无论游戏角色在之后的冒险打斗中如何惨死,都可以回到存档点完成复活。不死原则实际上是游戏最根本的重复机制[①]所要求的。复活造成了永生的假象,这是虚拟世界与真实世界最不相同之处,也是最为迷人之处,因为复活消弭了现实中骇人的死亡恐惧。作为生命终点的死亡一旦被宣布无效,时间的流逝也就同时无效了,这时,永生降临了,天堂也就降临了。置身天堂的极大欢乐,不断推迟着玩家“梦醒时刻”的到来。玩家的“浸没体验”因此延长了时间。

等级压制原则与进化原则密不可分。首先,随着打斗和冒险带来的经验值的累积,游戏当中的角色会遵循进化论的单向度,不断升级变强。随之而来的不仅是武器、技能和魔法能力的升级,还有敌人级别的提高。而敌人在血量、魔法值与耐力值之中,总有一项要高于玩家的角色。因此等级上的压制产生了。玩家在对付同级别敌人的时候,总会产生“失败”或“死亡”的焦虑。总而言之,总会产生“紧张成分”。赫伊津哈认为,游戏中的紧张成分是相当重要的部分。“紧张意味着不确定、机遇;意味着果断决定、奋力争取。游戏者要展示、表现某种东西;他要尽全力‘获胜’。”“紧张成分赋予它(游戏)某一伦理价值,它也就意味着对游戏者心性的一种测试,测试其勇气、坚定性和信心。”[②]简言之,这种紧张成分激励着玩家更加长久地投入游戏,发挥自己在动作协调、观察等生理层面的能力,与勇气、好奇心等心理层面的素质。这同样作用于

---

① 赫伊津哈:《游戏的人》,舒炜等译,中国美术学院出版社1996年,第11页。“在这种重复能力中有着游戏最本质的品性之一。”

② 赫伊津哈:《游戏的人》,舒炜等译,中国美术学院出版社1996年,第12页。

“浸没体验”的维持。

然而,勇气、好奇心这些伴随游戏产生、最终扎根在玩家“神话身份”之中的“次生所指”,很可能只是一种虚幻的“假性素质”。因为这些素质是在不死原则的前提下被激发出来的。当玩家回到“必死原则”的现实生活中时,这些素质还能保持住吗?这是值得怀疑的。总而言之,《上古 5》这类 CRPG 游戏为玩家设定了一个乌托邦性质的游戏规则。这一规则是现实生活规则理想化、欲望化之后的产物。由此,游戏的世界变成了一个令人乐不思蜀的“3D 乌托邦”。

与此同时,CRPG 游戏能否长时间地抓住玩家的注意力,还取决于游戏的交互性程度。德国学者库克里奇开发出以叙事性、开放性与交互性这三个美学特性为三极的光谱学结构[①],对各类型电子游戏的美学内涵进行了充分展示:

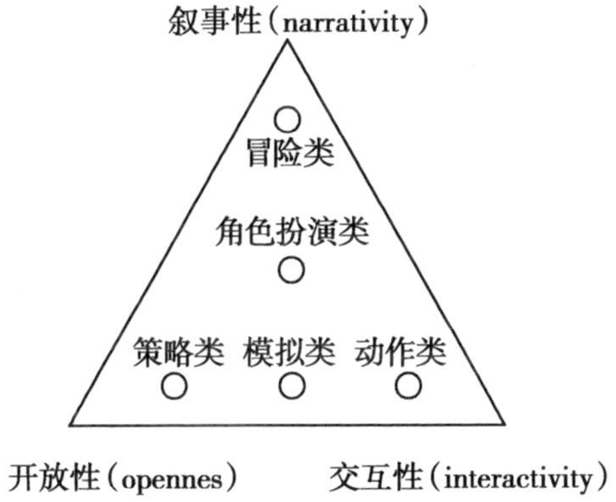

其中,CRPG 游戏,是角色扮演类游戏和动作类游戏的结合,整体偏向于交互性美学。但传统 CRPG 游戏过于注重动作的设计与打斗的刺激性,没有把人的因素纳入游戏的范畴来考量,只是把人的角色当作了行使机械化功能的“玩偶”物件。而高度交互性的 CRPG 游戏恰恰以人的因素为设计核心,“始

① Espen Aarseth, *Aporia and Epiphany in Doom and The Speaking Clock*, Indiana University Press,1999:36.

终考虑用户做什么,用户行为涉及的动词是什么"①,从而达成玩家与游戏中的NPC(Non-Player Character,游戏中的非玩家角色)、道具(武器、动植物)等各主体之间的信息循环,最终形成人机之间某种形式的"对话"。简言之,在传统CRPG游戏之中,玩家只是在游戏中不断遇到新刺激,而后"即兴反应",而在《上古5》这种高度交互性的游戏中,玩家在面对信息时拥有了倾听、思考和多项选择的自由。玩家从被动反转为主动,主观性和创造性也随之被解放了。

交互效果取决于选择和深度两个要素②,也就是人机交互的开放性和人文性。首先,交互的开放性,直接与玩家的选择空间相关。具体表现为玩家可选角色的多样性与可选命运(情节线)的多样性。在《上古5》当中,玩家在游戏开始之时可以选择10种类型的种族,分属不同的居住地。分别是:高等精灵(傲尔特莫族—夏暮岛)、亚龙人(爬行类或蜥蜴—沼泽)、布莱顿人(人类—高岩)、木精灵(波兹莫族—威木)、暗精灵(丹莫族—晨风)、帝国人(人类—赛瑞迪尔)、虎人(猫科动物—艾斯维尔)、诺德人(人类—天际)、红卫人(人类—落锤)、兽人(欧瑞斯莫族—奥辛纽姆)。不同种族具备不同的天赋,比如人类善刀剑,精灵类善魔法,动物类善潜行。由此产生三种基本的职业:战士(使用刀、剑、斧、锤、钉)、法师(使用法术)、盗贼(使用匕首或弓箭)。不同职业内部又可以发展不同方向的技能,总结如下③:

职业	技能类型
战士	战斗型:箭术;格挡;重甲;单手武器;双手武器;锻造
法师	魔法型:变换系;召唤系;毁灭系;幻术系;恢复系;附魔
盗贼	隐匿型:炼金术;轻甲;开锁;扒窃;潜行;口才

由此可见,从选择种族、选择职业到选择技能,玩家在每一个阶段都得到

① Chris Crawford:《游戏大师Chris Crawford谈互动叙事》,方舟译,人民邮电出版社2015年,第102页。

② Chris Crawford:《游戏大师Chris Crawford谈互动叙事》,方舟译,人民邮电出版社2015年,第78页。

③ 来自游民星空《〈上古卷轴〉系列背景及世界观详解》,http://www.gamersky.com/handbook/201705/909943.shtml

了诸多选项,这些选项以乘法的形式让角色的多样性得以繁衍。即便是同一情节线,玩家也可以通过变换角色类型,得到几十种迥异的体验。这些斑斓多样的选择刺激着玩家思考、辨别和取舍,充分满足了玩家个性化的需求。

《上古 5》的情节线也异常丰富。除开上百条支线情节线不谈,单是主线情节就有五种,总结如下:

情节线	主人公职业	剧情概述
龙裔任务	龙裔	英雄拯救世界
黑暗兄弟会任务	刺客	杀手弃暗投明①
冬堡学院任务	法师	异能者学成名就
战友团任务	战士	勇士解除诅咒
盗贼工会任务	盗贼	凡人发财致富

从主人公类型上分,五种情节线分属三种叙事类型。一、传奇叙事。主人公为传奇人物,虽为凡人,但具备神祇属性,可以不服从自然规律。比如龙裔任务,冬堡学院任务。二、高模仿叙事。主人公为高模仿人物,在某种能力上高于常人,但不具备神祇属性。比如黑暗兄弟会任务,战友团任务。三、低模仿叙事。主人公为低模仿人物,能力与常人相同的凡人。比如盗贼工会任务。弗莱依据人物类型,将文学作品的叙事类型分为五种。②《上古 5》的主要情节线就涵盖了其中三种,也即浪漫传奇、史诗与现实主义三种叙事。这三种叙事是通俗文学的基本叙事,也是古往今来最受读者欢迎的三种叙事。这里体现了玩家沉浸于《上古 5》丰富故事之中不可自拔的叙事学原因。

这些情节选项,在游戏中是伴随玩家与不同 NPC 的对话出现的。游戏中有上百个非摆设道具的 NPC,他们是"情节冰山"露出的一角。一旦玩家走近他们触发对话,就会出现一或多个问题选项。不同的问题会触发不同的情节。可能是主线情节,也可能是支线情节。但《上古 5》并不强制玩家依据游戏设计

---

① 黑暗兄弟会情节线的剧情走向具有开放性,在此挑选最为人熟知的剧情走向。

② 对人物类型和叙事类型的划分,参看弗莱《批评的解剖》,陈慧、袁宪军、吴伟仁译,百花文艺出版社 2006 年。

的情节冒险。首先，每个 NPC 都有以自己为圆心的一小块交互空间，只要玩家不选择进入这个空间就不会触发情节。其次，玩家触发情节之后可以选择“延宕”，即搁置游戏给定的情节，按照自己的想法随意在地图内冒险。玩家甚至可以无视游戏设定，选择安宁的生活方式，每天采摘植物、狩猎、锻造，过平民的生活。一切游戏方式，在《上古 5》当中都是被允许的。如此一来，玩家得到了最大程度的选择自由与生活空间，人机交互性也由此被发挥到极致。

交互的深度，也即交互的人文性，也是由两种因素决定：其一是游戏剧情的人文性，其二是游戏的“第四维”效应。剧情的人文性，特指游戏剧本所能达到的艺术深度。这是 CRPG 游戏与冷媒介游戏（如奇幻小说）的共通之处。具备强烈人文性的剧情，会超越单纯的生理刺激，触及玩家的伦理情感甚至价值观念。此类游戏的剧情一般会涉及社会性冲突或伦理冲突。在《上古 5》当中，名为“波耶西亚的召唤”的魔神任务十分有名。在此之前，几乎所有玩家都会带上一位名为法恩达尔的弓箭手作为同伴。而二人历经艰险到达任务终点之时，玩家会面临一个艰难的伦理抉择：如果听从魔神波耶西亚的召唤，杀死陪同自己多时的同伴，将他献祭给魔神，玩家将得到一件威力巨大的神器；否则，玩家将无功而返。一边是物质诱惑和丰厚奖励，一边是善恶交锋和对友情的考验。游戏在此激发了玩家最深刻的情感矛盾，让“浸没体验”达到了高峰。很多玩家不堪折磨，放弃了物质诱惑，选择了友情：

> 玩过卷轴的人懂，我把侍卫（法恩达尔）献祭魔神的时候突然心疼了，然后我重新读档（一切重来）了。①

游戏的“第四维”效应，特指游戏的配乐所带来的浸没感。3D 世界的设计作用于三维的视觉空间，而音乐作用于第四维的心理空间。《上古 5》的游戏配乐素来为人称道。恢宏激荡、悲怆悠扬的配乐，配合壮丽的视觉奇观，完美地营造了一个风云浩荡、英雄辈出的史诗时代图景。人类对于音乐的审美体验

---

① 来自虾米音乐评论，用户买买提被注册 2018 年 1 月 4 日留言，http://www.xiami.com/song/1770675869#wall_list

是非理性、全息性、超语言的。音乐传递的情感信息具有弥散性和生长性,当玩家历经艰险终于保卫了足下那片已经建立起感情的土地之时,恢宏的管弦乐奏响了,音乐所传播的情感种子,迅速在玩家心中生根发芽,开放为悲壮、喜悦与释然的体验之花。《上古 5》中最为人熟知的配乐名为《龙裔之歌》(*The Dragonborn Comes*),当玩家杀死了恶龙,拯救了泰姆瑞尔大陆之后,随便进入一家小酒馆,都可以向酒馆当中的游吟诗人点歌。游吟诗人吟唱的歌就是《龙裔之歌》。歌曲歌颂了玩家拯救世界的丰功伟绩,道出了平民百姓对于玩家的崇敬与爱戴。此时身处"神话身份"的玩家,不可能不被音乐的情感力量所击中。类似亚里士多德所说的"净化"体验在玩家的身上发生了。音乐加深了玩家与游戏世界的情感联结,加深了玩家对于这个虚拟世界的眷恋、热爱和归属感。总之,"第四维"效应,连同剧情的人文性与交互的多样性,共同对玩家的"浸没体验"产生了强烈的延时效果。

四、从致幻到脱幻:热媒介的逆转

热媒介的"高清晰度",在给予受众全面感官享受的同时,也剥夺了受众主观创造力的入场券。它将受众打回嗷嗷待哺的婴儿原形,让受众的艺术感受力与想象力全面萎缩了。而全息性的视觉奇观带来的视觉信息的泛滥、堵塞、疯狂与混乱,反而将信息变成了零信息与无效信息,造成受众思考的堵塞与脑袋的大爆炸,[①]最终激发出受众对于热媒介的腻烦与厌恶。麦克卢汉早就发现了这一点。他认为对受众参与性的排斥会将热媒介引向冷却,进而逆转为冷媒介。[②] 以个人电脑为媒介的 CRPG 游戏同样会因此引起玩家的腻烦与厌恶。千篇一律的打斗操作、"设谜—解谜"的情节套路、反复响起的游戏配乐、像素堆叠的珍馐盛宴,总有一天会暴露游戏世界"一本正经"的虚拟性。而游戏的虚拟性一旦暴露,游戏辛苦经营的"浸没体验"也就随之消失了。

赫伊津哈称这个过程为"脱幻"。他认为,"在任何时候,'平常生活'都会

---

① 钱冠连:《何为语言全息论?》,《外语研究》2002 年第 2 期。

② 马歇尔·麦克卢汉:《理解媒介:论人的延伸》,何道宽译,商务印书馆 2000 年,第 71 页。

一再维持自己的权利，或从外面猛然打断游戏，或在内部冒犯规矩，或由一种冷漠、一种脱幻作用瓦解游戏的精神”。[①] CRPG 游戏防得了平常生活的外部猛击，防得了日常逻辑在游戏内部的冒犯，但它防不了玩家无意识中的日常生活经验在游戏过程中的闪现。这种闪现提醒玩家：真实生活是不可复活的，日常生活是没有配乐的，而没有味道不能入口的美食，再逼真也是不能果腹的。“脱幻作用”就是通过这类常识性的疑问，无形中瓦解了游戏的虚拟幻觉，让沉没在“浸没体验”之中的玩家浮出了水面。

我们已经提到，《上古 5》在设计思路上超越传统 CRPG 游戏的地方，就在于它不执着于一味为玩家营造幻境，而是开始对“脱幻”进行接受与利用。对 CRPG 游戏的玩家而言，“脱幻”的冲动源于对游戏“致幻”效果的厌恶，对被游戏设计者操控的傀儡体验的排斥，对自己仅仅是游戏世界的子民而非上帝，仅仅能享受有限权力的不满。“脱幻”冲动意味着玩家已经不满足于仅在游戏内部（角色、情节上）实现自由意志，玩家想要成为游戏秩序的破坏者与新的制定者，在游戏外部实现自由意志。这当中包含着一股造反渴望与“弑父”（代替上帝）快感，这种快感催生了一种另类的游戏乐趣。

《上古 5》的设计者敏锐地发现，这一乐趣可以提升玩家游戏的自由度，于是游戏中增加了三种设定。第一，玩家可以通过滚动鼠标滚轮，随意在第一人称视角与第三人称视角之间切换。这样一来，玩家可以随时跳出第一人称视角，由内聚焦变为外聚焦，脱离“视野—身份叠合”，摆脱意乱神迷的“神话身份”，像上帝一样操纵自己的角色，进而缓解“浸没体验”带来的腻烦与疲惫。第二，玩家被允许通过“控制台”功能作弊。“控制台”是游戏各种设定的修改区，只要输入特定代码，玩家的技能、魔法、武器就可以被随意升级或降级，玩家就可以一日千里或穿墙而过，做出诸多超越游戏规则的行为。可见，游戏的设计者自愿将一部分游戏的设计权交付给了玩家。这是 CRPG 游戏界中堪称革命性的举动。第三，作品许可玩家自行制作游戏 MOD。MOD 是 Modification 的缩写，意为游戏的修改或增强程序，特指玩家充当程序设计师，为游戏增添新地图、新人物、新剧情等。这是对第二条设定的升级。MOD 设

---

① 赫伊津哈：《游戏的人》，舒炜等译，中国美术学院出版社 1996 年，第 23 页。

计权的放开,使玩家的身份变更为游戏设计人的身份。玩家可以通过自己的喜好,像设计市面上的"定制商品"一样,自行定制游戏内容供自己消遣。这为熟悉游戏编程的玩家打开了新的体验之门,一股玩家制作《上古 5》MOD 的潮流席卷全球。其中最具代表性的是荣获 The Game Awards 2016 年最佳玩家制作奖的 MOD:Enderal(恩达瑞尔)。该 MOD 被称为游戏史上最大的 CRPG 类游戏 MOD,拥有完全自成一体的新世界、新剧情,在原作基础上,对游戏剧情等方面做了全面优化。[①] 如此高质量的设计,恐怕只有开放性如此之强的《上古 5》可以激发出来了。

以上三种设定故意暴露出了《上古 5》的虚拟性,也即元叙事性。正如文学领域的元叙事革命一样,《上古 5》掀起了 CRPG 游戏领域的元叙事革命。它利用了热媒介的逆转属性,把握住了"脱幻"作用当中蕴含的新的娱乐可能,为 CRPG 游戏进一步革新找到了一条可行的出路。

五、结语:失去童贞的游戏

20 世纪 80 年代以来的媒介革命在催生了一系列新生事物的同时,也悄无声息地改变了诸多古老事物的形态。游戏就是其中之一。传统的游戏形式强调肉体的参与性与想象力的协助,本质上是冷媒介性质的。一方面,这种游戏形式具有生物学的内涵,它是有害冲动的发泄,废弃能量的转移,或是被压抑愿望的满足。同时,该形式还具有一种文化属性,与艺术体验相沟通,散发着艰深的审美品质。[②] 这种审美性的产生,源自传统游戏形式的非功利性。非功利性的达成有三个前提:一、游戏是自愿行为,非强制行为;二、游戏是"剩余物",是"业余时间"的产物,不具备经济学价值;三、游戏立于欲望和要求的当下满足之外,实际上它打断了欲望的进程,引入了超越本能欲望的愉悦。[③]

CRPG 游戏,是游戏在热媒介当中的新形态。它所苦苦追求的"浸没体验",是否具备古老游戏的非功利性呢？答案是否定的。CRPG 游戏虽然满足

---

① 来自知乎《有哪些〈上古卷轴 5〉的必装的 MOD?》,https://www.zhihu.com/question/29406309

② 赫伊津哈:《游戏的人》,舒炜等译,中国美术学院出版社 1996 年,第 2 页。

③ 赫伊津哈:《游戏的人》,舒炜等译,中国美术学院出版社 1996 年,第 9—16 页。

了自愿前提和“剩余物”前提，但违反了第三条前提：超越本能欲望前提。CRPG游戏的虚拟技术与种种交互性游戏设计，目的只有一个：尽可能地建立一个“3D乌托邦”，帮助玩家宣泄日常的压抑欲望，满足当下的生理与心理需求。“浸没体验”作为游戏的核心设计理念，根本上是排斥想象力、艺术感受力这些审美要素的。这也是热媒介属性带来的必然后果。

农耕文明中生发的游戏形式是为了帮助人们对身体能量进行修复，激发对于劳作的信心、对于谷物兴盛的信心，最终指向对于生活的积极行动。游戏落脚于丰盈和安宁的美学。而CRPG游戏制造的乌托邦幻境则相反，它不断强化着玩家对于被资本主义秩序规训的日常(城市)生活的否定，侵占着玩家的闲暇时间(能量恢复时间)，耗散着玩家的身体能量，冷却着玩家对于日常生活的热情，最终对玩家的日常积极行动产生了巨大的阻碍。它将传统游戏对行动性的正面刺激，转化为负面刺激。因此可以说，CRPG游戏发展了游戏的生物学内涵，同时抑制了游戏的审美内涵。它没有超出玩家当下的物质利益与个人生物需要，更没有像仪典等游戏形态那样，作为一种神圣活动，作用于人类团体的兴旺。

热媒介对游戏的审美特性只存在耗损效果，这是《上古5》尝试超越“浸没体验”设计原则、开发CRPG游戏新方向的媒介根源。但对游戏的审美特性产生更严重耗损的，是发生在玩家(受众)一端的电子游戏的商业化。随着“电子游戏竞技”与“游戏直播平台”的出现，玩家获得了通过游戏赚钱的良机。仅2017年DOTA2国际邀请赛的奖金就高达2400万美元。[①] 丰厚的物质利益催生了世界各地的电竞队伍，电子游戏被职业化了。于是，职业玩家成为公司员工，成为资本链条当中的重要一环。而近年来“游戏直播”和“原创个人视频”的兴起，让电子屏幕前的普通玩家也得到了借助游戏谋生的机会，他们只需为观众表演自己的游戏过程就可盈利。在游戏主播和电竞选手那里，游戏已经不再是暂时活动，而是必要的生存活动。可见，电子游戏已经堂而皇之地拥抱了自身潜藏的经济学价值，破坏了非功利性的第二个前提。于是，游戏的“业

---

① 来自观察者网《再创纪录！2017年DOTA2国际邀请赛奖金已达1.4亿元》，http://www.guancha.cn/Celebrity/2017_07_13_417932.shtml

余时间”变成了“生产时间”,古典政治经济学的时间观在此失效了。此时的电子游戏以高扬的工具理性精神,宣布自己进入了商品化的进程。

在媒介革命之后,“古老的游戏因素历经沧桑,几乎完全萎缩”,“职业化的精神再也不是真正的游戏精神”。[①] 世界范围内电子游戏尤其是 CRPG 游戏的发达景象,其实并非游戏文化的发达,而是资本市场与新兴媒介的发达。在对游戏这一古老文化形态的追忆中,我们可以悲哀地认定:电子媒介之中的游戏,是一种失去了童贞的游戏。唯娱乐的商业化势头催熟着游戏,3D 虚拟技术打扮着游戏,这一生机勃勃的文化形态终于早早步入了油腻的中年。审美性已然幻化为失乐园当中的幻境,而古老的游戏精神也悉数沦为了潮流的笑柄。时代的成熟男子气质,最终将天真的游戏诱入了反讽的境地,那就是游戏性的异化。

(贾想,北京师范大学 2017 级硕士研究生)

① 赫伊津哈:《游戏的人》,舒炜等译,中国美术学院出版社 1996 年,第 220 页。

虚拟漫游者的扮演人生
——从《天涯明月刀 ol》解读国产网游发展态势

汤丽莲

一、网络游戏:游戏的当下形态

游戏,古老而常新。“从文化最早的起点一直延展到我们目前生活其中的文明阶段,游戏伴随着文化又渗透着文化。”[①]《史记·老子韩非列传》有:“我宁游戏污渎之中自快,无为有国者所羁,终身不仕,以快吾志焉。”或见《韩非子·难言第三》:“管仲之所谓言室满室、言堂满堂者,非特谓游戏饮食之言也,必谓大物也。人主之大物,非法则术也。”可见,在传统文化认知中,游戏与国事相对,是物质和身体上的享受和对家国责任的回避,难登大雅之堂。直到 19 世纪末,凡勃伦的《有闲阶级论》问世后,休闲学诞生,游戏的意义和价值才得到了肯定,成为人类文化生活的重要侧面。

---

① 赫伊津哈:《游戏的人》,舒炜译,中国美术学院出版社 1996 年,第 4 页。

物质生产的发展不断丰富着游戏的载体与媒介，从无介质的论辩、歌舞、游玩，酒桌饭局的娱乐消遣，到依托器物的博弈、次韵赋诗、流觞曲水、分曹射覆，再到电子游戏机与虚拟游戏产品的诞生，多种形式的游戏共时性地活跃在当代社会之中，并未随着时间的线性发展而退出历史舞台。可见，游戏本身足以存在着某种品质，某种“总体性”[①]，令其在不同的媒介之下呈现出各异的样态，但不损其游戏性的魅力。何谓游戏的“总体性”，此类哲学式的观照并非本文关注之重点，而通过对游戏的浅显观察，可以发现游戏是通过创建某个情境，引发游戏者们的竞争和冒险，给予相应的反馈和回报，并供以人类本能的抚慰和满足；或是依靠现实的理想化，紧扣游戏者的审美需求；或是作为人与人的联结，成为人际社交和创造社群的平台。

20 世纪 90 年代以降的中国，文化的大众化转型带动了娱乐产业的发展，被誉为第九艺术的电子游戏，在工业生产和大众文化的双重逻辑运作之下争奇竞艳，对年轻一代造成了不可逆的深刻影响。在泛娱乐化与信息化的后现代生活中，若论对时间的侵占之多、理想梦幻之盛、模拟社交之真，恐怕难以找到可以同网络游戏相媲美的形式。拥有便利的即时通讯功能的网络游戏，凭借模拟现实又超越现实的游戏体验与社交体验，对玩家构成了极大的吸引力。玩家们可以根据自己的兴趣、所喜欢的游戏题材、经济承受能力，选择适合自己的游戏设备和游戏产品，并通过自我和游戏角色相连接，徜徉在游戏世界的乌托邦中，为自己建构另一重生存时空。

网络游戏，简称网游，与非联网的单机游戏相对，指的是游戏运营商建立服务器与用户设备终端相连接，以游戏客户端为平台，依托互联网实现多名玩家共同在线参与的游戏形式。网络游戏依据用户终端设备的不同，可分割为手游（移动游戏）、端游（客户端游戏）和页游（网页游戏）三大板块。手游，即手机游戏，以智能手机为游戏客户端的载体；端游，即客户端游戏，是相对于网页游戏而进行的类型学划分，端游需要下载客户端在个人电脑上运行；页游可以直接在浏览器中运行。端游的三大类型是 MMORPG（大型多人在线角色扮演游戏）、MOBA（多人在线战术竞技游戏）和 FPS/TPS（第一人称射击游戏/

① 赫伊津哈：《游戏的人》，舒炜译，中国美术学院出版社 1996 年，第 4 页。

第三人称射击游戏），分别以《魔兽世界》、《英雄联盟》（LOL）、《守望先锋》为代表。在《2017 年最佳端游排行榜 TOP15》中，共有 2 款英雄对战 MOBA 游戏，其中 LOL 高居榜首，7 款角色扮演 MMORPG 游戏，4 款射击游戏。[①]

2017 年 11 月，新华网联合中娱智库发布了《2017 年中国游戏行业发展报告》（以下简称“报告”），报告显示：“2017 年，中国游戏行业整体营业收入约为 2189.6 亿元，同比增长 23.1%。其中，网络游戏对行业营业收入贡献较大（前三季度营业收入达到 1513.2 亿元），预计全年营业收入约为 2011.0 亿元，同比增长 23.1%。”[②]

2017 年网络游戏用户数据统计

（单位：亿人）

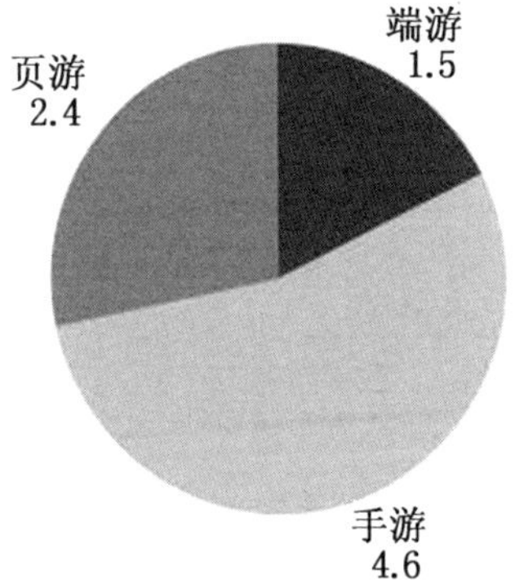

2017 年网络游戏营业收入统计

（单位：亿元）

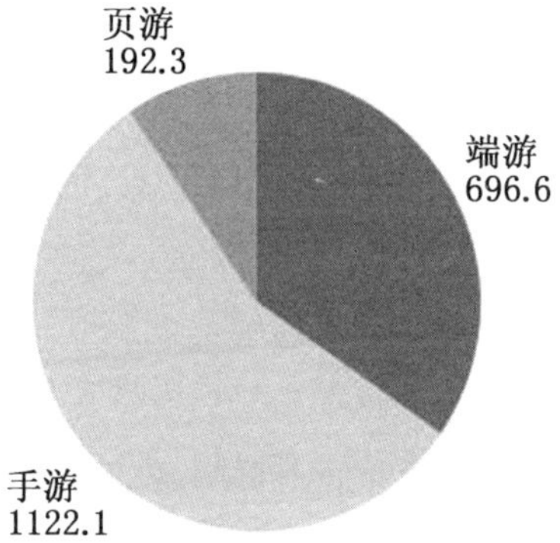

2017 年的中国网络游戏行业中，手游依靠庞大的用户基数，稳坐网络游戏营利来源之首。[③] 与此同时，端游“新品网络游戏生产厂商继续减少，集中程度较低，头部客户端游戏的运营商集中度较高，且基本为经典游戏或海外引进游戏，腾讯和网易占有较大市场份额，全年新游戏测试（不含 Steam 等游戏平台游戏）频率和数量大大下降”。

---

① 由 2017 年《互联网周刊》&eNet 研究院选择排行，载《互联网周刊》2017 年第 16 期。

② 新华网：《〈2017 年中国游戏行业发展报告〉发布》，http://news.xinhuanet.com/info/2017-11/29/c_136786870.htm

③ 自 2013 手游元年以来，我国手游行业迅猛发展，至 2016 年手游盈利首超端游；手游玩家数量则远超端游（2017 年手游玩家为 4.6 亿人，端游玩家为 1.5 亿人）。

相对于成本较低的手游和页游来说，开发与改进一款端游则需要大量资金投入，而玩家们的期望却是“不肝不氪”[①]，漂亮衣装，制霸全服。游戏生产商与玩家之间的需求矛盾难以调和。乍看之下，端游，尤其是国产端游，在“游戏生态位”[②]的法则之下，已不得不受到冲击，呈现出式微之态。网络上，“端游已死”的言论在网民舆论的低成本、超时空性传播下风行一时。

然而，从近四年端游的发展来看，端游行业发展增速虽缓，实则却进入了一个稳定发展的阶段：2014 年到 2017 年，端游行业的市场收入在 600 亿元左右，端游的用户规模也稳定在 1.5 亿人以上。腾讯 WeGame 游戏平台、东方明珠 G 游戏平台相继发布，美国 Steam 游戏平台入驻我国，在大规模的规范端游平台相互竞争下，用户的正版意识和付费意识也得到了有效培养。而在玩法创新方面，2017 年 3 月 PUBG 发布的《绝地求生》，以其“大逃杀”式刺激紧张的游戏模式迅速风靡全球，其获胜后的标语译文“大吉大利，今晚吃鸡”也成了网络流行语。更有甚者，该游戏模式也纷纷为移动端游戏所效仿，2017 年年底，网易上线手游《荒野行动》，腾讯推出手游《光荣使命》和《穿越火线手游荒岛特训模式》，腾讯游戏亦成为《绝地求生》在大陆的独家代理。

“吃鸡”类游戏发展的轨迹，揭示了“游戏的核心是玩法”这一浅显而难为的道理。而“玩法”的所指，正包含在拥有着漫长历史的人类游戏文化的“总体性”之中。这就又带我们回到了上述的观点：令游戏超越历史、永葆生命力的，不是媒介的更迭，而是游戏本身。

二、个案分析：武侠类 MMORPG《天涯明月刀 ol》生态阐释

若要选择一种网络游戏，来解读游戏对当代中国人生活之必要性，武侠/仙侠类网游，有着独特的意义。侠，是中国传统文化中特有的概念范畴，它超

---

① “肝”和“氪”为描述玩家游戏风格的流行语。“肝”形容玩家在游戏中的拼命程度足以“爆肝”；而“氪”，即“氪金”，形容玩家拼命往游戏中砸钱。这两种游戏状态往往相对，非肝即氪，投入金钱或者超量游戏时间，以图在游戏玩家的竞争中获胜，获得游戏体验的优越感。

② 游戏生态位法则：生态位法则在游戏行业中的迁移。指在游戏的世界中，各种游戏都有自己的“生态位”，同质或相似的游戏，在同一市场区间的竞争下不可共存。

越了具体的历史所指，而逐渐演变为“一种精神、气质”，“侠与人的社会或家庭背景无关，不属于任何特殊阶层，而只是一种富有魅力的精神风度及行为方式”①。侠文化中所蕴含的隐逸精神和英雄情结，在正统文化之外，开辟出了另一层精神空间，足以与游戏相契合，而带有极强角色代入感的 MMORPG 网游，则成为两者结合的典型形态。

武侠类网游，凭借“金、古、温、梁、黄”建立的深厚的武侠文学资源，格外受到武侠类网络游戏的青睐。仙侠类网游，比之武侠，更带有幻想色彩，往往在游戏中能够展现更为瑰丽梦幻的时空，对于现实世界的分离更为彻底。根据萧鼎所著《诛仙》改编的同名网游《诛仙》，便是一款经典游戏。因此，在游戏自身的虚幻与娱乐性之外，侠文化类网游较易能唤起国人的文化认同感，令我们手中的键盘与鼠标连接的游戏时空，蒙上一层梦乡的色彩。所谓梦，意指大型网络游戏所建构的审美化虚拟时空；所谓乡，便是指该类游戏对国人文化回归和审美需求层面上的深层召唤。

文字能够叙述侠者的故事，影像用视觉文化将这些故事还原，而网络游戏通过人机交互、人际社交，能够让玩家真正进入侠文化的时空，甚至通过角色扮演，在游戏中与玩家和 NPC（非玩家角色）进行互动，成为该武侠世界的有机组成部分。为了全景式描述这一虚拟的时空，笔者姑以腾讯自主研发的 MMORPG《天涯明月刀 ol》为模板，作一具体的剖析和阐释。

（一）时空建构：想象的转换与生成

当进入游戏时，游戏者们会从日常生活中分离出一段时间，自愿扮演某一角色，并且带着预设进入游戏世界，在游戏规则的制约下，品尝游戏的趣味。赫伊津哈在描写游戏的特征时，提出“游戏的最重要特征之一是它与平常生活的空间隔离。一个封闭的空间为它标示出来，物质上的或是观念上的，都从日常环境中被圈划出来”。② 而麦克卢汉则这样理解游戏：“游戏是我们心灵生活的戏剧模式……是集体的通俗艺术形式，具有严格的程式。”③赫伊津哈将游戏从日常之中剥离，麦克卢汉勾画出游戏具有的大众艺术形式，他们共同认可了

---

① 陈平原：《千古文人侠客梦》，人民文学出版社 1992 年，第 6 页。

② 赫伊津哈：《游戏的人》，舒炜译，中国美术学院出版社 1996 年，第 22 页。

③ 麦克卢汉：《理解媒介——论人的延伸》，何道宽译，商务印书馆 2000 年，第 29 页。

游戏对日常的超越性，认为其属于非日常生活中消遣娱乐的途径。

对于玩家来说，网络游戏对日常的超越有着具体的指向，即玩家通过沉浸在网络游戏所搭建的模型世界中，从而与现实和日常生活实现隔绝。朱自清认为通俗小说满足了封建社会的农民和小市民“做白日梦的自由”[①]而肯定其意义。今日的网络游戏则展现了语言文字所不能达到的、还原白日梦境的功能意义。当下的网络游戏，正处于3D到VR（虚拟现实）的转型之中，而以3D为普遍形式。在真实感上，3D强于2D而弱于VR，但也足以通过立体的游戏感，带给玩家超越现实的沉浸体验。《天涯明月刀 ol》（以下简称《天刀》）最初的成功，很大程度上来自优秀的3D建模系统。

2010年，《天刀》立项；2014年7月，发布《剑试蔷薇》内测版本；2015年，发布《陌上花开》不删档测试版本。资本雄厚的腾讯游戏自主研发的3D武侠类网游，自然吸引了大批网游爱好者的尝试。在当时，《天刀》是国产网游界的惊艳之作。磅礴大气的场景，仿真的天气与光影系统，写实的朴实色调，真人比例的人物模型和细腻真实的外观衣着，相比于当时盛行的华丽浮夸风格的国产网游，紧紧抓住了玩家的心。可以说，初始时期的《天刀》是极为成功的，甚至在当时被誉为国产网游的希望和巅峰。时至今日，依然没有一款国产网游，能在音画方面同《天刀》相媲美。《天刀》的游戏性存在于虚拟的游戏时空中，是一个完整的武侠世界体系，这可以从音、画、人、物四个维度得以呈现。

1.模拟现实的游戏时空

《天刀》以古龙的武侠小说《天涯明月刀》为IP（知识产权），剧情任务的最终目的是要剿灭为祸武林的公子羽与明月心。在古龙原作中，历史背景是架空的，但从游戏世界的细节来看，背景被设置在北宋年间：杭州地图中有一处“一醉阁”，该处的NPC有晏殊、柳永、范仲淹等人；出海的码头场景中，船舶司的官员念诵着台词“大宋水军，天下无敌”；游戏中的皇城，设置于开封地图中。

游戏的地图是基于现实的还原，不同的地点呈现出了相应的地理风貌。首先为主城，开封阎闾扑地、富庶繁华；杭州则精心搭建了西湖和钱塘江码头的场景。其次东越、云滇、燕云、徐海分别勾勒出了东南西北四个疆界的轮廓：

---

① 朱自清：《论雅俗共赏》，江苏文艺出版社2008年，第11页。

东越有客家土楼，有湛蓝的东海；云滇是苗族的聚集地，满是荒山野岭，杂有一处火山地貌；燕云有黄沙与土堡，是沙漠地形；而徐海则有着藏传佛教风格的寺院和雪山之巅。此外，江南则山水秀丽，甚至还原了苏州的虎丘景区风光；秦川为雪景，落雪之时，风雪满山；襄州对应武当山，可见壮阔云海；荆湖是洞庭湖流域，即古云梦泽地区；巴蜀则多悬崖峭壁。2017 年 7 月航海版本《沧海云帆》中，地图还扩展到了东海海域。

细节的完备增强了虚拟游戏世界的质感。每一处地图中，都有着相应的NPC，江湖弟子、平民百姓、军队士兵，共同充实着游戏的世界；每一处场景，都装点着具体可辨的器物；精心设计的骑马和轻功动作，则是玩家赶路的方式。对于现实的还原和磅礴大气的场景模型，通过电脑的屏幕呈现在玩家眼前，使其明知为虚构，依然能够沉醉于其中。

天气系统和时辰系统，共同建构了《天刀》的历史真实感。游戏时间与现实时间的比例是一比四，六个小时便是游戏中十二时辰的轮回。随机呈现的天气系统模拟了现实世界中的天气。下雨之前，甚至有大风与骤阴的效果。精致的光影变换、朝阳与落日晚霞的交替，是时间流逝的影像表达。在时间的维度上，游戏也实现了给予玩家以真实体验。

2.各安其位的游戏身份

MMORPG 属于 RPG 游戏，即角色扮演类游戏。每一个玩家在游戏中都是一个角色，角色扮演类游戏的基本任务就是通过角色设定，为玩家带来代入感，当然，在此之前，玩家默认遵守游戏世界运作的逻辑。在《天刀》中，一个人的角色是多重身份的复合，最终统合为基于自我选择的“侠士”角色，这一角色，就是玩家在该游戏时空中的虚拟自我。

其一，门派身份。对该身份的选择在游戏初始创角阶段中。既为武侠，便有各大门派共同组成武林。各个门派的武学流派、擅长武器、门派场景、形象风格，是一个门派个性化的必要符号，此处仅以表格的形式予以清晰展现[①]：

---

① 整理自《天涯明月刀 ol》官网一职业介绍，http://wuxia.qq.com/gamedata/league/zhenwu.shtml

门派名称	武学流派	擅长武器	门派场景	角色风格
太白	剑法	剑，鞘	雪山之巅	潇洒剑侠
真武	道法	阴阳双剑	武当云海	逍遥道士
丐帮	体术	缠手，酒葫芦	潇湘竹林	落魄醉侠
神威	战士	长枪，弓箭	燕云沙堡	铁血军人
天香	治疗，伞舞	伞，伞中剑	幽谷花海	柔情侠女
唐门	机关术，暗器	扇子，傀儡	蜀山危楼	华贵偃师
五毒	蛊术，身法	双刀	云滇苗寨	诡谲刺客
神刀	刀法	长刀，鹰	西境高原	沧桑刀客

其二，江湖身份。仅有的八个门派的区分，会导致玩家角色的雷同。因此，MMORPG 类网游往往会通过第二重身份系统，对角色进行二次分化。在《天刀》的构架中，每一位玩家需要拥有一项江湖身份作为谋生的职业，这包括：捕快（俗称警察）、镖师、游侠、乐伶、文士、猎户、杀手。乐伶与文士属于功能性身份，能够开启书画收集系统，能够通过键盘按键弹琴吹箫；游侠、猎户和镖师属于生产性身份，前二者能够产出游戏所用的资源，镖师通过押镖，直接获得银钱；捕快和杀手则属于互动性身份，捕快捉拿劫匪（镖师押镖时可被穿上劫匪服装的玩家劫镖），杀手接下玩家的暗杀悬赏，暗杀该玩家的仇敌。每一个职业都有对应的装扮。一个玩家最多能有三个江湖身份，江湖身份是《天刀》的原创系统。身份玩法中，不同资源的产出，又可被用于生产交换，促进了《天刀》经济贸易系统的循环发展。然而，利润空间吸引了工作室的介入，他们或是利用脚本快速押镖，或是包揽所有的狩猎点，破坏了身份玩法的平衡机制。此类对于游戏规则的挑战，则需要游戏运营团队介入裁决。

其三，阵营身份。《天刀》的玩家共同体或者工会有三个层级，由上至下分别是：盟会——联盟——帮派。盟会共有四个（帝王州、寒江城、水龙吟、万里杀，对应红、白、蓝、黄四色符号），是随着剧情自动加入的，分属不同的 NPC，联盟和帮派则为玩家组织，由玩家自己寻找，加入帮盟之后，玩家就能体验到《天刀》的玩家对战类玩法，并获得竞争和战斗的乐趣。

除了江湖身份外，其他两种身份在诸多网游中大同小异。身份的选择，根据玩家的自主取向进行。三种身份体系合成了一个总体身份系统，构建了一个玩家的角色身份。在这个系统中，每一个玩家都能找到自己在游戏中的位置，与其他玩家相区别，还能凭借某种身份的共性，组成各式各样的共同体，从而建立起对于自身角色的认同感。依靠玩家角色的共性和个性，游戏的角色系统能够稳定运行，机械的、数码的游戏世界也由玩家所填满，而使游戏得以运作。

此外，玩家可以购买地皮，建造属于自己的家园。《天刀》的家园是直接建造在地图上的，而不是需要传送的一个单独空间。家园严格遵循古代民居的建造风格，讲究风水，能够打造和摆设家具古董。玩家可以在自己的家中睡觉、洗澡、收藏和阅读典籍。当角色在游戏世界中拥有了一席之地，玩家对模拟的游戏世界也便多了一份归属感。

3.捕捉听觉的游戏音乐

虚拟的时空，以电脑屏幕和鼠标键盘为媒介，占据了玩家的触觉和视觉。而唯有音乐，才能与听觉连接。音乐能够直接传递情感，对人的情绪状态有着极强的感染力，因此，音乐是影像艺术和电子游戏共同的重要媒介。

在《天刀》中，每一个场景都对应着不同的音乐，这些音乐由陈致逸谱曲。江南有丝竹之韵，燕云多鼓乐，开封之乐雍容肃穆，杭州之乐雅致，云滇则有回环悠扬的山歌。场景切换间，音乐的变更给人以直观立体的感受。细节处的音乐更不可少。技能动作的音效，风声、雨声、水声、马蹄得得声、商贾叫卖声、烛火毕剥声，随着相应的视觉符号出现而出现，加深了游戏的真实感。

《天刀》有语音台词，除了剧情有配音之外，每一个角色还有专属的台词。譬如爱好自由的唐青枫喜说："真羡慕那些不用开会的人。"坚持自我之道的叶知秋为："若真孤星照命，叶某，唯有以剑破之！"游戏人间、多情多义的笑道人则说："师傅说：'不入江湖，焉知江湖。'无忆却说：'相濡以沫，不如相忘于江湖。'"每一次和人物对话，台词就会自动播放，配合人物的标志性动作，角色的个性印象得到一次重复。大量的重复强化了 NPC 的个性标签，建立了玩家的熟悉感和亲近感，并传递着游戏世界的精神价值取向。

丰富而无孔不入的视听符号，填充在游戏模拟的世界和玩家操控的角色之中，在游戏秩序的作用下，有条不紊地运作着。角色扮演类网游所建构的世界，是一个完整的符号体系，它有着完备的形式和简洁的逻辑，有着相互的区分和共同的类群。每一个角色都是该系统中活跃的要素，履行着相应的功能，所有的行动都有着既定的目的，而且目的成效之显现快速而直接，比如金钱、属性、物品的增加，并且所有的成果都是累加的。玩家游戏的过程，实则是一个不断积累与丰盈的过程。于是，一切的行动都是有意义的，一切的所作所为、所付出的努力，都会被给予回报。角色扮演类网游正是以这样的方式，排解着现实生活的不可预见性和徒劳感，重建古典主义式的秩序和行动的意义。

（二）审美沉浸：自我的再造与趋同

在角色扮演类网络游戏中，玩家通过操控游戏角色本身，来获得一种代入感，乃至自我化身感。玩家随心所欲地打造自我的形象，选择搭配心仪的时装，又赋予角色独一无二的名字，以角色之口和其他玩家交流，并且完全掌控角色的行动，培养角色的属性和能力。家园系统给予玩家归属感，身份系统提供角色的身份属性，而帮助玩家建立角色代入感的，则依靠更多的游戏系统共同运作。

1.同步自我的任务系统

角色的行动，是由系统给定的任务指导的。完成给定任务、遵循游戏玩法的行为能够得到正向反馈，即获得相应的任务奖励；而不遵循游戏玩法的行为，则会由于得不到正面反馈，导致玩家丧失游戏的乐趣。

剧情任务，帮助玩家在系统的指引下，游历《天刀》武侠世界，闻见人物悲欢离合。随着剧情逐步推进，广阔的世界逐步在玩家眼前展现，形形色色的人物也被玩家所熟知。譬如原著中的傅红雪、叶开、周婷、明月心、公子羽等人的恩怨，原创 NPC 唐青枫、曲无忆、笑道人、离玉堂、韩莹莹等人的爱恨情仇。玩家在故事的现场，却不能干涉剧情的走向。剧情由玩家触发，每一位玩家都能够体验一套完整的剧情流程，这些任务并没有难度，而且完成之后可以获得大量的奖励。以角色为中心的剧情任务，是游戏世界对玩家的开放与欢迎。

常规任务按照时间周期，可以分为周常任务和日常任务。按照性质可以分为 PVP——玩家对玩家任务（竞技、阵营对战）、PVE——玩家对环境任务（副本）、休闲任务（种树、喝酒、钓鱼）、身份任务。每一次任务的完成，都会有对应的奖励反馈。多元的常规任务，令喜好不同玩法的玩家都能在游戏世界中找到对应的行动。或者，玩家只是想游历《天刀》的武侠世界，而并不想过分被任务束缚，也能在游戏世界中当一个“风景党”，截图、自拍，收集各地墨宝。

2.通往唯美的捏脸和时装系统

《天刀》有着精致的捏脸系统，精确到面部的每一块骨骼和肌肉。有网友致力于 3D 还原，打造周董脸、刘亦菲脸；有网友专门捏整蛊风格的脸。但更多的人会为自己的角色选择具有美感的脸。人物身材不需要调整——或许是预见到所有玩家都会选择最完美的身材比例。除非导入数据，没有玩家的脸会是一样的。该系统设定的原意，正是让每一个玩家都有独一无二的面容。然而，捏脸技术各不相同，大众又普遍存在趋美避丑的倾向，于是“定制”的漂亮捏脸出现了。在淘宝上，花 20 到 80 元，就能够买到一张美丽脸庞的数据。商铺中展现捏脸效果的预览图片，与经美化处理的自拍照极为相似。

《天刀》可谓成也美工，败也美工。时装系统，自然首当其冲。在运营的初期，《天刀》精美的时装建模就引发了玩家的热烈讨论。在此之前，没有一款网游能将服装效果展现得如此适度。不错，适度、恰当、合乎其分，是形容这些时装的最好语言。每一种职业和门派，都对应着不同的时装；随着剧情任务的进展，系统会赠予行走江湖的便装；随着自身实力的提升，则可以打造更高等级的门派时装。这些时装没有采用华丽炫酷的颜色和夸张的造型，反而采取了细腻而淡雅的风格。在高精度画质呈现下，甚至能观察到每一块布料的质地和花纹。配合真人比例的角色模型，时装效果极为古雅写实。因此，当商城中更高质量的时装以 200 元到 500 元的价格售卖时，也有大批玩家欣然为之买单。在天赏积分（消费累计积分）商城中，更有需消费巨额人民币才能兑换的华丽时装。为了刺激消费力度，充值上千元后往往会获得系统赠送的特定时装。截至目前，《天刀》中最贵的一套时装“雾隐雷藏”需要 800000 积分（累计消费 80000 人民币），即便是在促销活动和专人代购的前提下，要拥有这套时装也至少需要耗费 20000 元。

于是，拥有的时装多寡、时装的来源，成为角色对应的玩家财力的标志，而财力直接与实力相关。即是说，拥有高价时装的人通常也会有较强实力。高级时装成为游戏世界里玩家们膜拜追随的符号。拉动玩家消费、获得游戏营利的最为便利的方式，就是吸引玩家购买服装和饰品。于是优化玩法的速度不及推出新时装的速度，玩家们重复着对老旧枯燥玩法的抱怨，又为新的时装充值消费，《天刀》的游戏性遭到“冷落”（从日常的减负和航海玩法的推出来看，对《天刀》策划团队不改进玩法的指责是不恰当的）之后，更多的玩家选择了退游。玩家的流失直接带来游戏收入的减少，于是便再推出消费活动和新时装，如此循环。当二次元风格、魔法精灵风格和西欧宫廷风格的时装赫然出现在商城中时，游戏创始时期的初心便不复存在了。

除了这些系统之外，角色会被命名，同服务器里（即同一游戏时空）不能有相同的名字。命名，是万事万物确立自我界限的方式。当玩家为自己创建的角色赋予独一无二的名字之时，一个虚拟的空白化身诞生了，随着游戏世界的游历加深，这个化身被慢慢地打造充实。这个过程以键盘和鼠标为媒介，玩家通过十指的触感，操纵角色的行动。就像面对镜子，摆弄姿势，看着镜子中的自己做出对应的动作，以此确认自我一样。自我的镜像是个人真实形态的反映，而在角色扮演类游戏中，主体先是塑造了一个他者，而后通过游戏体验的代入感和同一感，强化其自我认同，逐渐将游戏中的角色作为自身的虚拟化身。

网络游戏兼有消费文化和审美文化的双重属性。玩家依照着理想赋予其形态：象征财富的白发和红发、最贵的时装和染料、最贵的坐骑、符合大众审美的脸。唯美主义化的虚拟化身，适应了“人们要求改变自己主体身份的需要和冲动……以某种新的方式创造自己，在角色的扮演中解放自己”[①]。有一种女性角色形象尤为盛行——白发、狐耳、白染裹胸胡人舞裙、赤脚铃铛，再配一张“网红脸”，而且能够负担该套装扮的人仅在少数。消费的选择基于时装符号所指向的意义，女性装扮的柔弱和唯美，在无意识的从众选择中，展现了女性的审美观念和文化心理。另外，时装背后还存在着金钱的意义，在时装体系下，每一套装扮都被明码标价，正如鲍德里亚对当代社会的消费现象作出的批评：“堆积之外，物以全套或整套的形式组成……它们不再是一串简单的商品，而是一串意义，因为它们相互暗示着更复杂的高档产品，并使消费者产生一系

① 刘泓：《虚拟游戏的身份认同——网络游戏的文化体验之反思》，《福建论坛》（人文社会科学版）2003年第3期。

列更为复杂的动机。”[①]时装系统没有起到个性化玩家的作用，却反而成为现实审美在虚拟时空中的延伸，可见，游戏角色是如何成为人对现实欲求的纾解。

（三）跨越孤独：社群的延伸与联结

电子游戏通过不同的媒介，与人的身体相连，而联网在线交流的方式，使得人际社交迁移至虚拟时空成为可能。“游戏是社会人和整体的延伸，正如技术是动物有机体的延伸一样。”麦克卢汉从功用的角度出发，这样定义游戏。当所有的人共同使用同一种媒介时，媒介就成了集体的延伸。在马斯洛需求理论中，社交的需求跨越了第三层次情感和归属需求与第四层次尊重需求。而网络游戏依托互联网，实现了多人同时在线和即时交流，为网络游戏赋予了社交功能。MMORPG 类网游，比任何一种电子游戏都更能实现人际社交，并通过人与人之间的关系，建构出一个社交网络。于是，人在游戏中的生存，通过网络游戏的社交功能，实现了继人对游戏时空、人对角色之后的最后一个维度：人对人。

1.集体至上的弱社交关系

共处于一个共同体（帮、盟）之中时，玩家之间会发生弱社交关系。有时，随着交流的加深，这类弱社交关系又会转为强社交关系。在弱社交关系中，角色为角色共同体服务，个体是集体的一个组成因子，发挥着特定的功能，而集体则有着一个明确的游戏目的：赢得集体荣誉。这通过官方与非官方的阵营对战赢得。官方的阵营对战，有掠夺（联盟对战）、盟会争锋（盟会对战）；而非官方的对战，由帮派或者联盟领袖发起，以地图宣战的方式对决双方阵营的凝聚力、战斗力和硬实力。

在弱社交关系中，若干玩家组成一个稳定的共同体，体系内部有着明显的等级划分。一般在最上位的，是盟主及其亲友，这些人花费大量钱财提升角色功力，购买奖品奖励帮盟之中的积极分子，却不管事，只是拿了盟主之位在开封城门处立个威风凛凛的雕像，也就是金主与老板类角色。其下是管理者，正规的帮盟倾向于选择有管理经验的玩家来作为集体领袖，他们协调管理帮盟之间的外交内政，每周或每月领取固定工资。再之下，则是负责具体事务的骨

① 鲍德里亚：《消费社会》，刘成富、全志钢译，南京大学出版社 2000 年，第 3—4 页。

干人员，如公会商人、语音聊天室主播、作战指挥官等等。之后则是普通玩家，玩家之中，分为“高战”玩家（实力较强或财力雄厚的玩家）和“平民”玩家（不花钱、实力一般的玩家）。最后，是实力最弱的（流行说法是“送人头”）小号、工作室和养老休闲玩家。

2.强社交关系：亲友、师徒与恋人

这类关系的建立最终指向的是个人社交圈。网络游戏本身成为社交平台，玩家与玩家之间依靠某个契机结识，最终结成某类强社交关系。这些关系包括固定队、亲友、师徒、情缘（武侠类网游中虚拟情侣的叫法，来自《剑侠情缘网络版三》）。

玩家们在游戏世界中相识之后，会发挥各自身份的能力，完成游戏任务。为了促进玩家间交流，这些游戏任务往往必须团队配合来完成，各门派的玩家之间发挥所长、共同作战。武侠类网游的各门派对应着不同技能流派。角色通过不同技能流派之间的配合，形成一个整体，整体的功能会超越各成员实力之和。常见的组合是：主T、DPS、奶妈。主T一般为血厚防高的技能流派，负责抵御主要伤害，方便队友输出。DPS，即 Damage Per Second（秒伤害），一般为高攻击、高输出、低血低防的技能流派。奶妈，即负责给队友加血的技能流派。在 PVP 作战中，不同的门派还有着不同的牵制技能，以维护门派平衡。值得一提的是，所谓的“打击感”和伤害平衡机制，是影响一款 MMORPG 游戏体验的重要因素。

除了共同作战之外，拥有强社交关系的玩家们之间的交流会更为密切频繁。因为在《天刀》中，需要耗费大量时间共同完成常规任务。在专心操纵角色战斗之余，玩家之间会就各种话题相互交流，就像现实生活中的社交一样，随着相互交换信息、交流想法的增加，人与人之间的连接得到了强化。譬如，对于朝九晚五的上班族来说，下班之后，在游戏中和自己的密友/恋人聊天互动，正是日常生活之余的重要消遣方式。

实现在线社交的媒介，是游戏中的聊天窗口、YY 语音聊天室，或者工会群、亲友群。正规帮盟强制要求成员每天固定时间 YY 平台在线，并且加入聊天群，以便于信息传达、帮战摇人。随着信赖程度的增加，线上的社交还能发展到线下，如同城聚会、到对方城市旅游等。游戏网友们之间以游戏昵称相互称呼,若不将关系转化为现实好友,玩家们是以扮演游戏角色的方式实现社交的,是一种彼此默认的社会性表演的行为。在欧文·戈夫曼的拟剧理论中,人际互动被隐喻为"戏剧",而个体通过"表达工具"在"前台"表演着。游戏角色就是玩家装扮之后的演员,游戏平台则是表演发生的地方,聊天窗口和在线语音平台传播着演员们的台词,而屏幕之外的环境、去玩家身份的个体,则是表演的"后台",储存着演员的真实形态。从心理学的角度来说,MMOPRG网游在一定程度上为现代人缓解了孤独感,是社会性和个人性空间之间的调剂。对于游戏本身来说,也促进了以个人趣味为导向的虚拟社群的建立。

网游平台上的社交是互联网时代的常见社交模式。有学者这样总结MMORPG的人际传播路线图:"找方向——试探性的情感交流——深入的情感交流——稳定交流阶段",并将这种关系界定为无目的的泛人际交往过程。①这种命名或许缘于个体在游戏时间内的超日常性和娱乐性行为特征。正如其他平台的虚拟社交一样,游戏中虚拟的化身与现实中玩家自身之间存在巨大的隔阂,而通过游戏社交所体现出来的,是个人的言语方式、声音品质和在游戏中的消费能力。对方的工作、身份、外表都是被隐藏的,这会导致虚拟社交带有一定的蒙蔽性和误导性。线下交往后,因为与自己的预想不符,而导致关系冷落的玩家们不在少数。游戏好友"千里送"②时发生的悲剧,警醒着沉浸在虚拟社交中的玩家们,现实和虚幻的边界所在。

(四)聚焦问题:自我的失衡与规则的妥协

网络游戏消弭了玩家的现实特征,建构起了一重令玩家漫游其中的虚拟空间。网络游戏的游戏性,满足了人的社交与消遣娱乐需求,亦满足了玩家追求刺激、享受胜利快感、逃离庸常生活等心理诉求。同时,作为信息时代的宠儿,它打破了人的存在边界,激活了文化工业的创造力和可能性。然而,作为集体的延伸的游戏,也同样可能成为社会问题的温床。

---

① 陈月:《试论大型多人在线角色扮演游戏(MMORPG)的人际传播特点》,《东南传播》2013年第7期。

② "千里送":指的是跨居两地的游戏情侣,其中一人来到对方的城市以求"奔现"(网恋转化为现实恋爱关系)的社交现象,起源于《剑侠情缘网络版三》。见面的情侣通常会因为理想与现实的落差导致虚拟恋情的"见光死";或者是一方为展开一段一夜情关系,有目的地和对方见面。"千里送"为贬义,不适用于极少数成功"奔现"的网络情侣们。

1.游戏沉迷

人的生活时间是恒定的，作为社会人存在的人们，尽管需要用休闲的时间来抚慰自我，但当网络游戏侵占了个人的休闲时间乃至严肃时间和睡眠时间时，必然会侵占到用于自我发展的时间。网络游戏通过建构独立的虚拟时空和秩序系统，来给予玩家沉浸其中的意义，而投入游戏中的时间悉数进入了游戏系统自身，不与现实世界相关联。而脱离游戏系统之后，游戏之中的意义感无法横跨现实，于是大量的时间投入带来的反而是对现实的空虚感。

对玩家休闲时间的过量侵占，也会导致游戏本身的恶性发展。因枯燥冗余的常规任务耗费了玩家大量时间，《天刀》素有“天涯日常刀”“天涯上班刀”之称。在《沧海云帆》版本中，虽然对日常任务进行了一定的削减，但新推出的航海玩法，出于渲染海域的庞大，却大幅地延长了海上航行的时间。厌倦了低回报高投入的玩法的玩家们选择退游，造成玩家流失——这是一款端游衰落的首要表征。即便是在时间投入上较为便利的手游，依然面临着玩法重复后的玩家流失问题。

2.消费漩涡

依托互联网技术的网络游戏，依然处于文化产业的资本逻辑中，营利是一款游戏成功运作的首要目的。参考《报告》的数据，2017 年，网游玩家的平均消费高达数百元：

2017 年网络游戏玩家人均消费统计

(单位:元/人)

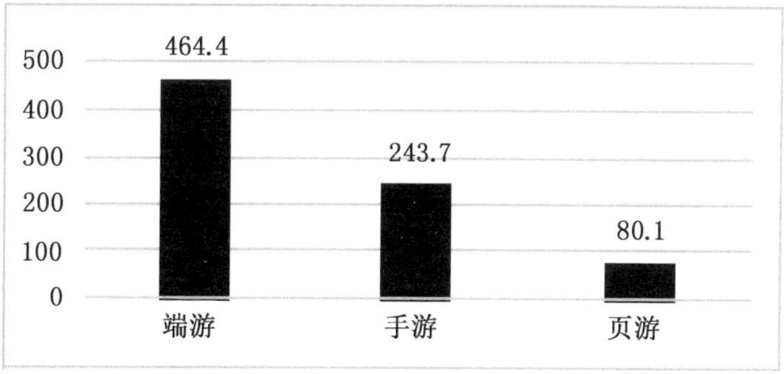

而数百元的投入，对角色成长所需来说，不过是毛毛细雨而已。同时，在老玩

家流失、新玩家匮乏的情况下，《天刀》通过促销活动、更新时装来刺激老玩家消费，再三为活动买单。在游戏的秩序之下，想要获得提升，获得竞争胜利的快感，唯有依靠自身实力的增长与他人相抗衡，这就需要比别人投入更多的时间。而若是想减少游戏的时间投入，则需要购买高价的礼包，这又从根本上破坏了游戏的公平性。

于是，玩家被卷入了消费的漩涡中。有玩家承受不了高额的资本投入，而选择了买成品号的折中方式。急功近利的心理成为不法之徒牟利的契机。2017 年 7 月，CCTV 曾播出过一则新闻：《网购游戏账号　学生被骗 3000 元》。[①] 打着转金（游戏币与人民币的互换）、卖号、代购、包本（买副本的通关和掉落物品）的名义进行招摇撞骗的人亦不在少数。这类消费陷阱，已经超出了游戏自身的制约，但若没有游戏需要玩家消费获得营利这一前提，又怎么会带来消费体系的失范呢？资本的逻辑钳制着游戏玩法的创新和改善，而游戏行业的暴利现状却又吸引着游戏开发商不断复制已有的经验，当玩家的热情被消磨殆尽之后，必然带来游戏自身的颓败。在这一点上，国产端游的危机尤为严重。

3.凌驾游戏之上的资本逻辑

当集体共同参与到游戏的虚拟时空之中，现实社会的运作逻辑也被复制到了其中。“剑荡八荒”是《天刀》的“武林大会”，迄今已经举办了 5 个赛季，玩家可以通过竞猜得到奖励。在这个舞台上，盛行着一种众所周知的“潜规则”：只有大老板的号才有足够的实力获得胜利，而角色的主人却并没有足以制胜的操作能力。于是，聘请拥有顶尖操纵能力的打手来代打，是“剑荡八荒”的普遍状况。凌云、二苗、淡年华等 PVP 主播，虽然有着万众膜拜的操作，却依然只能为拥有顶级属性的老板号代打。

在 S4 赛季的天命大区“剑荡八荒”线上决赛中，争夺冠亚军的是墨云歌和墨墨橙，在决赛之前，这一对爱侣的号都由打手操作，而在决赛中却换作了本人。开打之前，两人大秀恩爱，随后的比赛中，墨云歌打不还手，将冠军拱手相

---

① 雪樱一：《天刀居然上央视了完了要火》，2017 年 7 月 8 日，https://tieba.baidu.com/p/5211230197

让于墨墨橙。对游戏规则的公然挑衅和蔑视，激怒了观战的广大玩家。他们纷纷穿上了绿色的衣服，自发汇集在墨云歌的雕像下自发狂欢（在S3赛季中，墨云歌已与另一名女性卿九离在全服玩家面前调情），或是通过愤怒而刻薄的言论讽刺这一事件。墨云歌毫不掩饰自己在游戏中对红颜、实力、荣誉的野心。但当他公然以赤裸裸的金钱逻辑破坏游戏本身，在全服玩家面前大肆抒发表演欲望之时，游戏官方也不得不表态，在接下来的线下赛中遏止此种行为。

墨云歌事件尚且是游戏内部等级化的一个极端。在《天刀》的游戏中，还存在着功力决定论一说（功力是衡量角色PVP实力的数值）：对战时，获胜的若是功力高于自己的玩家，则认为对方充钱；获胜的若是功力低于自己的玩家，则认为对方是代打。这类心态的盛行，反映了玩家对《天刀》的失望和不满。玩家们带着超越现实的理想预设进入游戏，结果却发现金钱逻辑赤裸裸地凌驾于游戏系统自身的平衡性之上，而这种发现之后的震惊和失望，远比在现实世界中来得更加强烈。为了弥补金钱带来的差距，玩家或是汲汲然赶任务，或是相互争夺资源，发展到后期，《天刀》的游戏风气逐渐走向下坡，游戏中贯彻的侠道悄然失落，仅留下了一个华美的空架子。

四、结语：国产网游发展生态展望

大众文化与数字时代相结合诞下的网络游戏，作为文化工业生产的新兴潮流，天生就处在市场逻辑运作之下。一款优秀的网络游戏的诞生，需要有预见性的策划和设计，需要不断优化的技术和美工，需要后期的运营和维护。良好的游戏体验吸引玩家消费，玩家投入的资本帮助游戏优化和宣传，持续扩大玩家，吸引玩家二次消费……《英雄联盟》《魔兽世界》《守望先锋》等网游，得以成功运作、培育大量忠实玩家粉丝群体，无不依赖于这一套游戏工业生产流程。优秀的网络游戏尚能进入发展的良性生态循环，而对大量的国产网络游戏而言，却只能望洋兴叹。

《天涯明月刀ol》的衰颓绝非国产老牌端游的个例。《梦幻西游》《剑侠情缘网络版三》等经典端游，在经历了多年的持续运营之后，老化的玩法、枯燥的操作，导致老玩家持续流失；不断更新充实的庞杂游戏系统和培养一个角色所费的大量时间和金钱，又令新玩家望而却步。国产的端游中，能够保持营利的也仅有少数头部游戏产品而已。

相比之下，国产手游则呈现出多样化发展的态势。纵观其发展趋势，可以总结出如下四个模式。首先是IP化风潮的盛行。然而过分依赖IP所带来的惰性，导致了对游戏玩法本身的忽视，粗制滥造、换汤不换药，成为IP网络游戏的普遍生产模式。其次，便是端游向手游端的迁移，算是知名端游对手游的试水。从《梦幻西游手游》《剑网3：指尖江湖》等手游来看，玩法逃不出手游的窠臼。第三是二次元化，《阴阳师》《食之契约》依靠萌系画风，吸引了大批玩家。而《恋与制作人》，则凭借"恋爱养成＋模拟经营"的模式，开启了手游在女性用户群体中的新潮流。最后一种，则是端游核心玩法的借鉴移植，譬如《王者荣耀》《大航海之路》，以及前述"吃鸡"类手游，既继承了端游的成功经验，同时又赋予了游戏手游平台以便捷性。

手游的发展看似挤占了端游的空间，却也为端游的革新创造了机遇。手游市场分流了部分玩家，甚至很多手游玩家同时也是端游玩家，能够刺激端游推出符合当下速度和节奏的玩法模式；手游培养了玩家的付费意识和版权意识，这也能够培养端游玩家的消费习惯；而多样化手游的基于大基数玩家的试水，也能够方便分析解读玩家的审美喜好和付费意识。此外，如何通过同一款游戏，实现手游和端游的联动，令玩家既能享受手游终端的便捷，又能切换至端游终端，更为精准地操纵角色，徜徉在虚幻的世界中，体验手游所不能给予的代入感，是未来可行的发展方向。

"80后"和"90后"是我国游戏市场的主体。这一代人，在武侠和仙侠文化的浸润下成长，仙剑系列、金古武侠传奇是两代人集体的浪漫情怀和怀旧记忆，同时，天马行空的网络小说也丰富着他们的精神世界。国产网游怎样运用这些文化原型和想象符号，创造出既符合国人文化认同又保留游戏之总体性的"第九艺术"，是所有游戏从业者需要思考的命题。正如彼得·什克洛夫斯基在《后现代文化：技术发展的社会文化后果》中所表达的观点："后现代文化毋宁是这样一种社会的文化：它能够用人道的、符合人们意愿的方式实现现代化，同时又保持与往昔、传统的平衡。同样，这也应该是电视批评进行价值判断和理性审视的标尺。”①

数码游戏踩着信息时代的脚步而生。生活在1996年的人们，用着任天堂的黑白掌机Game Boy培育自己的口袋妖怪，用卡带和好友交换彼此需要的小精灵；2016年之后的我们，已经可以通过手机和现实联动，以现实为地图，满世界地捕捉虚拟小精灵，并第一时间和朋友分享自己的成就。② 数码游戏的形态，从黑白的像素点到VR的雏形，仅仅过去了20年。下一个20年，游戏的形态又会出现怎样翻天覆地的变化？

或许到那时候，“拇指族”“低头族”已被淘汰，“VR族”“虚拟族”才是方兴未艾的潮流；或许届时，游戏的交互改善和多样化发展，能令80岁的老者也能享受数码游戏的趣味；亦或者，游戏和现实的边界已被打破，人类将在游戏的同时学习、工作和创造……

凡此种种都说明了，游戏从人类文明伊始就伴随着人类，它也将同我们一起走向未来。游戏，古老而常新。

（汤丽莲，北京师范大学文学院中国现当代文学专业硕士研究生）

---

① 转引自李兴亮《媒体文化事业中的网络游戏》，《新闻界》2007年第3期。

② 《ポケットモンスター》(Pokémon)：是任天堂发行的系列游戏，在世界范围内热销。第一世代掌机游戏《口袋妖怪红·绿》于1996年发售，第七世代手游《精灵宝可梦太阳·月亮》于2016年11月发售，并正式公布官方译名“精灵宝可梦”。因为游戏基于谷歌套件，未能在中国大陆发售。

仙侠角色扮演游戏的生产和接受研究
——以《仙剑奇侠传》系列为例

杨依菲

《仙剑奇侠传》系列作为经典的国产仙侠角色扮演类游戏,以中国古代的仙妖神鬼、神话传说为背景,以武侠与仙侠为题材,迄今已发行八款,成为单机角色扮演类的现象级游戏。“仙剑”系列首款作品于 1995 年 7 月发行,荣获当时两岸无数游戏奖项,如台湾区多媒体 KING TITLE 游戏类金袋奖、电脑玩家第一届游戏金像奖最佳音乐与最佳国产游戏等等,被众多玩家誉为“旷世奇作”。其后的《仙剑奇侠传三》《仙剑奇侠传三外传 · 问情篇》《仙剑奇侠传四》《仙剑奇侠传五前传》,同样成为备受好评的畅销游戏,并已衍生出同名电视剧、舞台剧、小说、漫画、音乐等文化产品,在玩家群中构成了独特的“仙剑文化”与“仙剑情怀”。然而在这二十余年里,“仙剑”系列也并非一以贯之地保持了精良的高水准,《仙剑奇侠传二》《仙剑奇侠传五》推出后就饱受玩家诟病。于 2015 年 7 月 8 日发行的系列最新游戏《仙剑奇侠传六》,由于软件本身存在的优化问题,游戏难以流畅运行,一经发售就被差评淹没。

如今,具有一定审美性、文化性的电子游戏,能否被定义为艺术形式之一,在学界仍然是一个未能达成共识的话题。汪代明在《论电子游戏艺术的定义》中,力倡电子游戏艺术,但也认识到了电子游戏成为艺术的种种阻力。[①] 作为国产单机游戏中的领军者,“仙剑”系列游戏采用的艺术手段数量可观,产生的文化效应也很强大。然而,如果我们暂且将之定义为艺术,当纵观“仙剑”系列二十余年来取得的成果与遭遇的低谷时,或许才可以比较清楚地看出,以多种媒介融合为载体的电子游戏,在当今消费社会下的娱乐经济中,因为经受着娱乐功能与商业利润的双重制约,距获取艺术的“自律性”特征,还有很漫长的路要走。

因此,本文拟采取媒介融合与文化批评的视野,从该游戏的叙事性、文化性与交互性三方面入手,分别对应角色扮演类游戏最突出的特性、国产仙侠游戏最醒目的元素与电子游戏本身最独特的体验,分析“仙剑”系列游戏的建树与妥协。

一、叙事:功能性与自动化

《仙剑奇侠传》系列所属的角色扮演类游戏(Role-playing-game),简称RPG,是电子游戏中叙事性特征最强的一种游戏类别。其实,叙事性并非电子游戏试图达成的核心目标,但近年来,其重要性却在日益凸显。究其原因,可简要概括为:产业规模的扩大、制作技术的推进、媒介融合的趋势与娱乐需求的升级,使得电子游戏越来越大型化,玩法越来越复杂多样,游戏时长也逐渐增加。叙事性的加强,既可以提高游戏本身的可玩性、市场角逐中的竞争力,还可以增加玩家对游戏的情感沉浸与回味。在媒介融合的背景下,跨媒体叙事被誉为叙事的最理想形式。[②] 电子游戏的多媒介特性,使得其叙事具有交互性和开放性,与传统的叙事媒介如口头故事、书籍、电影等相比,更有利于高效地发挥甚至强化电子游戏的叙事效果,使得玩家全身心、长时间地沉浸于叙事进程当中。

---

① 汪代明:《电子游戏艺术的定义》,《西南民族大学学报》(人文社科版)2005年12期,第26卷,第356—359页。

② 亨利·詹金斯:《融合文化:新媒体和旧媒体的冲突地带》,杜永明译,商务印书馆2012年。

“仙剑”系列游戏，叙事所占的比重很大，对整个游戏的制作与设计都有着引导和制约作用。游戏中叙事性的完成，采用了点线面并用的模式。所谓“点”，是指游戏中与NPC的对话和零散的触发事件。所谓“线”，是指游戏中一条完整的主线剧情和若干条支线剧情，多在游戏中作为固定的叙事段落播放。游戏的叙事呈现出多条线性序列并进的形态，甚至可能各自抵达不同的叙事终点。在《仙剑奇侠传五前传》中，大型支线达到了十条之多，十位主角各一条，以补充主线剧情和丰满人物形象。在《仙剑奇侠传三》《仙剑奇侠传三外传·问情篇》中，游戏各设有五个和三个结局，玩家在游戏阶段中作出的不同选择，可能最终会达成不同的结局。这样的设定，使玩家亲身参与到了叙事性文本的书写可能当中。从开端到结局的线性历时叙事，是“仙剑”系列游戏最主要的叙事方式，也是传统小说的叙事方式。所谓“面”，是游戏中的共时叙事，指玩家在游戏场景中的自由探索，尽情流连，好比在游戏叙事的“语境”下，游走在“文本”的空隙之中，达成了叙事双方的某种“共谋关系”。

“仙剑”系列游戏对叙事性要求的高完成度，取得了有目共睹的成果。在1995年的初代作品中，连贯完整且精彩感人的故事剧情，性格各异且栩栩如生的角色形象，都成为该游戏的特色，在很大程度上使它达到了同时期同类型游戏的顶尖水准，给玩家留下了极为深刻的印象。在“仙剑”系列的后续作品中，叙事性早已成为了备受玩家关注和评议的焦点。每款游戏所讲述的故事，既要新颖、有趣、感人，又要服务于仙剑的“历史”和“精神情怀”的建构。这些儿女情长、缠绵悱恻的故事一旦成功，便会被玩家们口耳相传，被同人作品、古风歌曲、电视剧与舞台剧等其他叙事方式进行再演绎，于是游戏便能够凭借其卓越的故事性，顺利地进行多次二度传播，扩大影响力。至今，李逍遥与赵灵儿、林月如和阿奴的爱情悲剧，景天、雪见和龙葵的三角恋情，南宫煌在两位女主角间的犹豫不决，《仙剑奇侠传五前传》中五对恋人们各自的迥异结局，仍然使玩家们津津乐道，甚至念念不忘。《仙剑奇侠传二》与《仙剑奇侠传五》之所以受到质疑，很大一部分原因，在于它们未能讲好一个打动人心的情感故事。

值得一提的是，“仙剑”系列游戏的故事剧情带给玩家的感动与回味，与其惯例性的悲剧结局密不可分。游戏主旨实为一个“情”字，正如《仙剑奇侠传三外传·问情篇》的宣传标语所写“情吞四海千钟酒，心醉飞琼一曲歌”，游戏的主题歌曲大多缠绵感伤，直接呼应了“仙剑”故事中的“情”带给玩家的心理感受。几乎每一款成功的“仙剑”产品，都被设定为有情人无法终成眷属的悲剧，《仙剑奇侠传五》里的五对恋人几乎都以天人永隔为最终结局，这赚足了玩家的眼泪。纵观历代，唯独《仙剑奇侠传三》的官方结局是其乐融融的大团圆，但也仅仅作为五个结局的其中之一，而其余四个结局里，都各有一两位女主角牺牲。生离死别的恋情，既呼应了传统爱情观中“问世间情为何物，直教人生死相许”的决绝感，又有些“愁苦之言易好”的煽情意味。既然在“仙剑”系列故事中，“抒情”，甚至“抒悲情”成为惯例目的，那么叙事滑入普罗普所说的功能性[①]也是不可避免的了。游戏里使用了诸如三角恋情、身份使命与爱情的冲突、没机会解释的误解、失忆、巧合等等俗套的功能性情节，来造就必然的悲剧结尾。例如，《仙剑奇侠传一》中李逍遥与赵灵儿的相遇，是他正巧撞见灵儿洗澡的场景；李逍遥与林月如之间爱情的产生，是因为他失忆以后，忘记了已与赵灵儿结为夫妻的事实；当他记起自己曾经成亲过，感情的痛苦抉择已经不可避免了。《仙剑奇侠传三》中，景天与雪见从相遇之初就不小心有“身体接触”；龙葵一出场就是衣冠不整的形象，需要景天帮她找一件衣服穿；景天死后，必须由雪见和龙葵其中一人牺牲自己才可以救活他。

这些通俗小说里常见的情节，既迎合了玩家趣味，起到取悦的功效，又因模仿成功的叙事传统，造成自动化的审美接受效果，使得叙事的快感制造起来相当便捷，所以，它们实际上是对已然经典化了的叙事手段的复制，而非创造。商业的发展，曾经使得通俗小说迅速在市民阶层中流行起来，市民因可用于文学的时间有限，于是偏爱那些容易到手、读得快、易于理解的书，寻求自动呈现的、可以轻松欣赏到的美，需要急遽的情感和惊人的章节来搅动情感，而非陶冶趣味。[②] 当今时代，电子游戏作为娱乐产业，其叙事的情感效果，受到供应与需求的市场经济规律的制约，与别的商品别无二致，与通俗小说的情节也大体相似。玩家玩游戏，本质上是为了消遣，为了以“快乐”和“兴奋”来填满空虚的闲暇时间，这就要求游戏具备显而易见的审美表象，要求叙事的接受以尽可能

① 普罗普：《故事形态学》，中华书局 2006 年。

② 马泰·卡林内斯库：《现代性的五副面孔》，顾爱彬、李瑞华译，译林出版社 2015 年，第 260 页。

少的努力和尽可能好玩的方式来进行，成为一种无需反思的享受。

一旦诉诸玩家自动化接受的功能性情节成为必然，那么为了服务于情节，可供人物形象发挥的空间必然相应地缩减。“仙剑”系列的游戏角色中，许多角色的刻画可谓生动，但总体来看，存在着明显的类型化、脸谱化、扁平化倾向，性格的深度尚待开发。但这对于游戏中目的明确的叙事来说，不完全是一件坏事，因为扁平人物不仅能够迅捷地推动情节发展，还往往具备鲜明的性格特征，易于被快速辨认而且不易被遗忘。① 举例来说，三角恋情以及使命与爱情的冲突，是“仙剑”系列里尤为突出的两类模式，几乎在每一部作品中重复出现。与金庸武侠小说中的男权主义极为类似，游戏的男主角总是在几位倾心于他的女主角之间犹豫不决。《仙剑奇侠传三》可谓是“仙剑”系列中多边恋情的数量之最，几乎所有的女性角色都对男主角怀有或多或少的情愫，游戏提供的五个结局，正好对应了男主角可能做出的五种选择，达成的五种配对，这无疑借鉴了“恋爱养成游戏”的玩法。其他几代“仙剑”游戏的情感主线，多以三角关系为主，牵涉到的角色性格可大致分为三类：男性角色出身平民，心地善良，在男女之情上尚未开窍，如李逍遥、景天、云天河、姜云凡、夏侯瑾轩等；两位女主角的性格总是形成鲜明的对比，一类文雅温柔，知书达理，如赵灵儿、沈欺霜、龙葵、王蓬絮、柳梦璃、唐雨柔，便于激发男主角的保护欲；另一类天真活泼，敢爱敢恨，甚至有些鲁莽，便于情节推进，并与性格偏木讷的一号男主角形成较多互动，如林月如、唐雪见、温慧、韩菱纱、小蛮、瑕等。虽然各代男主角的最终选择各不相同，但“一男二女”的三角结构始终存在，对人物塑造形成了不可忽视的制约作用，许多人物除了情节所要求具备的那一类概念化的个性，不再具备其他层面的性格深度。在《仙剑奇侠传五》中，四位男女主角两两成对，不再有俗套的三角纠葛；在《仙剑奇侠传五前传》中，十位主角也前所未有地配为了五对恋人，完全避免了三角恋窠臼，虽然游戏最后的殉情结局又回归了煽情的老伎俩。身份使命与爱情冲突的情节，既体现在了“女娲族”女主角们身上，也体现在了“蚩尤后人”男主角们的身上，他们必须为拯救天下苍生而牺牲个人幸福。而且，为了确保角色最后的牺牲能在玩家心中唤起恰当的反应，角

① E. M. 福斯特：《小说面面观》，冯涛译，上海译文出版社 2016 年。

色本身的性格设定便趋向完美,人性的深度趋向匮乏。他们不能有道德或言行上的瑕疵,这可能会破坏玩家对他们产生同情、怜惜等情感的前提。这些角色们自始至终承载着特定的功能性,因而他们身上很难发生别的叙事可能。非黑即白的扁平性格,由于受制于特定世界观下的程式化冲突,使得人物命运悲剧感对玩家的触动,大多局限于封闭的游戏内部,不具备深度反思的可能性。“仙剑”系列游戏在叙事上,拥有特定的规则、可预期的受众与可预期的效果,基本等同通俗小说的水平。历代故事看似各有创新,实则万变不离其宗。

二、文化:选取,包装与利用

在国产电子游戏的制作中,古典文化的运用业已成为重要特点,其背后的文化内涵与民族心理所带来的商业价值,使得游戏制作者趋之若鹜。在这样的背景下,各类古装游戏纷繁迭出,仙侠题材更是成为一项重要门类。1995年,《仙剑奇侠传》作为首款对古典文化成功借用的角色扮演游戏,起到了广泛的典范作用,引发了独特的文化现象,并被誉为中国游戏文化的一座里程碑。

唐纳德·诺曼在《情感化设计》中,将游戏的设计分为三个层面,即以视听享受为内容的本能层,以场景中的移动、道具的使用和与怪物的战斗为内容的行为层,以及能使玩家回味反思的文化、信念、情感、共鸣等为内容的反思层。“仙剑”系列游戏在这三个层次的设计中,都融入了大量古典文化。在本能层,视听艺术的设计遵循了古典艺术的规则,画面古色古香,配乐缠绵凄怆,使用竹笛、萧、古筝、二胡、琵琶等民族乐器。在行为层,地理场景的选取既来自历史上真实存在过的城市,又借鉴了仙山圣境传说,如蜀山、昆仑、蓬莱、酆都、阴曹地府等;场景迷宫中的许多怪物形象脱胎于《山海经》,如“刑天”;法术修炼系统以水、火、雷、风、土相克相生的五灵神话为基础。在反思层,世界观的架构主要改编自远古创世神话,如女娲神话、盘古神话、昆仑神话、轩辕黄帝神话、帝俊羲和望舒神话等等,形成了六界轮回;主干剧情的灵感大多源于以侠、道、仙为精神内涵的剑仙文化,以降妖济世和人妖相恋为母题[①],弘扬了侠义、

① 牛景丽、于丹:《〈仙剑奇侠传〉的文化承载》,《黑龙江社会科学》2007年第1期,118—120页。

痴情的传统价值体系。除此之外，还有大量诗词歌赋作为点缀，贯穿游戏的始终。在《仙剑奇侠传三》中，细化到角色的命名，都与中草药相关。“仙剑”系列对古典文化的借用是全方位、多层次的，由里到外，从大到小，呈现出纷繁杂糅、为我所用的特点。

然而，“仙剑”系列对古典文化的选取，存在着一定的倾向性。在“仙剑”初代游戏中，尚无作为主干剧情的完整神话，只有大量零星的神话元素，如女娲、五灵珠、麒麟角、凤凰蛋等，而游戏的历史背景是架空的。在我国，神话的时代很早便被历史所取代，一些碎片化的记载被零星地保存在《山海经》《淮南子》等典籍里，这就方便了制作者在后来的游戏中，为了建构一整套便于多代剧情依附的神话体系，选取无体系的、记载零散的、版本多元的远古神话，并进行改动和调整，将不同时期、不同民族的创世神、始祖神、宇宙神、自然神、人格神，都安排进游戏的神族谱系中，以形成游戏的世界观。制作者们在对远古神话进行加工和整合时，面临的文化环境较为宽松，受到的限制较少，因而有着更多自由发挥的余地。可见，以经过选取、整合、再创造的远古神话为背景的“仙剑”系列游戏，完全避免了我国古代漫长历史中发生过的内在冲突，具有一种来去自由、无伤大雅的历史感。游戏中，主角们到达过诸如扬州、渝州、宾化等真实存在过的城镇，那里大多是一派祥和安宁的景象，如果有灾难，也都是妖魔鬼怪造成的，只要主角一行人铲除了妖魔，城镇便又恢复了其乐融融的桃源景象，那里没有朝代更替，没有庸君奸臣，没有贫困战争，是一座抽空了历史实感的乌托邦。人类作为一个团结的族类，敌人大多只存在于妖族、魔族、鬼族等异族角色里。因此，制作者选取神话而非历史作为游戏背景，既彻底避开了古典文化中真实存在过的冲突，又能激发玩家们对久远神话的猎奇心理，如在《仙剑奇侠传六》的宣传中，制作方将“剧情情节方向首次延伸到神农”，作为游戏的卖点之一。

远古神话故事被挑选出来之后，制作者需要将它们进行消化、修改、整合，剔除现代人难以接受的部分，把可供开发的部分重新组装，再精美地包装起来，才能给玩家奉上。作为“仙剑”系列游戏的灵魂角色，对女娲族的“包装”，便是一个明显的例证。原本的神话记载中，女娲是人面蛇身，因为她如同蛇一样具有极强的生殖力，便被称作人类之母。而这样的女娲形象，不仅不符合通俗爱情故事中惹人爱怜的女主角形象,还可能会对许多玩家造成视觉上的不适和心理上的接受困难,所以制作者便将女娲设计成了一个不老的族类,世代繁衍,每一代只生育一个女儿。每一代的女娲成年后,看上去都与普通的少女无异,但都拥有绝世容貌与高超法力,她们永葆美貌与青春,只有在极少数极端情况下才会显露出蛇身。她们多为痴情女子,但牺牲自我、拯救苍生的使命,让她们无法过上与恋人白头偕老的生活,因此代代女娲族都注定遭受使命与爱情的冲突。《仙剑奇侠传三》中,女娲族的紫萱,是最像人类女子、最激烈的反对女娲使命的一位女主角。在整个游戏过程中,她自始至终是一位温文尔雅的人类女子形象,从未在外形上显露过"女娲"的真身。她对爱情的追求也最为极端,是一位"不称职的母亲",因此拉近了神与人的距离,能够引发玩家的理解、喜爱而非崇敬。《仙剑奇侠传五》中,女娲族后人小蛮,是一位相貌漂亮而且身材火辣的年轻少女,衣着是苗族风的"比基尼",裸露着纤瘦的腰肢与腿部,完全可以被看作一位穿着露脐装和辣裤的摩登女郎。经过这样的调整与设定之后,女娲没有了"母性"而有了"女人味",无论是外形还是个性,都沾染上了现代审美观念的独特印记:纤瘦、青春、美丽、善良、痴情,但命运悲惨。这样的女子形象,无疑很容易引发玩家的好感。同理,当游戏试图讨论"异族与人类的平等"这一话题时,也通常将用来讨论的异族设计成具有魅力的、无可挑剔的美好形象,比如《仙剑奇侠传四》中蕙质兰心的柳梦璃。在这样的情况下,玩家很容易服从游戏设计的倾向性,对这一问题作出轻松但缺乏深度的回答。

古典文化被制作者预先消化、精心包装的例子,在游戏的视听层面也能找到。主题配乐虽然采用了民族乐器,却运用了现代的节拍与曲风,且仅仅作为氛围烘托而非审美欣赏的对象,正如阿多诺在《论流行音乐》中所批判过的,这里不再赘述。游戏中多次出现的诗词歌赋,为了贴近游戏内容,为了被大多数玩家看懂,有很多过于煽情和化用前人诗句并调整用词以降低难度的例子,如《仙剑奇侠传三》中的一首《长相思》:"花似伊,柳似伊,叶叶声声是别离,雨急人更急。湘江西,楚江西,万水千山远路迷,相逢终有期。"这里面化用的诗词,有欧阳修《长相思》中"花似伊,柳似伊,花柳青春人别离。低头双泪垂。长江东,长江西,两岸鸳鸯两处飞。相逢知几时",周紫芝《鹧鸪天》中"梧桐叶上三更雨，叶叶声声是别离”，柳永《安公子》中“万水千山迷远路，想乡关何处”等。这首小令把别的诗词移花接木地组装起来，并且修改得更为简单易懂了。

经过以商业和娱乐为目的的人为整改和修饰后，游戏中呈现的古典文化，是否还能发挥预期的熏陶、教育、启迪作用，本身就已存在很大的疑问。2017年流行的大型手游《王者荣耀》中，制作者也选取了一些古典人物形象用为战斗角色，但仅仅把它们作为一个抽空了内涵的文化符号，往里面塞入制作者的特定意图，再为他们换上悦人耳目的漂亮衣装，以服务于游戏目的。在《王者荣耀》中，玩家用来战斗的“曹操”“关羽”“李白”“王昭君”，与历史上的真实形象实在毫无可比性。对于制作方来说，商业利益是一切的基础；对于玩家来说，可玩性始终是第一位的。并不是所有玩家都会关注游戏的故事剧情与文化背景，部分玩家甚至会跳过剧情，直接进入打怪、竞技、闯关的部分，对游戏中偶尔出现的文化介绍也视而不见。即使是有价值的文化，似乎也难以经得起商业目的与娱乐手段的双重解构，这就使得游戏里的文化，仅仅成为肤浅的、简单的、批量生产的文化符号，满足了玩家瞬间的愉悦感后，就很少具有深度反思的余地了。游戏中试图弘扬的正义、自由、爱情、友谊、仗义等价值观念，也都是一些早已被普遍认可的能指，这些价值观念在游戏中是否具有内在合法性，也没有经过太多的认真考虑。在这方面做得较为成功的，是轩辕剑系列的《苍之涛》，整部游戏里没有出现刻意煽情的爱情成分，也没有为了故意走向悲剧结局而让主角们殉道而死，而是提供了一个较为真实的两难处境，以对民族主义观念进行反思。当然，这样的游戏带给玩家的情感体验中，沉痛大于愉悦。

所以，虽然电子游戏能提供的对文化的传承与反思非常有限，但这样的文化借用与整合仍在如火如荼地进行，这既是玩家们文化认同的心理需求，复古情结幽灵的再现，对历史乌托邦的召唤，更是产业融合与文化推广的需要。一些毫无文化内核的古装剧大受欢迎也有同样的原因。当下，文化与商品的界限越来越不分明，必然会产生文化商品化和商品文化化的现象。游戏虽然拥有大量古典文化元素，营造了古色古香的韵味，却没有真正的古典文化精髓。对传统文化深层价值的挖掘与复兴，绝非能在商业利益驱使下，换汤不换药地粉饰与修改后轻易做到，也绝非能当作寓教于乐的简单工具，毫无难度地被人深刻把握。电子游戏想要真正做到深层而非表面的文化传承，在目前看来还有很大的进步空间。

三、交互：角色扮演的心理诉求

在今日的电子游戏市场中，角色扮演游戏业已成为一个独特而重要的组成类别，它的优势除了较强的叙事性，还有通过多种技术媒介的融合，尽可能地建构仿真的游戏世界和逼真的游戏人物，引发玩家的代入感和移情，玩家因此很容易沉浸其中。纵观《仙剑奇侠传》系列游戏的逐代演变，制作技术的进步给游戏体验带来了质的飞跃，操作的交互性、场景的仿真性全面加强，从而产生超越故事情节本身的多种娱乐趣味。

“仙剑”初代游戏受制于当时的技术水平，只需要按上、下、左、右和空格键，就可以基本完成游戏的操作。在剧情段落之外，玩家可以在城镇游荡聊天，在迷宫打怪升级，购买和拾捡道具、武器，等等。2013 年的《仙剑奇侠传五前传》，操作层面成为一大亮点，它不仅融合了一代游戏“翻箱倒柜”的玩法，二代游戏的迷宫机关和音律游戏，三代游戏的讨价还价、隐藏技能、寻找散落在城镇中的主角以触发剧情的设计，四代游戏的迷宫即时事件和地图资源收集，还有延续至五代并作出改良的仙术修为、合计、符咒、合成功能；而且城镇互动要素非常丰富，光是第一个城市就有无限拿取道具、卡牌游戏、与 NPC 对话等交互方式；此外，配音系统的引进也是一大突破。2015 年上市的《仙剑奇侠传六》中，仍然有大量的系统创新，如战斗模式采用了即时与回合两种模式，战斗形式有了更多样的招式变化，武器外形可以自由更换，游戏空间也不再受道路的严格限制，玩家可以“自由跳跃”。除了剧情的主线与支线游戏外，玩家还可以在游戏世界里完成各种小游戏和独立的任务挑战。这样一来，角色扮演类游戏不再是仅仅依赖故事剧情的线性形态，还通过各种玩法的融合，使玩家在一款游戏里实际上玩了多款游戏，从而在共时层面给玩家提供了沉浸于游戏世界的理由。这既大大增加了玩家花费在游戏上的时间和可能获得的快感，也使得对一款游戏成败与否的评价趋向多元而不再单一。因此，即使游戏在叙事性和文化性层面上的要求，都完成得不够理想，玩家也能在极富挑战性与趣味性的操作层面，找到购买这款游戏的理由，并在玩游戏的过程中得到满足。

与农耕社会朴素、自然的人文游戏不同，现代电子游戏的起源与发展，都离不开电脑、电视、手机等新型数字媒介。由于电子游戏对媒介的极强依赖性，它的许多特征在很大程度上，就是被新媒体本身的特征所决定的，因为失去了这种媒介，这种形式的游戏也将不复存在。“媒介已经拓殖了文化，并已成为配送和散播文化的基本工具，大众传播媒介已取代了先前那些书籍或口语文化模式，我们已生活在一个由媒介主宰着休闲和文化的世界里。”①在消费社会的逻辑下，大众媒介由资本的投入而产生，并以资本的回报为目的。大众媒介由于受到盈利目的的指导，必然从属于消费文化。消费文化的特征是，将文化与艺术作为商品，并对商品进行美化，从而模糊了商品与文化、艺术的界限，而这样的商品除了使用价值以外，还能影响人们的消费观念，时尚、情调、符号价值等等，也成为消费的主要内容。② 因此，电子游戏的制造，在符号价值的层面也将尽量迎合大众趣味以获取利润，这就使得游戏的审美意义、教育意义不断被挤压。正如前文对“仙剑”系列游戏的分析，当叙事风格不断趋于煽情与媚俗，文化价值被抽空内涵成为能指，讨好作为玩家的消费者以赚取利润便成为最终目的。电子游戏利用某些业已成熟的文化传统来为自身服务，是一种模式化生产的类型商品。因此，游戏的价值大多只能流于“悦耳悦目”的层面，部分用心制作的游戏也能达到“悦心悦意”，而“悦志悦神”的高级层级往往很难达到。

另一方面，电子游戏热度的提高，并非仅仅是游戏的交互性与仿真性的提升使然，玩家日益积极地参与游戏的心理也起到很大影响。现代社会的工作体制与工作伦理，将时间机械地切割为工作时间与闲暇时间，要求人们在工作时间里惜时如金地高效劳动，在闲暇时间里尽情地玩乐放松，以完成下一轮的工作。当闲暇本身成为一种等待，无聊与空虚便悄悄溜进了人们的心中。为了打发这些时间，不感到无聊，城市大众便要求社会为他们提供适合他们消费

---

① 道格拉斯·凯尔纳：《媒体文化：介于现代与后现代之间的文化研究、认同性与政治的新描述》，丁宁译，商务印书馆 2004 年，第 35 页。

② 赵勇：《大众媒介与文化变迁》，北京大学出版社 2010 年，第 25 页。

的文化，因此，一种以“扼杀”闲暇时间为目的的文化诞生了。这样的文化，虽然意在并也能够激起消费者“快乐”“兴奋”“刺激”等情绪体验，却失去了文化的本体价值。当消费文化成为消费社会的主导文化，它特有的浅薄、媚俗的风格，也必然成为整个社会的审美起点。被工作时间持续压缩的闲暇，无法给人们提供得以欣赏高级文化的必要熏陶与训练的时间，疲倦的人们也不再有费力理解、延迟满足的精力和耐心。“仙剑”系列游戏中剧情配音的出现，正清楚地体现了制作者们为了减少玩家理解剧情的力气所花费的苦心。以前，对游戏剧情的欣赏，建立在玩家必须观看主角们的文字对话的前提下，而现在，玩家可以彻底放弃阅读时的逻辑性思维，直接诉诸听觉和视觉，听主角们念出自己的对白，用直白的动作表达自己的情感，与观看电视剧和电影已经没有太大差别了。玩家想要不付出艰苦的努力，就快速、即时地享受到快乐，打发掉无所事事的时间，电子游戏已经成为一种绝佳的手段。而制作商们为游戏裹上的艺术与文化的漂亮包装，又继续强化了这一商品的符号价值。但是，如果电子游戏是作为闲暇的沉闷乏味的一种令人逃避的愉快而出现，那么它的乐趣也仅仅是莫名而可怕的无聊的另一面。①

仿真性日益加强的电子游戏，还能为玩家提供另一种乌托邦。“仙剑”系列游戏便是这样一座由多种媒体手段虚拟出来的桃花源。它在时间上远离现代社会，将神话传说与历史背景融合，拥有古代中国的美感而没有古代中国的社会矛盾，成为一曲历史牧歌，迎合了我国民众自古以来的复古心理。在空间上，它是一座可供玩家穿梭六界轮回的神奇土地，还可以“御剑飞行”，上天入地，无所不能。一个人的死亡在这里不过意味着他去往了另一个场所，主角们只要去阴曹地府把魂魄找回来，死去的人便可以复活。除了时空的自由，游戏还提供给了玩家行动的自由。在这样的生存境遇下，电子游戏为现代人提供了一种“新生活”的可能。在玩游戏时，玩家沉浸在另一个丰富而逼真的时空里，仿佛暂时变成了另一个人，暂时忘却现实生活中的种种压力。同时，角色扮演类游戏对主角的设定，也力图使玩家完成自我认同感的投射。“仙剑”系列的角色外观，经历了一个从 2D 形象，到 3D 卡通形象，再到基本符合真人比

① 马泰·卡林内斯库：《现代性的五副面孔》，顾爱彬、李瑞华译，译林出版社 2015 年，第 272 页。

例的3D立体形象的过程，画面与建模也与现实世界越来越相似。同时，“仙剑”系列的主角多为年轻、单纯、懵懂的平民男性，在一步步斩妖除魔、英雄救美的过程中，逐渐成为备受敬仰的“仙”或“侠”，而电子游戏以能让玩家较为顺利地实现这一结局为目标，这正是仙侠类角色扮演游戏对中国玩家产生强烈魅力的原因所在。正如陈平原在《千古文人侠客梦》[①]中所言，与古代文人相仿的现代都市青年，在现实的严峻中觉得缺乏力量，欲改变而不能，便将视线投入到幻想的武侠世界中，他们在身世卑微的主人公一步步实现人生理想的故事中，仿佛找到了自己的精神归属。仙侠类角色扮演游戏，运用技术手段，将这一幻想制作得极为逼真，极为引人入胜。玩家既是在观看，也是在操作主人公，进行着游戏历程。由于游戏具备的交互性特点，玩家的操作会对故事的进程与结果产生影响。因此，主人公的经历仿佛成了玩家自己的经历，玩家承受着自己的行动产生的结果，为主人公的遭遇而悲伤欣喜，在电子媒介制造的虚幻世界里，追逐着现实中难以实现的爱恋与辉煌。

今日的电子游戏在消费观念的影响下，为了增加商品价值，为游戏本身裹上了文化与审美的包装，但享乐主义作为矛盾的另一方却贯穿始终。无论如何，用游戏代替现实的努力终会归于徒劳。关闭游戏后，娱乐的快感转瞬即逝，在游戏中获取的巨大成就感，与现实形成的强烈反差，甚至可能使人更加畏惧和逃避真实生活。这时，游戏的抚慰不仅短暂，甚至可能造成相反的效果。因此，只有当我们理解电子游戏商品的娱乐性本质，才能正确地看待与评价它在人们生活中的价值。

（杨依菲，北京师范大学2017级硕士研究生）

① 陈平原：《千古文人侠客梦》，北京大学出版社2010年。

视觉游戏媒介的吸引力:快感机制与叙事性

纪　元

本文所关注的“游戏”是以“看”这个行为作为主要展开方式和参与手段的“视觉游戏”,或者更确切地说,是那种在屏幕上运作的,由一系列二进制代码构成和驱动,表现以连续运动图像,极具视觉性的电子游戏。近年来,这种“游戏”无论是作为文化现象还是纯粹的技术本体都得到了越来越多的关注。麻省理工学院的比较媒介研究学者贾斯伯·尤尔(Jesper Juul)就曾在自己的博士论文中对游戏的定义作出如下归纳:“1.游戏是一种规则系统,2.游戏结果可变且可量化,3.不同游戏结果的价值设定不同,4.玩家将尽力去影响游戏结果,5.玩家情绪与游戏结果紧密相关,6.玩家游戏行为的结果是可选择并可协商的。”他也进而对电子游戏做出了如下定义:“使用电力而进行的游戏,由电脑掌控着游戏规则,使游戏在屏幕上运行。”[①]作为有史以来第一位在游戏研究领域获得博士学位的学者,尤尔本人骄傲地称自己为“一名视觉游戏理论家”(an

① Jesper Juul, *Half-Real: Video Games between Real Rules and Fictional Worlds*, Boston: MIT Press: Massachussets, 2005:6-7.

video game theorist），这似乎彰显着当下视觉游戏媒介的高速发展与日臻成熟，预示着游戏研究领域的生发性与启示性。20 世纪 50 年代，电子游戏开始在美国的实验室出现，后来，与电视机联动的电子游戏以及街机游戏出现，从而将电子游戏引入商业领域。[①] 而今，私人电脑（PC）和互联网的普及促进了电子游戏的空前发展，游戏种类越来越多，玩家数量也增长迅猛。于是，游戏产业的兴起就如同电影的诞生一样，带给我们一个研究人类精神本性的全新领域。作为现象的游戏本身先于文化，与人类最原初的记忆并行，向上远溯四千年，古埃及的壁画里，还有吠陀那神秘的宗教性仪式中就已出现了游戏的痕迹[②]，而今天的电子游戏又使得我们回顾这个已隐没在历史视角中上千年的、悠久而丰富的传统。

当今时代，人类对于“看”这个行为的依赖性越来越强，而视觉游戏媒介作为对传统可视媒介的革新者，它既继承了后者的视觉性，同时又具备传统可视媒介无法比拟的实时交互性，而交互性正是视觉游戏的本质属性。就如科幻电影《末世纪暴潮》中那句经典对白：“这可不是那种类似电视，但又仅比电视好点儿的东西。”由于数字技术和网络技术的出现和发展，这种以人机、人际交互为核心的视觉游戏使得人们与视觉、听觉媒介共同实现交互成为可能。（当然，新世纪以来逐渐发展的新媒体游戏又使得触觉也加入到了这种交互之中。）如果说媒介的终极目的是实现人际间的体验、经历和感知的传输，那么视觉游戏的诞生无疑使得人类文明在这一方向上迈出了相当重要的一步。由此，对于视觉游戏的研究，无论在视觉文化领域还是人类认知方面都具有了重要意义。在这里，我们首先将视觉游戏视作一种全新的媒介，其次才是电子信息时代的新型文化工业。相对于传统媒介（文本、图像等）而言，它的生命历程还是如此之短，我们还没有足够的资料和经验累积去书写一部恢宏的视觉游戏史，但针对其相对传统媒介所具备的新的吸引力，却还是可以探析一二。本文借鉴爱森斯坦、汤姆·冈宁以及巴赞等电影理论学者对于早期电影和叙事电影的研究，将视觉游戏的这种本质吸引力视作多重快感机制的合力，并对逐

① 贾德·伊桑·鲁格、马修·维斯、亨利·詹金斯：《聚焦：平台之间的游移——电影、电视、游戏与媒介融合》，于帆译，《世界电影》2011 年第 1 期，第 22—25 页。

② 赫伊津哈：《游戏的人》，舒炜等译，中国美术学院出版社 1996 年，第 134—136 页。

渐成为主流形式的叙事视觉游戏的叙事性进行探析。

一、视觉游戏的快感机制:空间,视听,交互

立体主义绘画的重要代表人物费尔南德·莱热在自己的文章中曾提到自己对于电影这一新艺术形式的观点,他认为电影并不在于“模拟自然的运动”或是“对于戏剧的效仿”,电影的独特力量来自它“使得形象可见”。[①] 而后汤姆·冈宁在经过对早期非叙事电影的精心研究梳理后,将这种“使形象可见”并直接诉诸观众注意力的独特力量归纳为电影本质的吸引力[②],这种吸引力将一系列景观(奇观)呈现于观众眼前,从而引起观众的好奇并捕捉,集中他们的目光。而克里斯汀·麦茨还有劳拉·穆尔维等学者(或许我们还应该加上巴赞的名字)则以精神分析的方法解构了叙事电影的视觉快感,将之归结到窥淫层面。[③] 他们认为在电影放映过程中,黑暗的周边环境和高亮的电影屏幕形成鲜明的反差对比,屏幕仿佛就成为一个窗口,叙事电影本身成为一个封闭的虚构世界,观众对于电影的观看行为变成单向的、安全的窥视,进而产生快感。但是正如上文所说,视觉游戏媒介的突破点在于实时交互性,对于游戏用户,即体验者而言,视觉游戏所呈现出来的行为同步的视觉效果,为我们呈现出一个似与现实空间并无差异的虚拟空间。此时,二维的屏幕不再是穆尔维和巴赞意义上的视窗,而是一扇通往异世界的大门,穿过这扇门,我们就进入了一个虚拟世界,肉眼所见的一切,都不再作为现实的指涉,而是作为我们的欲望和想象建构起来的拟真幻象。视觉游戏的本质在于交互,交互产生拟真的幻象,进而引发沉浸(Immersion),它所创造出的这个虚拟空间有效地隔断了我们与现实的连接,而这种沉浸正是交互媒介所特有的感知体验,亦是视觉游戏

---

① 费尔南德·莱热(Fernande Léger):《评阿贝尔·冈斯〈车轮〉的塑形特质》,载爱德华·弗莱(Edward Fry)编《绘画的功能》,亚力山大·安德森(Alexandra Anderson)译,纽约:维京出版社 1973 年,第 21 页。

② 汤姆·冈宁:《吸引力电影:早期电影及其观众与先锋派》,范倍译,《电影艺术》2009 年第 2 期,第 61—65 页。

③ 参见克里斯汀·麦茨《想象的能指:精神分析与电影》,王志敏译,印第安纳大学出版社 1982 年,第 91—97 页。Laura · Mulvey. *Visual Pleasure and Narrative Cinema*.Screen,1975,16(3):6—18.

一切快感机制的基础。要实现这种快感，则必须同时实现三个要素的交互，即虚拟空间、即时视听和终端交互。

1.虚拟空间

有研究文章指出，视觉游戏的虚拟体验空间可分为两种。一种是现实中存在的游戏空间，玩家在游戏设备前操作，或是于立体影像前互动，营造一种游戏的深度空间。第二种则是在虚拟空间中产生输入和输出终端的交互，与外界建立某种感知的联系。① 此外，在游戏中还存在另一种空间，即玩家自身的意识体验空间，这是一种超越物质与实体的存在，这近似于梅洛-庞蒂在《知觉现象学》中提到的"深度空间"的概念②。在空间的维度中，深度是平面的延展，是坐标轴中的Z轴，深度空间是在主体深度体验的基础上，重新配置和构造而成的，如果用最通俗的话来讲，这就是在重新发现和认识世界。而深度体验的形成源自身体的知觉，其一是依托于视觉上的判断距离，其二则是依赖参照物的图像式还原。当我们在不同的位置上观察物体，人眼的成像便会存在差异性。而这些图像数据传输到大脑之后，便会持续形成一种观察经验，从而能反复构想出原初的场景。这样积累不同场景的经验方法能够逐步提升空间感，从而使我们的肢体与深度空间的联动愈加密切。故而对空间位置的把控，主要源自我们视觉上的感知反馈。空间的深度和物体位置的把控同时也作用于虚拟空间，在这个方面，虚拟空间本身即带有先天的优势，因为它是原初的，是可被创造的，任何进入这个空间的用户都如同新生的婴儿，"重新认识"这个词汇在此不再适用，在这里，知觉经验在理论上是可以被清零重构的。但是，知觉与身体的联系太过于紧密和深奥，如果知觉被重构了，由此带来的游戏过程中的身体反应是难以预料的，甚至是十分危险的，所以游戏设计师在思考游戏框架的时候，趋向于还原人们对现实空间中物体深度的认知，以便让现实肢体适应虚拟空间。随着数字技术的发展，立体影像的出现将视觉效果发挥得淋漓尽致（从最早的像素风格到2D再到3D，再到如今的全息投影和虚拟现实技术）。随后的游戏空间中还出现了对温度和气味的感知（如近来推出的VR

---

① 夏梦霖：《新媒体游戏的多重互动性体验研究》，华中师范大学2016年硕士论文，第23页。

② 莫里斯·梅洛-庞蒂：《知觉现象学》，姜志辉译，商务印书馆2001年，第220—339页。

恋爱游戏中，头戴覆盖式 VR 设备可以实时监测用户的体温并促使游戏中角色产生不同的互动行为选项。并且根据面对环境或 NPC 的不同，将释放出不同的香氛气味以达到真实模拟效果），或是采集声音的数据（如 2011 年推出的 RPG 游戏《上古卷轴 5：天际》中使用的声音系统，将根据角色的方位和远近距离变化，促使游戏内的声音与声道产生真实变化）。这些是为了在尽量靠近视觉深度空间的同时，使身体各个感官也都参与到游戏互动中，从而达到肢体与虚拟空间的联动状态。

2.即时视听

我们认知世界最初始的方式是眼与耳，通过视觉和听觉完成对外界事物的第一感知，交互式的游戏作品正是以其视听体验的冲击带给玩家无限的空间遐想。以视听元素为基础构成的游戏，相对于其他的产业，在感官的体验上更加微妙。游戏氛围能够营造更多神奇的视听效果，给予参与者更为延伸的游戏感受。游戏有些时候是在模拟现实世界的存在物，而另一方面也通过模拟而再造、延伸基于想象力的虚拟空间。[①] 由此，游戏的虚拟空间成为一个边界模糊且断裂的世界，它一方面连接着现实世界的既定存在，又复合着想象与虚拟于其上，是模拟真实和架空幻想所层叠而成的空间。视听体验带来的是瞬时的仿真感，而几乎就在同时，玩家的意识就穿过那层真实的边界，坠入幻想的维度，而从这一刻起，视听就几乎只为这幻想世界服务了。此外，游戏中往往又会存在多条脉络的游戏机制或路线，这些机制和路线在一定的叙述语境下，夹杂着该游戏的世界观和准则（当然它们的本质也都是二进制程式代码），这就是后文中所要提及的游戏叙事性，而这种叙事性既是游戏画面与音效之间的过渡因素，也是配合其实现完美的视听体验的重要因素。借助这种视听体验，用户与游戏空间的交互拓展到了多个向度，更多的感官被调动、运作起来。

3.终端交互

这里的交互包括了两种行为，即游戏内行为和游戏外行为，游戏外行为大致就可与用户体验游戏时的必需行为画上等号，比如操控鼠标键盘的同时盯

---

① 夏梦霖：《新媒体游戏的多重互动性体验研究》，华中师范大学 2016 年硕士论文，第 31 页。

紧屏幕上发生的事，这已经是用户最常见的游戏交互模式，在其背后，是自电子游戏诞生以来就确立的设计理念。[①] 作为当代媒介的一员，视觉游戏媒介恐怕在短时间还无法超越以眼睛和手搭配从而进行游戏体验的模式。（尽管近年来出现了一些比较另类的游戏，让用户完全置身于一个黑暗的环境中，纯粹依靠听觉来判断游戏中有何种危险靠近从而选择逃生方向，但毕竟这种游戏的内容是极为有限的。）参与者被局限在游戏终端前进行操作，没有手柄、计算机屏幕、键盘鼠标这些终端，玩家就不可能进行游戏。但矛盾之处在于，恰恰是这些传输设备的存在，大大削减了玩家在游戏状态下的意识和肢体活动。当玩家沉浸在游戏内，而肢体与神经中枢的活动却无法匹配，在互动中的器官只有双手和双眼，其余器官则处于一种受限的僵直状态。肢体行为上的限制使得玩家的互动体验会逐渐减弱，快感会慢慢流失，到达一定程度时用户便会退出游戏。当然，近些年体感游戏的高速发展正在努力弥补这一环节带来的快感流失，但它毕竟尚未成为主流，对此便不再过多论述。

另一种游戏内行为则要自由得多了，理论上来说，当今的视觉游戏可以模拟现实生活中的一切行为，也可以模拟想象中的未来或是架空世界中的一切行为（体育竞技、射击、飞行、铸造、交易、建筑、谈判、经营、犯罪等）。这些行为在虚拟世界中没有法律甚至物质定律可以约束，它完全给用户构建了一个无所不能的梦境，这也正是最贴近我们意识本能的，也是我们最期求、最好理解的那种快感体验。游戏设计者和用户时常强调或要求的“游戏性”从本质上来讲就是一整套快感体验机制。根据以上提及的虚拟空间、即时视听和终端交互三个要素，我们就可以将这种快感体验机制大致梳理出来，但是这里唯独还没有提及的一点就是用户心理和生理直觉上的本能快感，这就如同汤姆·冈宁所归纳的早期吸引力电影的“裸露”还有穆尔维所解构的叙事电影的“窥淫”和“恋物”的同类。如果我们稍微运用一点精神分析的视角来分析几部年代从远到近的视觉游戏，就可以发现这种本能快感在其中实在是占据了非常重要的位置。比如电子游戏中最广为人知的《俄罗斯方块》，它与后来的《蒙特祖玛》等游戏同属于消除类，这本身就指涉着洁癖、强迫症的精神向度，我们可以

① 刘卓：《电子游戏的娱乐体验与交互设计》，江南大学2008年硕士论文，第44页。

明显地体会到,当整齐的方块楔口堆叠在一起后,或是当三个或更多的同色方块或圆球体彼此相邻的瞬间,它们齐齐消失掉的那一时刻所带来的解放和成就般的快感。同理,还有类似于《吃豆人》这样的"成长+生存"类的游戏所指涉的求生的紧迫感,以及《贪吃蛇》那于千钧一发之际挣扎残存的生理释放的快感,还有以《水果忍者》和《Smash Ninja》为代表的,指涉破坏欲和毁灭快感的游戏作品,等等。这些早期画面简单粗陋的游戏所带来的游戏体验瞬间就如同是奇观电影当中的特定景观,它们就这样直观地呈现给玩家,而其中最本质的不同在于,视觉游戏的用户知道这些游戏瞬间都是由自己的行为造成的,而并非单纯无交互的视觉再现。

然而以上我们所列举的这几款视觉游戏都是完全不包含任何叙事性的,也正因如此,它们自身的快感体验架构和游戏性才得以明确地突显。但就如同电影的发展脚步一般,视觉游戏随着数字技术运用的不断成熟,也发展出了叙事性游戏这一形式。

二、视觉游戏的叙事性

根据文章开篇尤尔的那段定义,电子游戏可以被定义为一种模糊的规则系统,外化为虚构世界。从电子游戏的本体来分析,它并不包含任何故事,也不存在任何叙事。但众所周知,故事可以独立于任何媒介,任何一种媒介也都可以用来讲述某个故事,小说、戏剧、舞蹈、绘画、音乐都可以来表现故事。作为多媒介的电子游戏也能成为故事的载体,因此也能表现故事。有学者指出,叙事类电子游戏是通过两种途径来展现故事:一方面由脚本驱动的预渲染动画来说明故事背景,追随故事的进展;一方面由玩家同游戏的虚拟世界进行交互来推动情节发展。[1] 视觉游戏中的游戏动画在故事表现中借鉴了许多电影的叙事方法和技巧,例如各种镜头的表现和蒙太奇的运用,而电影在其发展过程中又大量地借鉴了文学作品,尤其是小说的叙事技巧和手段。如果追根溯

---

① 叶蓬、赵怿怡:《电子游戏媒介下的叙事艺术研究——与文学作品的叙事比较》,《美术研究》2014 年第 1 期。

源，视觉游戏中的游戏动画，其叙事艺术也源自文学作品。但文学作品又是一种单媒介艺术，这种媒介是文字，它是通过言语进行描述，从而唤起读者的想象，在读者脑海中架构起情景、形象和情节画面。所以，文本媒介和视听多媒介在叙事方面之间总是隔着一层联想，而视觉游戏同电影一样是一种多媒介艺术，它组合了多种"表现的语言"，如运动的画面、文字、音响、话语和音乐等，带给用户的是一种共时性的、多样的，甚至是多重的叙事。

但视觉游戏在叙事性方面与以往任何媒介最大的一点不同在于，游戏的故事情节是靠玩家同虚构世界的交互来推进，没有玩家的主动参与，情节就无法形成。即便是像《最终幻想》系列这类有着大量CG动画的RPG叙事类型游戏，虽有着电影一样的叙事表现手法，但是从玩家的角度来看，这种展现游戏剧情的叙事并不会影响玩家对游戏本身的挑战，它只是为玩家的行动提供一个导引作用，或者给予玩家行动某种特定意义。更有趣的是，在追溯视觉游戏和叙事二者的本质时我们会惊奇地发现，叙事之于视觉游戏远远不及它之于电影，即便将其忽略，也丝毫不会影响到游戏本质的吸引力。早期电影那种"使形象可见"的本质吸引力对观众的影响会随着运动影像的普及而减弱，而叙事电影出现的一个大前提是，汤姆·冈宁所论述的所谓"错视"（Trompe l'oeil）统治力量的削弱，观众渐渐对那些曾经不可置信的运动影像习以为常，故而轻信"错视"幻觉所带来的"惊诧"（Astonishment）也随之大大削弱了。[①]但作为游戏本质吸引力的交互，其力场远远强于单向的观看（或窥视），叙事只是为游戏的机制提供一种外包装，通过借用故事和人物来创造一个动人的交互体验。（即便是日本游戏界负有盛名的恋爱养成AVG类型的游戏，全篇都是采用第一和第三人称交替叙事，甚至连角色的名字都不可自拟，仅仅能通过几个选项来大致操纵故事的走向和结局。这一类的游戏的本质依然是交互体验而不是叙事。）正如爱斯彭·J.阿尔塞斯（Espen J. Aarseth）所说，"宣称游戏与叙事没有区别是忽视了这两类事物的本质属性，虽然其区别不是很清晰的，

① 参见Tom Gunning, "An Aesthetic of Astonishment: Early Film and the (In) Credulous Spectator", in Linda Williams, ed., *Viewing Positions: Ways of Seeing Film*, Rutgers University Press, 1995:116－119.

而且有很多重要的重叠之处”。[①] 即便是被誉为有史以来故事性最强的RPG游戏《上古卷轴5:天际》之中,读者也仅仅是玩家的一部分,而玩家可绝不仅限于读者,即便该作品极具西方浪漫史诗和哲学思辨气质,在故事世界的宏大和精细程度上获得空前好评,但依然有相当规模的用户不满于游戏糟糕的打击感和僵硬单一的动作模组。总而言之,尽管很多人为游戏的故事所吸引,成为游戏的读者,但是真正的游戏玩家却不只是在阅读,而是参与游戏内行为。

此外,视觉游戏中的叙事还有一点有别于传统媒介叙事,那就是在叙事连续性方面那极强的随意性和可变性。传统媒介叙事是有这种连续性的,或者更确切来说就是线性的叙事。虽然不同受众会对叙事文本有不同的解读,但面对的叙事文本是相同的。而电子游戏却是千姿百态,不同的玩家通过选择不同的角色、不同的合作者、不同的战斗方式、不同的武器等,会形成玩家各具特色的个人叙事要素,不同的人进入同一款游戏,其结果是完全不同的,事件发生的顺序也有不同。这是电子游戏叙事颠覆其他媒介文本叙事的地方,它会因玩家的不同而形成不同的叙事文本。比如在《上古卷轴5:天际》的故事进行中,玩家随时可以选择中断当前的故事而跑到另一个地方开启新的、毫不相关的故事;主线的剧情可以分段无限期地延后,庞杂的支线剧情却可以先于主线完成,并由此产生不同的走向和剧情影响;甚至用户可以选择杀掉开启故事的关键NPC使得这个故事完全无法再进行下去。这样一来,根据每个用户的选择不同,《上古卷轴5:天际》就会呈现出完全不同的故事文本,由此玩家在虚拟世界中也就拥有了相应的自由度,能够在一定程度上自行给游戏内行为赋予价值与意义。综上我们就可以看出二者在叙事方面的区别了,传统媒介叙事主体主要是由媒介生产者建构的,而游戏则是由玩家建构的,其叙事体系是在玩家游戏过程中形成的,是一种基于玩家个性化的选择之上的“过程叙事”样态,导致其叙事意义体系无固定的结构,意义多样化、片段化。这也就决定了游戏叙事的非线性、碎片化、去中心化的后现代叙事特征。

---

① Espen J. Aarseth, *Cybertext: Perspectives on Ergodic Literature*, The Johns Hopkins University Press, 1997:141.

结语

正如上文所述，视觉游戏媒介的本质是交互，这种交互目前主要通过视听媒介来共同实现。交互作为视觉游戏媒介吸引力的源头，那一整套的快感机制构成了吸引力的基础，而叙事性，则是视觉游戏以交互为核心进一步外化成的虚拟世界的主流表现形式，用于赋予玩家行为以游戏内的意义与价值，进而延续游戏的“沉浸”。本文使用的主要是精神分析和文本解读这两种方法，而我们同时也要看到视觉游戏媒介外沿，那些已经、即将或尚未接壤的领域：数字媒体技术，文学，媒介考古学，神经生物学，心理学，电影学……理论上的广容(theoretically informed)将会为游戏媒介研究提供更为强有力的工具和理论支撑，而这一研究领域的新奇度与生发性亦足以令我们相信，它与更多学科理论交叉、接壤的那一天的到来，并不会是太遥远的事。

（纪元，北京师范大学艺术与传媒学院研究生）

辨析个体处境　勇敢成长为“主体”

——论女性主义电影《隐藏人物》

于闽梅

于2016年12月上映的《隐藏人物》(*Hidden Figures*)改编自1960年代在美国国家航天局(NASA)工作的三位黑人女性(玛丽、凯瑟琳、多乐西)的真实故事,以鼓励美国的女性黑人成长为“主体”。

在1960年代的美国,三名女主人公在工作和生活中都遭遇种族和性别的双重歧视。在种族和性别歧视异常严重的时代,三个幕后女英雄的形象在当时的媒介中被“隐藏起来”,美国民众在NASA的成就中看到的主要是男性白人英雄,这三名女性于是成了“隐藏的英雄”,电影的名字由此而来。在电影结尾的字幕中,我们了解到,她们的事迹直到种族和性别斗争取得重大进展的当代才得以曝光。

电影有两个背景。一是冷战的政治背景。电影设置在1960年代,那个时代正是冷战最激烈的时期,苏、美两个超级大国都在争取成为登上太空的第一者,对于冷战的恐惧在美国民众身上随处可见。太空技术的发展在这个电影中被设置成关乎美国未来及世界未来的重要一环。

另一个背景就是美国社会存在的严重的种族歧视。在电影的开始，当白人警察向她们走来时，三名黑人女性是很恐惧的。当白人警官发现她们三名黑人女性在为美国航天局工作时，立即改变了对她们的歧视态度，亲自用警车为她们开道。观众只有将这个情节与第一个大背景下——对冷战的恐惧相联系，才能真正理解白人警官虽然歧视黑人妇女，但惊讶于她们正在为航天事业做贡献，所以愿意为她们警车开道。

在NASA工作的数学天才凯瑟琳（主角之一）面对的另外一个现实是：美国当时仍存在种族隔离法案。黑人工作人员被隔离在与白人不同的建筑里，餐饮、工作和卫生设施都要分开使用，办公室和厕所的门上也都清清楚楚地写有标志。凯瑟琳每天都要狂奔四十分钟（十英里）到专供有色人种使用的卫生间如厕。上司哈里森质问她为何每天消失好长时间时，她在说明情况后，悲愤地回答：我感觉自己像狗一样在工作，没有资格跟你们喝同一个咖啡壶的咖啡，上同一个厕所。

这个电影的主题就是歌颂三名黑人女性在当时恶劣的情况下仍然成长为“主体”。关于女性主体性的养成，这个电影侧重于精神主体性方面的成长（关于身体与性方面的主体性，电影中把三个人都设置成了母亲，从而回避了性与身体这个维度）。

在六七十年代的美国，黑人女性是很难实现自己的梦想的。凯瑟琳去NASA总部报到，却被当成垃圾清理员。玛丽的丈夫开始时根本不相信她能成为第一个女工程师。但在电影的最后，她们都通过自己的个人努力，超越了当时黑人女性的整体处境，为自己争取到机会，最终实现了梦想。

怎么超越呢？就是要坚持斗争，通过不断的斗争赢得尊严，赢得尊敬和真正的爱。在这一点上，《隐藏人物》中三位黑人女性的经历与美国身份政治中一个非常有名的口号——“Personal is Political”（个人的就是政治的）相契合。虽然我们今天处在一个法律上的男女平权社会，性别歧视有所减弱，但是部分歧视却以非常隐蔽的形式继续存在，需要辨析。男权社会中女性的整体处境，表现在每个女性身上，就是她所遭遇的个人性的处境，而这在某种程度上又具有普遍性。

《隐藏人物》给我们的启示就是：不管环境多么恶劣，只要下定决心做出改变，个体就可以超越环境，成长为主体。女性要时刻牢记在个人的处境中（工作和生活）辨析歧视，做出反应。

凯瑟琳最后被主管哈里森称为“天才中的天才”，她以出色的速算能力，被提拔到总部和工程师一起工作。在她的斗争和努力下，宇航局的领导哈里森亲自将厕所上“有色人种”的标志砸掉了。

三个女性中最年长的多乐西是有色人种计算机部门的主管，但长期得不到女上司的认可。她最善于斗争：书店不卖给黑人计算机方面的书，而白人图书馆也不借给她计算机方面的书籍，她无奈之下“偷”了一本，因为她认为自己是纳税人，有看这本书的权利。她在 IBM 系统刚问世时，就领先于宇航局的男性白人员工自学程序，并带领自己的下属自学。最后，她不仅保住了自己的职位，得到了主管的位子，还保住了受她培训的黑人女下属们的工作机会。最后甚至白人女主管都请求她帮忙培训白人女员工。

玛丽想成为 NASA 的工程师，但必须通过当地某所大学的课程，但当时这些课程不向有色人种开放。玛丽站在法庭上对法官进行了条清理晰的申诉，通过斗争，她成了课堂上唯一的女性，唯一的黑人女性，并通过了课程，实现了在丈夫看来不可能的梦想。

在私人生活中，女性也要时时捍卫自己的主体性。在教堂外面的聚餐会上，玛丽的丈夫认为她想当工程师是一个不可能的空想，当他的态度比较恶劣的时候，玛丽就非常严肃地提醒他：你要做一个在公众场合不断责怪妻子的丈夫吗？她的丈夫立即就有了反思，收敛了自己的言行。最后玛丽的丈夫也成长为一个尊重妻子主体性的男性。在电影结尾处，他深情地对玛丽说：“谁也不应当阻挡你实现自己的梦想，哪怕是我。”

处在人类历史漫长的男权社会中的男性，在私人生活中，相较女性而言，对较富侵略性的言行缺乏反思，这时被歧视的女性当场指明，才能有效地纠正歧视，共同成长为主体。换言之，男性对男权社会的反思，需要女性的“在场”与反应。凯瑟琳在与一名美国黑人海军约会时，对方开始说话也很随意，凯瑟琳立即严肃地提醒他不要只注意她的裙子，而应该要注意她的眼镜，因为她是通过非常勤奋刻苦的学习才成为那个州第一个硕士的，眼镜就是一个证明。凯瑟琳最终赢得真正的尊重与平等的爱。

至此，对女性在男权社会中的成长，也需要从两方面来看：一方面，我们要意识到社会存在决定社会意识，社会大环境的改变对女性成为“主体”意义重大，在这一点上，电影特地呈现了马丁·路德·金领导的黑人平权运动；但另一方面，女性想要成长为“主体”，更要靠自己的努力，因为现实中的每一个壁垒，都需要每一个“主体”的个人爆破。深处困境的女性不应单纯地抱怨外部环境，因为，真正富于主体性的女性是可以超越社会环境的。

成为“主体”，这不仅是一个口号，也是现实的要求。正如波伏娃在《第二性》中所言：主体要豪迈地迈向一个目标，并实现这个目标！

（于闽梅，中国青年政治学院，副教授）

新媒体视域中的微电影影像语言考察[①]

孙　婧

一、问题的提出

曾经有文艺批评家说过这样的话:“在这个纷繁、混乱的世界,一部好的、真实的短片,有时就像是关于生活和世界最好的引语,它把我们引向世界幽深而隐秘的核心。”[②]电影语言分析有两个基本功能:一个是阐释,在转瞬即逝的细节中挖掘电影艺术的特质;二是批评,跳出直观的观影感受之外,以一种疏离和客观看待电影的价值。

电影语言本身不同于文学语言,微电影与传统电影的区别就表现在电影作品本身。当微电影用来指代中国电影历程中新的电影形式时,其电影语言

①　2017 年四川省社科院院级课题一般项目“四川微视频产业发展研究”(17YJ029)、2017 年四川省社会科学规划一般项目“‘一带一路’倡议下四川微视频产业发展研究”(SC17B066)阶段性成果。

②　谢有顺:《一部好的、真实的短片是关于生活和世界的最好引语》,参见区念中等《中国短片浪潮》,广东人民出版社 2010 年,序言。

和审美价值也将对电影形式和理念进行延续、创新。微电影的语言因素被隐蔽在独特影像、叙事等形态中，对于这样的艺术形式，截取生活的断面有限，但作为研究者仍需要手持“手术刀”从种种电影语言组成要素入手对其进行具体细微的解剖——影像、叙事、镜头、色彩、音乐、剪辑、运动等，将其中的差异性和共同性逐一地分解。

二、影像的展示与再生

影像是电影艺术表达的媒介，也是电影中最小的意义单元，对白、非语言的声音、工具等的不同都会带来影像的不同。回到电影的经验事实，人们看待此种以影像为媒介的叙述艺术，首先要确定微电影这种新的影像形式具有怎样的特殊性或规律，在影像背后彰显的又是怎样的文化精神。

微电影发展到现在已经日趋成熟，表现在影像质量上越来越清晰，专业化的色彩日趋浓厚。它呈现出与传统电影不同的影像系统，一个重要标志就是用民间式的影像创造新的电影语言形式。这不仅打破了传统电影影像的约束与桎梏，也恰当地契合了新媒体时代的影像精神。

（一）固定机位

大卫·波德维尔说过电影摄影是以“摄影机运动进行写作”。[①] 电影是一门运动的艺术，镜头成为电影表现的重要手段，摄影机成为观看的他者。电影中的固定机位一般指摄像机处于静止不动的拍摄地点，在拍摄的过程中镜头光轴和焦距可以进行适度的动态调整，通过推拉、变焦等方法创造不同的影像效果。

微电影与传统电影相比，在镜头语言上有显著不同，它以使用固定镜头为主。相对来说，固定机位缺乏传统电影的运动手法所带来的那种场面震撼，但能保持影像的稳定性。对于观众来说，在随时可移动的动态观影环境中，对影像的稳定性要求较高。过多的影像运动会导致视觉疲劳，所以微电影将维系

① 大卫·波德维尔、汤普森：《电影艺术：形式与风格》，曾伟祯译，世界图书出版公司北京公司2008年，第191页。

画面稳定性作为满足观众需求的重要指标之一。

在这些情形下，虽然在镜头转换上不如传统电影那样丰富，但通过选择大量使用固定镜头处理场景的变化，可以有效集中保留画面的主要信息。比如微电影《行者》就完全抛弃了对白，整部影片没有一句人物对话，所以影片最后在音乐声中抬起头的行者影像才显得格外醒目。影片中固定机位所呈现的画面影像，多为一场一镜，镜头平均时长达到 2 分钟。

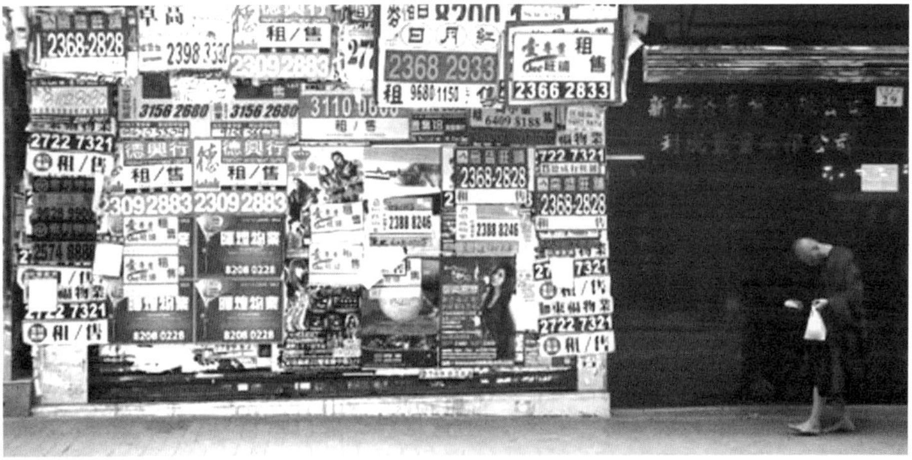

图 1 《行者》影像片段

图 2 《行者》影像片段

影片中的红衣喇嘛从画面右端逐渐行至画面左端，在持续2分多钟的表现过程中，机位是固定不变的，镜头没有任何运动。此种处理首先是解构传统电影观众对快节奏要求的观影习惯，在这部微电影中人们似乎很难有耐性看完这些缺乏情节因素的画面。但在时间长度上，沉闷、压抑的时间跨度给人带来的烦躁感正是导演想达到的艺术效果。仔细观察这部片子，其中全部使用固定镜头，以僧人独特行走方式表现快节奏都市生活对自我存在感的忽视。影片中类似的固定机位摄拍还有很多，此种效果在小屏幕放映时候不仅有画质保证，而且被放慢的镜头节奏也保证电影对个体自我存在直觉的认识。也就是说，微电影从镜头创作行为到影像呈现都适应互联网独特的传播方式和观看模式。“镜头绝不是一个字母，而永远是一个多义的方块字。”[①]从表达角度看，固定机位更是一种客观性的体现，是以真实的近乎记录的形式还原现实生活，站在民间立场上书写生活。微电影“不是用推理来构筑你的思想，而是用镜头和结构手法摆出你的思想”。[②]

以《父亲》为例，影片开头就是一个固定镜头。跛脚的收拾早餐点的老人在镜头中出现，背景为破乱不堪的、被拆迁的残垣断壁，此镜头的核心是告诉观众“父亲”的“老肖早点”的现实生活。“父亲”出场，镜头的运动方式就是固定的，它毫无变化就如同“父亲”的生活。“拍摄点体现着导演安排的逻辑和事物惯性的逻辑之间的冲突，这一撞击便产生出电影拍摄角度的辩证法。”[③]

若要在30分钟或者更短时间内讲述一个精彩故事，段落节奏的轻重缓急及影像的连贯就显得尤为重要。就必须在节奏上营造一种紧张、变动的氛围。“儿子”的出场，摄影机的机位仍然固定不动，使用运动方式是通过摄影机焦距的调整将画面人物拉近。“父亲”和“儿子”两个人物，通过镜头的处理，集中表现一个夕阳晚照一个灿如朝霞、一个深沉一个好动、一个现实一个希望的完全不同的人生状态。这说明微电影在具体拍摄上，对镜头语言要求比传统电影更加严格细致，这样才能发挥微电影独到的艺术感召力。再如《特殊服务》中“失意金领”在房间中的时候，摄影机机位都是固定不动的，创作者借助此种

---

① C. M. 爱森斯坦：《蒙太奇论》，富澜译，中国电影出版社1998年，第432页。

② C. M. 爱森斯坦：《蒙太奇论》，富澜译，中国电影出版社1998年，第420页。

③ C. M. 爱森斯坦：《蒙太奇论》，富澜译，中国电影出版社1998年，第462页。

“静”来表现人物内心的失落压抑。

图3 《父亲》中“儿子”的出场

总体来说，大多数微电影给人的直观印象就是固定镜头多，摄影机静止地拍摄。这样做的目的一是尽量减少镜头运动，因为太多的运动镜头会损害电影画质而导致影像朦胧、模糊不清；另一方面，微电影拍摄工具的使用也带来独特的影像质量。对于手持小型摄影器材（如手机、单反相机）的制作者，他们需要一种自然、自由的效果，过度的晃动会影响电影的节奏，进而影响观众对微电影整体感受。“在一个推拉镜头中，摄影机的移动对画面的结构来说，可以增加幻象的深度。”①单镜头里有一个完整的时间，镜头之间的时间可以是分割的也可以是相衔接的，甚至是交错的，关键在于作为导演眼睛的镜头有一条隐藏的主线。

微电影镜头视角不仅强调被表现对象的空间关系，还经常以其边缘性来表现主观印象。摄影机把注意力放置在假定观察者位置，所以固定机位是微电影对传统电影镜头处理的重要应用，与之不同的是它把握住小屏幕观众的审美需求。在形式上最大限度减少了干扰，以求更为真实的表现。

（二）小景别

在一部电影影像中，景别主要是摄影机与被拍摄对象的距离，它决定被拍摄对象在画面中所占的大小比例，景别的大小不同，产生的艺术效果也不同。微电影在景别选择上呈现出与传统电影不同的艺术风格与诉求，它主要采用特写到中景间的拍摄范围，所以在影像上呈现小景别风格特征，是一种象征自

① 欧纳斯特·林格伦：《论电影艺术》，何力、李庄藩、刘芸译，中国电影出版社1979年，第122页。

由和民间的表达形式。

小景别决定被拍摄主体在画面上占据的比例较大，它为“观众展示的是一个较小、较为确定的表演范围”[1]。对于创作者来说，就是以此进行强调，也是对影像的放大处理。微电影必须突出故事的高潮和戏剧冲突，才能在较短时间内将观众带入电影的情境中。和传统电影一样，微电影通过景别将人物、景象细节进行选择、连接，凸显影片艺术和审美效果，它给了电影导演以重要的影像选择权。

在影片《特殊服务》开头使用小全景，将整个人和周围的背景处于摄影机镜头之下。

图 4 《特殊服务》中的小全景镜头

图 5 《特殊服务》中的中景镜头

① 苏牧：《荣誉》，人民文学出版社 2007 年，第 114 页。

在观众需要对故事人物进行整体体认的时候，影片使用中景，将整个空间中的单一个体形态及灰暗压抑色调囊括在镜头之内，人们可以清晰观察到人物颓废神态和动作，可以看到这设定了故事低沉的基调。

图 6 《特殊服务》中的近景镜头

近景的一个重要作用就是对人物进行交代。《特殊服务》通过近景介绍主要人物王迅扮演的“失意金领”。在对主角进行近距离审视的时候，镜头前移，一步步推进，在近景镜头内人物的面部表情等细节一览无余。在人物近景画面中，“金领”颓废、失意的面部表情成为画面表达的主要内容，他的无奈、曾经的辛酸、无望，体现出电影的戏剧化倾向，集中地向观众传达人物的内心世界，使观众随着此种节奏、情绪很快进入到故事中。换句话说，一部好的微电影就是要在短时间内把观众带入预设故事情节之中，从而抓住观众的内心，拉近观众与人物的心理距离。

特写镜头在电影中的作用是“能够有力地表现被拍摄主体的细部和人物细微的情感变化，是电影用细节刻画人物、表现复杂的人物关系、展示丰富的人物内心世界的重要手段”[①]。

① 苏牧:《荣誉》,人民文学出版社 2007 年,第 66 页。

图 7 《特殊服务》中的主角的脸

特写是微电影的重要表现手段，从大屏幕到小屏幕，从电脑到手机，接收终端的视觉呈现框架越来越小，特写就成为微电影最常用影像语言。为了表现人物心理世界，影片《特殊服务》使用的特写镜头（主角以录音的形式向朋友们做最后的告别），用细微的面部表情强调被表现者的细部，准确传达“轻生者”这个反常态人物的心理。它对后面“特殊服务”的展开起到重要铺垫作用，也使观众加深对丧失勇气的人心理的认识。巴拉兹曾说过：“我们能在电影孤立的特写里，通过面部肌肉的细微活动，看到即使是目光最敏锐的谈话对方也难以洞察的心灵最深处的东西。”[①]在这里，微电影的特写与传统电影的特写镜头还是展现出一定的差别，它更多体现为一种叙事与清晰度的需要，渲染情绪和表现的功能减弱，这更符合微电影短小明快的碎片化消费特点。

微电影主要是以手机、平板电脑、笔记本电脑等作为接收终端，这就决定微电影要受到小屏幕播放限制。为保证收看流畅，微电影在景别大小上也适应小屏幕载体的特点。传统大屏幕电影，对于人物及其神色表情表现的清晰度要求很高，微电影小屏幕对影像变化要求相对不高。相较于传统影院电影，微电影的影像如果一经放大并不清晰，尺寸也会很小，所以微电影更多借助于特写镜头，改变影像比例，为了保证影像效果，在同一画面上出现人物并不多，既便于集中画面信息，更易于观众在较短时间内抓住故事重点。诸如导演小

① 巴拉兹：《电影美学》，何力译，中国电影出版社 2003 年，第 49 页。

江在谈到手机拍摄特质时说："在景别的选择上，我的动作戏居多，当然是近景和特写为主。这也符合网民的欣赏习惯，大全景只有在电影院中看起来比较震撼，在小屏幕上效果就差很多。当然，为了小屏幕制作，也要注意视觉的节奏感，在一系列近景中，全景是对节奏的调整，也不能就说手机电影不能用全景。"① 这也说明在面对传统大屏幕时，观众即使对视觉影像刺激反感至极也只能硬着头皮看下去，而微电影影像相对于大屏幕电影有了更简洁、明快的艺术特点。

（三）"文字造型"

语言进入电影，改变了电影非语言艺术的意义，语言成为电影意义生成的重要元素。因为影像功能限制，文字往往退到情节背后对叙述进行强调。艺术表现力具有多种可能性，在传统电影作品中用影像生成意义，"影像论说"正如文学使用语言，在这个意义上影像就成为电影语言。就影像本身而言，某些影像可以成为符号，而这些符号是基于文化习得中形成，并非电影所独有，但微电影作为一个集合影像还没有形成符号系统。它更多的影像是非符号性的，影像生成意义的方式没有形成普遍性的系统，能指和所指的区分也暧昧不明。

作为电影知觉单元的影像包括人物、环境、文字造型等多个方面，其中文字造型是"指文字的形式直接在银幕中作为电影画面的插入成分而不是字幕的形式出现"②。在微电影当中，字幕一部分由文字转变为影像式的来对主题进行总结。这一语法特征在传统电影中表现并不繁盛，只是对类似于事件发展过程的交代，是连接影像和影像之间的过渡，是对电影表现内容的重要补充。在微电影这里，"文字造型"比一般影像有更为明确清晰的意义传达功能，有着不可替代的重要作用。

就微电影文本自身而言，在影像表达方式与表达主题上达成高度一致。但因为时间限制并不追求文本的多义性，而往往用简单主题进行概括。通常情况下，中心主旨和主题会以"文字造型"形式直接呈现给观众，这样有利观看者进一步评赏微电影，也更为自由地进行话语表达。

有一点需要说明，本文在此只是针对几部微电影"文字造型"的艺术特征进行评价。从下面几部作品可以尝试探讨微电影影像表现的某些规律。例如

---

① 小江：《移动的天堂电影院——手机电影创作谈》，《当代电影》2009 年第 12 期。

② 王志敏：《现代电影美学体系》，北京大学出版社 2006 年，第 152 页。

《交易》《老人愿》等都是从电影表现手段角度有力证明"文字造型"的效能。《交易》片尾最后出现的文字内容充分显示此部影片关于爱与责任的主题,其目的就是以文字配合影像的形式直接向观众传达电影主题,是通过文字的形式"说"出来的,而不是要观众去"误读"的,而且文字组成的影像更能"一语中的",远远超越传统电影若干影像所要呈现内涵的多义和含混。以文字替代影像成为电影的有机组成部分,并且内容直接和主题连在一起,甚至产生强烈民间表达效果。微电影的"小影像"不仅体现在形式上,更体现在其民间立场的文化精神上。

以下是一部分"文字造型"的影像截图:

图 8 微电影《交易》"文字造型"

图 9 微电影《交易》"文字造型"

"在经历了慈善信誉危机过后,希望大家能保留爱心,把爱送给真正需要的她们",这句话所体现的社会价值观导向是显而易见的。它将原本抽象的爱与责任在影像展示当中具体化、简单化,观众获取意义更为容易和清晰。

图 10 微电影《老人愿》

图 11 《微博有鬼之@谁谁》

图 12 微电影《父亲》片尾字幕对于感恩的引导

图 13 《李雷与韩梅梅》中传递的对于陌生人之间的温暖

通常情况下，影像应成为电影展现的主体，文字只是说明或是陪衬，现在的分配格局是文字成为电影表现的主体，影像成为背景，文字与影像位置的置换，体现微电影有别于大电影的艺术表达。用文字语言呈现主题，它不仅是一种概括，也是一种为观众更为直接地理解电影思想内涵的处理办法，手法看似简单，却更接近新媒体时代快餐、即时、便捷的消费理念。此种在影像语言上的创新，使得“文字造型”话语形态所具有的话语特点不仅简明扼要而且富有哲理，是诗与思的结合，值得人们为此展开进一步细致的研究。

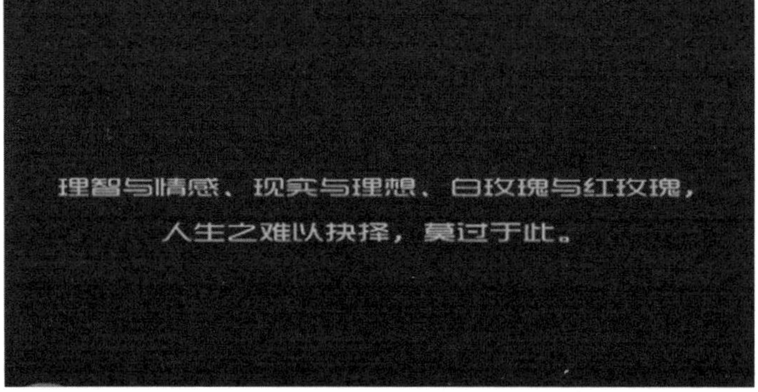

图 14 《心 · 方向》

图 15 微电影《懂》

传统电影作为一种艺术一直是单向沟通的，因而它不是沟通的媒介，但微电影的意义机制具有开放性。与传统电影影像语言复杂性相比，微电影影像语言非常简洁，它借鉴短片影像的叙事特点，将镜头处理得简洁凝练，它如同微型小说言简意赅，又不失表意和抒情的特点，由此把主题压缩在一个浓缩语言片段里，所以大量微电影在结尾使用这种“文字造型”，能指和所指更为简明扼要。“电影本身是影像和符号的新实践，哲学应该把它变成概念实践的理论。因为，任何的技术、应用（精神分析、语言学）和反省的确定性都不足以构建电影本身的概念。”[①]影像是作为一个整体来叙述故事，必然与叙述对象息息相关，假定对象状态的合理性、合法性，然后才能用影像打动人的理智和情感。

整体来看，微电影首先是一个电影事实，“文字造型”被搬上微电影并不稀奇。微电影和传统电影在处理影像问题上的区别之一也正是“文字造型”。与《父亲》讲述的事件并行不悖的是，父爱的主题开始在影像中艺术再现。因为不必过多地考虑市场及其大众的消费心理，就微电影而言，没有了预设的商业化主题，影像作为单纯的电影意义单元，更能够还原电影本身的艺术旨归。“文字造型”的出现，打破了一以贯之的电影影像手法，摆脱了电影对影像的依赖，使影像话语扩展到视觉之外的文字。

（四）“贫困”也是“质朴”表演

20 世纪 60 年代波兰戏剧家格洛托夫斯基提出“贫困戏剧”理论，又叫“质朴戏剧”“穷干戏剧”。格洛托夫斯基力图阐明演员表演是戏剧艺术的核心，而将并非为戏剧艺术所必需的戏剧“附加物”剔除掉，从而追求质朴的戏剧演出方式。表演的“贫困”（或言“质朴”），戏剧可贫困之因在此前即求打破“第四堵墙”，对于微电影而言演员与观众互动实际也是戏剧的本质要求。电影作为一种艺术形式，它有自己的艺术特性和创作手法，对于微电影来说，也同样适用。但由于微电影的时间限制，它又产生有别于传统电影的独特艺术属性。

在微电影出现之前，中国盛行“大片”，与所谓追求大场面、大制作、大事件观念不同，微电影的电影元素选择倾向于“微”，借用传统电影理论中的名词，

① 德勒兹：《时间—影像》，谢强、蔡若明等译，湖南美术出版社 2004 年，第 444 页。

我们姑且称之为“贫困”,这也是微电影“微”特质的一种展现。

在传统电影当中,对几大戏剧元素都要有深刻把握,布景、灯光、音乐、道具等元素都是决定电影效果的重要组成部分。出乎意料的爆炸现场、前卫时尚的服饰、鲜活明亮的色彩、气势恢宏的战争场面都是传统电影元素关注的视点,所以大场面、大制作往往成为电影宣传造势吸引观众上座率的噱头。由于微电影投资有限,那么在影像当中,对于戏剧元素的选择就相对不足,通常情况下微电影都会去掉或削弱很多的电影元素,这也导致微电影的“贫困”。微电影的影像展示只能应用于时间跨度较小的故事,一些如古装、战争等需要大量电影元素配合的题材,目前的微电影还未能涉及,还不能处理宏大叙事本身。

在要表现的空间要素中,对于外景的选择相对较少,更多采用实景,创造事件的真实感。《远方在哪里》讲述一个发生在都市中的家庭温情故事,以姐弟俩的情感作为表现对象。主人公青林和慧琳是这个平凡家庭的一对姐弟,父母对弟弟的偏爱让姐姐十分忌妒,甚至不惜破坏弟弟的手风琴以表达自己的情绪,为了给弟弟买钢琴,父母在工厂打双份工,然而机器事故,父母双双离去。残酷的现实生活使姐弟俩相依为命,两个人情感关系也发生微妙变化,姐姐毅然担当起家庭的主角,帮弟弟实现梦想。从片中可以看出,家中吃饭、弟弟学琴是主要叙事场景,分别承担父母偏爱的情感和姐弟冲突的功能。除了音乐和摄影及移动的节奏因素外,其温情意向的表达主要通过场景的选择和演员的表演来实现。再比如《小心,我爱你》将场景选在北京文化地标后海和南锣鼓巷,被削弱的场景使观众将注意力集中在颇具颠覆性的叙事结构和特写镜头处理上,这也是影片最大的亮点。

这里还可以把微电影《特殊服务》作为其“贫困”的透彻阐释典型代表。在片中其服饰、化妆的投入几乎为零,演员穿着日常服装装扮入戏即可,场景也只有一个——宾馆的房间,在影片持续的 27 分钟里,摄影机镜头从未离开这一场景,在近乎记录的镜头之间,将人物动作进行电影化的处理,独特的室内场景给了电影完全不同的民间视角。在电影中,影像风格真实简洁,昏暗的灯光、灰暗的色调都颇具象征意味。电影中的中年男人,经历生意上的重创,失去了拥有的财富,失去了勇气,意欲在酒店中结束生命,小姐的偶然闯入与对话，反倒成为男人摆脱绝望的勇气，得到一种特殊的精神慰藉。影片的最后，依然是那个固定的场景，然而窗帘外的阳光和由暗而明的色调切开人物对人生深刻的认识。

对微电影来说，如果灯光、音乐和现场氛围等元素都被弱化，在这种情况只能依靠演员的形体、声音、表情等来塑造，所以对演员的表演要求实际上比传统电影更高，“一旦要求深入地表现一般人的行为时，非职业演员就不能称职了，即使表演得再好，也必然是既刻板又僵化，除非放弃他的非职业演员的身份而开始演戏才能消除上述的缺陷，也就是以他自己的创作想象力来修饰他的举止行为”[①]。这也是目前的微电影渐趋走向专业化，有众多处于电影中心地位的演员参与的重要原因。

欧纳斯特·林格伦说“电影表演是最自然主义的”[②]。微电影仍然坚持使用相当数量的非职业演员或是新人，这个目的固然会凸显影片真实性和质朴的风格，一方面有影片成本的考虑，还在于引起普通观众的共鸣上，非职业演员也更有说服力，非职业演员的启用可以无限地接近现实，人物“不全”的表演更自由。但从微电影长期发展来看，用专门演员对于刻画人物性格和揣摩思想感情会更为深入，这也是目前多家视频网站如网易“明星微电影系列”打造差异资源的重要手段。可以说，微电影对语言元素的选择是缩减的、式微的、贫困的，然而从实用主义角度却又是质朴的、自觉的，而此种贫困和质朴也意味着更大的自由。它以一种简约生动的方式创造影像背后复杂的视觉表现，构成视觉文化的表现类型。对于电影来说无论是哪种表现方法都意在满足观众视觉审美需求。

一般说来，单纯的音乐或对白作用人心灵是比较缓慢的，不如影像的直接呈现，而音乐和对白再加上影像的呈现，就会让叙事更为流利。这种看似真实的“欺骗”向来是电影俘获人心的高招，即便这真实里暗含各种虚伪的夸张和廉价的情感。微电影则不同，它受到严格时间限制，要遵循一定的法则，在看似时间的阻碍中逶迤前行。问题在于创作者要将电脑前的个体观众和聚集在

---

① 欧纳斯特·林格伦：《论电影艺术》，何力、李庄藩、刘芸译，中国电影出版社1979年，第160页。

② 欧纳斯特·林格伦：《论电影艺术》，何力、李庄藩、刘芸译，中国电影出版社1979年，第152页。

大屏幕前的成群观众区分开来。微电影可以坐在咖啡馆里或是沙发上，断断续续地分几次观赏。与此同时，微电影音响和影像之间的物理对应关系，“在艺术中起决定作用的不是绝对的对应，而是一部作品形象体系所要求的随意的形象对应”，“色彩的情绪含义和作用只能在作品的色彩形象有机生成的过程中，这一形象形成的过程中，在整个作品的有机发展中产生出来”。[①] 在技术支持下，微电影发展了影像在叙述以外的艺术表现力，是传统电影影像的另一种艺术表现形式。

传统电影一般是一个半小时的长度，微电影的出现就是对传统电影时间长度的一个非常大的改变，此种改变对于影像、语意群的表达改变也非常大，尽管这种状态才刚刚开始。

纵观微电影影像展示，它的影像风格淡化了传统电影商业色彩，艺术性更强。今天去除影像风格引发的观众视觉化想象，将微电影语言从视觉转化到叙事，可以肯定，它以记录、还原的方式建构崭新叙事美学，以自由主体民间表达的艺术诉求，将观众内心的视像化进行艺术呈现。

三、民间性：微电影影像语言的深层指向

欧纳斯特·林格伦说“只有把电影用来塑造事件、表达对事件的态度和事件给予艺术家的影响（犹如一桩经历给予自己的影响），电影才配称作一种艺术形式”。[②] 微电影影像的民间表达首先是面向聚集或分散大众的，并把其作为艺术的要求，尽管观众有着层次的差异，但并不等于说微电影放弃它表达的倾向与权力。微电影用一种特殊的表达方式呈现生活的影像，而且这种时间上的限制也完全具备影像所能支持的限度。

对于微电影制作者来说，低成本、有限的生产资金始终提醒制作者该怎样叙述，叙述什么，也不得不考虑文字符号与可视的影像之间的恰当转换，该如何采用不同的叙事角度与立场，并为此找到一个最合适的表述方式。一个叙

---

① C. M. 爱森斯坦：《蒙太奇论》，富澜译，中国电影出版社 1998 年，第 377 页。

② 欧纳斯特·林格伦：《论电影艺术》，何力、李庄藩、刘芸译，中国电影出版社 1979 年，第 71 页。

事如何被创造者建构，有着根本的表达立场上的重要性。艺术不应该仅仅是娱乐大众，更应该解释生活。微电影和传统电影最关键差别在于：与传统的宏大叙事相比较，微电影在把握语言上的独特性使其深具民间性，而此种民间性则塑造它们关于社会普通民众成员内心和身份的认定。

假设人们把时间的限制作为其固有缺陷，那么对于传统电影所具备的多重题材类型和长而复杂的故事情节展现，微电影一定是鞭长莫及。在微电影中，生活似乎是呈现在人们面前支离破碎的片段和偶然事件，可是仔细勘查后人们会发现，它的意义恰恰在于破碎之中的完整，这恰恰给人们提供一个反证。假如学者错误地把微电影制作的模式看作是作者自娱和娱乐大众，那么此种指责一定会被微电影叙事实践所驳倒。从另外角度来看，微电影是通过讲故事来完成自我的界定，否则这种新的电影形式便不会产生。它是在表达人物的情绪，也是主体自我在自由表达与经验叙述之间的游走，我们理解微电影，也是通过将我们的前理解和经验组织进故事叙事之中。微电影的商业身份理应让位于主体自由的表达。而在微电影各个片段叙事之中，实际上都隐含着创作者主体内在的艺术观与当下资本价值观的冲突。在被指责为深度不足的同时，微电影借助叙事在适时地表达民间话语。它不仅要保持连贯完整的叙事，同时注重关注底层小人物的生存叙述，显露出微电影作为艺术的本质。“真正艺术的源泉，是一个人变得意识到自己所体会的整个感觉和感情领域之中的一部分，同时用适当的语言（也就是说，真实地）表达出来。”①

微电影文本的深意不仅因为其语言表现还在于叙事建基于民间书写之上的洞见。当然微电影在探索特定时间内的自由表达，还需要更多的作者主体在叙事风格和结构上的大胆尝试。

传统电影是在意识形态约束下的集体创作，制作者自身是愿意拍摄一部艺术自主性的电影作品，但过分关注以票房为风向标的观众支持，势必导致审美内涵和艺术水平的下降。而微电影常常是作者主体意识的抒发，是一种自省的艺术旨归，这使微电影通过民间性电影美学精神来表述自身对于电影抑或是艺术的力量，也拥有表达多元社会内容的可能性。在商业和资本双重压

---

① 欧纳斯特·林格伦：《论电影艺术》，何力、李庄藩、刘芸译，中国电影出版社 1979 年，第 199 页。

制下，传统电影难以实现电影美学的自主性，从这种意义上说，微电影又保持电影诞生之初的自主品格。它可以更灵活、更大胆地实践新的语言和技巧，发展电影在影像之外的艺术表现力。这种主体的自由选择，往往在生产上更具革命性的力量。

（孙婧，四川省社会科学院文学与艺术研究所，副研究员）

真实与陌生、移情与间离[①]

——论 VR 电影的新感观世界

唐媛媛

尽管法兰克福学派在 20 世纪中叶已经预言了工业科技将会给人类文明带来巨大的灾难,但科技的发展和进步似乎并没有因此而遭到阻碍。人们在对未来的隐隐忧患的同时又享受着科技给他们带来的种种愉悦。科技,在当前似乎已经占领高地! 20 世纪后期互联网的普及与急速发展,更加神话了科技的无限魔力,进入 21 世纪,移动客户端的开发与大面积使用为互联网的发展提供了空前广阔的空间。一时间各种新兴自媒体或网络产品如雨后春笋般出现,就中国的网络市场而言,2016 年被称为两件事物的新纪元:网红元年和 VR 元年。网络直播平台的兴起催生了所谓"网红经济",许多商家借网红来炒作销售,从中获利不菲。

VR 技术的应用在许多领域更是掀起了轩然大波。由最初在军事、航天训练等高端领域的运用发展到游戏、视频直播、旅游、新闻、社交领域的应用,并

① 西安外国语大学科研计划项目(青年项目),项目编号:16XWC11。

带动相关产业的发展。艾瑞咨询2016年的《中国虚拟现实（VR）行业研究报告》[①]显示：游戏与影视将是VR发展初期最具潜力的两大内容板块。然而并非所有人都对VR技术持有乐观态度。由上海市网络视听行业协会、上海国际电影节组委会联合发布的《2016中国VR电影市场专题研究报告》[②]就指出，现阶段还没有一部真正意义上的VR电影诞生。虽然VR技术给观众带来前所未有的观影体验，但由于VR电影是360度影像，所以当观众看向身后场景时，就可能错过另外某个方向的情节，这也是报告中所提到的目前VR电影普遍遇到的"无法让观众跟着内容逻辑观影"的难题。同时基于VR电影高昂的制作成本，目前VR电影多停留在10分钟左右的短片形态。

虽然目前VR电影正处于广阔的行业前景与内容发展遭遇瓶颈的双重困境，但还是有很多人看好这一产业，并愿意投入更多的物质和精力来开发VR产业。电影语言的每一次飞越都伴随着科技的进步，VR也势必要重新书写电影的新语言。VR的技术势如破竹，其优势彰明较著，本文在此不做详细讨论，而是要回到VR电影的内容，从本体论的角度来探讨VR电影给观众观影时所带来的新感观特征。

对真实美学的再定义

VR电影以VR技术为核心支撑，带给观众更加逼真的认知经验和审美体验。对VR视频用户的调查显示，用户在观看VR电影时最在意的是电影的真实感、画质的细腻程度（位于第二位的是仪器佩戴舒适感）。[③] 由此可见，真实性，这一在传统电影美学里已经很少再被讨论的概念，在VR电影里似乎重新获得了讨论的意义。

纪实美学作为一种电影理论在学界被讨论始于20世纪80年代，在此之

---

① 艾瑞咨询：《2016年中国虚拟现实（VR）行业研究报告》，http://report.iresearch.cn/wx/report.aspx? id=2542

② e维空间：《网络视听行业协会于沪首发〈2016中国VR电影市场专题研究报告〉》，http://www.vrzy.com/vr/41118.html

③ 参考《中国虚拟现实（VR）行业研究报告》。

前，中国电影虽有写实主义传统，但缺乏系统详细的理论研究，直到20世纪70年代末、80年代初巴赞的纪实美学被译成中文传播到中国之后，中国电影学者才开始使用科学的研究态度来探讨巴赞以及他的纪实美学。[①] 当时所讨论的纪实美学是基于通过物理照相术所实现的对于物质现实的复原，然而随着数字技术的投入使用以及当今更为高端的VR技术对于电影制作过程的高度参与，传统电影理论中巴赞的纪实美学理论似乎遭遇了历史性的挑战。我国电影学者陈犀禾教授就是这一观点的代表。[②] 在他的论述中曾提到："影像和具体物质之间的联系变得越来越微弱……影像不再能保证视觉的真实。……影像不再是一个摹本，而是在一个交互关系中有了自己的生命和动力，和具体拍摄场景、气候条件以及其他限制没有关系。"[③]按照这些观点，巴赞的传统电影影像本体论似乎真的遭遇新媒体技术的瓦解。当然也有与之相反的观点认为，无论技术如何更新进步，巴赞理论的景深实质仍旧可以继续延续。[④] 本文并不打算就此问题继续展开二元对立式的讨论，而是试图探寻传统电影的真实性与基于电影VR技术所产生的真实性之间的微妙关系。

为了便于清晰地比较，首先对传统电影的真实性概念进行一个简单的观点罗列：

如上文所述，巴赞的纪实美学观是基于传统的物理照相术所呈现出的对于现实的复原影像。巴赞对于"木乃伊"情节的描述透露出他对现实近于宗教式的崇拜和尊重。这种以现象学为基础的美学理论强调影像是现实的渐近线。

相对于巴赞在强调客观物质现实的同时，也接受精神层面上与现实的无限接近，卡拉考尔的真实观念在强调客观物质现实的道路上越走越远，不同于

---

① 胡克：《中国电影真实观念与巴赞影响》，《当代电影》2008年第4期，第6页。

② 其观点请参考陈犀禾《虚拟现实主义和后电影理论——数字时代的电影制作和电影观念》，《当代电影》2001年第2期，第84—88页。

③ 其观点请参考陈犀禾《虚拟现实主义和后电影理论——数字时代的电影制作和电影观念》，《当代电影》2001年第2期，第84—88页。

④ 相关观点参考潘秀通、潘源《论数字影像及其真实性观念》，《上海大学学报》(社会学科版)2002年第1期，第31—37页；余纪《电影影像的本体论——从电影到后电影的美学发生学问题研究》，《当代电影》2001第2期，第98—101页。

巴赞散文式的观点阐述，克拉考尔在他的《电影的本性——物质现实的复原》中从实践的角度论述了电影该如何展现真实。

以上两种真实性概念都是基于影像同物质现实的关系，然而麦茨却从“物质性”这一概念本身出发，认为与电影相比，戏剧由于其自身具备较强的物质性（包括舞台物质材料和演员有血有肉的身体）这一特点而增加了其真实感。

以上观点都有成立的依据，其实巴赞和克拉考尔强调影像的逼真性，而麦茨则侧重于真实的物质性，两者都对真实的概念进行了细致的阐释，只是理论的出发点不同罢了。VR 技术摆脱了许多物质材料的束缚，通过计算机模拟技术再现了逼真的虚拟现实，与传统电影相比，这种 VR 电影所创造出的真实感又有什么新的特点呢？

陌生化的真实感

除了现代高端科技手段以及特殊的输入、输出设备是 VR 电影必不可少的技术支持之外，VR 电影真实感的营造还依赖于对真实环境（或者想象环境）的高仿真模拟以及观众与虚拟世界中的物体进行的自然交互活动。电脑仿真技术力求为观众提供一个逼真的环境，但是就像接受艺术的前提是接受艺术的假定性那样，我们接受 VR 技术所创造出的逼真环境时，心中也已然清楚这个环境是通过人工数字化手段制作出来的，即虚拟的真实。此刻，似乎形成了一种悖论关系：通过非真实的数字化手段达到真实的效果！虚拟和真实，就词义来说，本身就是一对相反的概念，在这里却被统一起来。因此，我们可以做出初步的判断：虚拟的真实与真实是不能被等量齐观的。

国际上从 20 世纪 90 年代开始的关于媒体美学的讨论中，电脑模拟技术占据了讨论的中心位置，这是由于新媒体这一概念的出现。本世纪初就有学者开始关注并讨论“新媒体美学”这一概念。[①] 在许多 3D 电影[②]中，电脑仿真

---

① Jens Schröter, *Medienästhetik. Simulation und Neue Medien*. Zeitschrift für Medienwissenschaft, 2013.01.08：88—100.

② 这里以 3D 电影为例首先是因为目前还没有出现大量的 VR 电影，其次 3D 电影和 VR 电影在对待真实性这一问题上，态度和努力方向基本上是一致的。

技术可以为我们呈现出一个完整的虚拟世界，但需要注意的是我们在接受它存在的同时也接受了它的虚拟特性。在电影《怪兽电力公司》(Monsters Inc.，Pete Docter，USA 2011)中我们可以明显看到电脑模拟出了现实中无法消除的因摄影技术问题而生成的光晕。按道理，现实中这些由于技术原因所造成的一定程度上的缺陷在电脑制图中是可以消除的，但是电脑模拟技术似乎并不热衷于自身技术所能够带来的这种完美性，而是模拟了这种缺陷或者说错误。德国当代哲学家沃尔夫冈·威尔逊(Wolfgang Welsch)在研究讨论电子媒介的美学问题时就强调了虚拟现实的美学特性，他认为，模拟其实是一个美学过程，它虽然发生在电脑显示器上，但不再是模拟，而是具有了一种创造性。这种微电子技术最终引发我们对于逼真性的理解和意识发生美学性的转化！[①] 所以说，电脑仿真技术在模拟客观真实世界的同时还在其中设置了巧妙的人工干扰。因此，有学者甚至会大胆地宣称：媒介要想实现美学性，就应该欢迎有目的性的干扰！

国内资深 VR 视频拍摄制作人欧鑫曾经谈到过 VR 电影拍摄中一个公认的技术难题就是视差所导致的拼缝问题。固定的机位缝合的时候，处理的难度相对较小，拼缝瑕疵也不会特别明显，但是运动机位带来的这种瑕疵就很容易被看出来了，而这些瑕疵以目前的技术能力是无法本质避免的。[②]

从以上两点可以看出，无论是因为人工干扰，还是技术的先天缺陷，虚拟现实技术为我们所创造的世界与现实世界之间还是存在着缝隙，这促使我们面对虚拟现实重新思考“真实”这一概念。由于这一缝隙的存在，它拉开了我们与真实世界的感知距离，我们在观影过程中甚至会出现一种相互矛盾的奇妙的感知体验：一方面是虚拟现实技术所提供的浸入式体验以及移情作用带来的逼真感；另一方面又是虚拟现实世界与现实世界之间的缝隙所带来的陌生感。真实和陌生，这一对看似相悖逆的概念，在虚拟现实所创造出来的感观世界中似乎又得到了统一。为了能够解释这一有趣的现象，我们不得不去思

---

① Jens Schröter, *Medienästhetik. Simulation und Neue Medien*. Zeitschrift für Medienwissenschaft, 2013.01.08:88—100.

② 欧鑫:《这些是我拍摄 VR 电影时遇到的坑以及在解决方案上的探索》, https://www.leiphone.com/news/201607/etWG6QUgF7tEqUbp.html

考真实和陌生之间的悖论关系。

移情与间离的双重体验

前文中所提到的缝隙，可以被理解为一种间离手法。间离，也被称为陌生化，最初由俄国形式主义理论家斯可络维斯基(Viktor Sklovskij)在20世纪20年代提出，他认为：艺术的主要目的是向我们传递一种感受，这种感受不仅仅是一种再认识。为此艺术必须具备两种手段：一是使对象陌生化，二是使形式复杂化，从而给观众的感知造成困难以及延伸这种感知的时间。[①] 德国戏剧家布莱希特在他1937年发表的文章《中国表演艺术中的陌生化效果(也译作间离效果)》[②]中也提出了这一概念。他的目的是，"通过众多策略，让观众和戏剧保持距离，以便采取批判的姿态，反思戏剧的规范和特征怎样将社会作为意识形态的和机构化的构建而再生产出来"[③]。当代电影学者克里斯汀·汤普森(Kristin Thompson)和大卫·波德维尔(David Bordwell)在俄国形式主义基础上结合观众感知心理学提出了新的电影分析方法：新形式主义。按照新形式主义的观点，电影是通过陌生化的手法使自己区别于日常经验而成为艺术。[④] 通过以上种种论述可见，电影艺术离不开间离的手法，在VR电影中也是如此，前文中提到VR电影由于是360度影像，造成观众对于叙事线索无法做到连贯把握，其实这也是一种对于观众同电影叙境[⑤]之间的一个间离作用。然而同时VR电影又可以通过一系列技术手段来增强逼真感，尽力去弥补观众在感知上的这种缝隙。

---

① Viktor Sklovskij, *Theorie der Prosa*, Frankfurt A.M.: Fischer Taschenbuch Verlag, 1984: 13.

② Bertolt Brecht, "Verfremdungseffekte in der Chinesischen Schauspielkunst", Werner Hecht / Jan Knopf, u.a., *Bertolt Brecht Werke*, *Band* 22, Berlin und Weimar: Aufbau-Verlag, Frankfurt am Main: Suhrkamp Verlag, 1993: 200.

③ 苏珊·海沃德：《电影研究关键词》，邹赞等译，北京大学出版社2013年，第137页。

④ Christoph Hesse, *Filmform und Fetisch*, Bielefeld: Aisthesis, 2006:77.

⑤ "叙境"一词源于希腊语Diegese。符号学家索绪尔第一次将这一概念使用在电影理论中，主要是指一种存在于电影叙事世界里的时空关系，它是电影中人物及事物的时空统一体，是不可被打破的。在中国电影理论中被译为"叙境"。

说到VR电影,“沉浸式体验”是一个被经常提到的词语。作为VR技术的三大特征之一(另外两个特征为:交互和仿真),沉浸感可以使观众获得一种身临其境的观影体验,VR技术通过计算机对触觉、动觉等各个感官的尽力模拟,更加逼真地实现了电影的物理属性创新,从而刺激观众的感官,实现了全景式立体浸入的观影体验。[①] 同时人们似乎可以本能地将各种感知模式综合起来,从而形成一种更为强烈的感官刺激。[②] 沉浸,本意为浸没在液体中。液体本身具有动态的属性,VR360度仿真动感影像也正是具备了这种动态、流动的属性,使观众能够浸没其中,获得临场感的体验,而临场感和虚拟真实也是沉浸式体验得以实现的前提。[③] 如果我们仔细回想可能会觉察,其实可以将这种沉浸式体验与古典时期的移情作用相联系,移情作用最初由亚里士多德发现,后经由德国美学家罗伯特·费舍尔(Robert Vischer,1847—1933)父子系统研究并确定了该概念。按照我国美学家朱光潜先生的解释,它主要是指“人在观察外界事物时,设身处在事物的境地,把原来没有生命的东西,仿佛它也有感觉、思想、情感、意志和活动,同时,人自己也受到对事物的这种错觉的影响,多少和事物发生同情和共鸣”。[④] 按照这一解释,发生移情作用的前提应该是受众处于客观对象所处的境地,而这一客观环境正是当今VR技术可以逼真再现的! 由于这种处境的逼真性,受众作为主体的情感以及想象力才得以发挥并且扩散,从而更好地实现移情作用。

VR技术的高仿真以及沉浸式特征使观众得到了前所未有的感观体验,而这种体验是综合的、复杂的。有学者指出,“如果说,以巴赞为代表的现实主义美学史以真实景物影像为基础,主要依靠外部现实的话,那么数字影像则与之相反,它的成像极有可能是艺术家头脑里想象物……数字影像可以是虚拟的现实,还可以是虚拟的非现实”。[⑤] 真实性这一概念在伴随电影不断发展的同

---

① 叶风:《虚拟现实电影的创新体验与未来电影的可能性》,《装饰》2014年第12期,第96—97页。

② Robin Curtis, *Immersion und Einfühlung*, Montag av,2008.02.17:89－107.

③ Robin Curtis, *Immersion und Einfühlung*, Montag av,2008.02.17:89－107.

④ 朱光潜:《西方美学史》,人民文学出版社2002年,第584页。

⑤ 曹祎娜:《虚拟中的真实——对数字化电影的再思考》,《世界电影》2015年第5期,第34—39页。

时自身也在进化和改变，在VR技术创造的感观世界里，我们不能再拿传统的真实美学理论来解释眼前所经历的一切。我们开始重新思考真实，或许我们会发现，真实可以从主体和客体两个角度来考量：经验真实和再现真实。VR给我们带来的真实感正是这两种真实的巧妙结合，同时还伴随着间离效果所带来的陌生感，并且这种相反相成的感知体验将伴随着VR电影的发展。目前VR电影还处于初步发展阶段，业界都在积极地进行各种可能性的尝试，其中对VR游戏的借鉴不失为一个明智之举，因为VR游戏中，互动性这一优势已日趋明显，如何将这种互动性的特点运用到VR电影的创作中可能是从业者在这一方面需要解决的问题，北京电影学院孙立军教授主持研发的交互电影放映系统算是多情节互动叙事模式的一次大胆尝试①。中国数字美术馆创始人李怀骥先生更是将虚拟现实称为人机共生的新境界。② 随着技术的不断进步和完善，人类在精神上的不断追求，相信VR技术会不断刷新我们对于电影的感观！

（唐媛媛，陕西安康人，讲师，博士，研究方向为电影美学、影视跨文化传播研究）

① 叶风：《虚拟现实电影的创新体验与未来电影的可能性》，《装饰》2014年第12期，第96—97页。

② 李怀骥：《虚拟现实艺术：形而上的终极再创造》，http://www.docin.com/p-476177835.html

香港电影的底层空间例析

霍胜侠

引言:全球化语境下的香港

观照香港及香港电影,全球化是一个难以绕过的重要语境。在论及全球化与城市空间的关系时,萨斯基亚·萨森(Saskia Sassen)认为一种新的空间地理学正在几大全球城市中形成。[①] 城市的空间使用者正在日益被分为两个有着难以逾越的差异性的群体:小部分跨国商人和大部分低收入人群。更多倚赖传统经济部门的低收入者,越来越难以在金融及专业服务行业占据主导的全球都市中获取收益。收入的不均衡及阶层的分化催生了新的空间地理形

① Saskia Sassen, "Whose City Is It? Globalization and the Formation of New Claims", in *Sustainable Cities in the 21st Century*, eds. Foo Ah－foong and Yuen Belinda, Singapore: Singapore University Press, 1999:150.

态。香港学者赵永佳和吕大乐借用萨森的二元城市理论来对香港的状况做出阐释。[①] 两位学者分析，从1980年代开始，香港在新一轮全球化浪潮中逐渐实现了从工业化向后工业化、从手工制造业主导到金融服务业主导的经济转型。到1990年代末，香港已经成为区域性、全球性的金融都市。与萨森论及的其他全球都市相似，香港的收入差距与阶层分化问题也开始凸显，低下阶层的生存空间进一步边缘化。

本文选择两部香港电影——陈果的《香港有个好莱坞》(2003)和许鞍华的《天水围的日与夜》(2008)来做分析。这两部影片不约而同地将视线投向低下阶层居民，以及他们的生存空间——作为寮屋区的大磡村与作为公屋区的天水围。然而，两部影片在内容主旨和美学风格上又存在鲜明的对比和差异，为我们提供了对照阅读的有趣样本。

一、陈果的《香港有个好莱坞》

陈果在他的独立电影中一直致力于表现低下阶层民众的生活。《香港有个好莱坞》(下称《好莱坞》)，延续并发展了他以往的主题和风格，探讨香港低下阶层民众在全球化语境中的生存境况。

(一)大磡村：被区隔的他者空间

《好莱坞》的故事发生在大磡村。片中的大磡村与荷里活广场都是香港真实存在的空间。其中，大磡村是一个位于九龙的寮屋区，陈果拍摄此片时正面临被政府清拆的命运。而荷里活广场是与大磡村毗邻的一个超级购物商场，以好莱坞元素作为商场的设计主题。以荷里活广场为基底，上盖的是由五栋住宅构成的大型屋苑"星河明居"。很显然，陈果在电影中着力凸显了大磡村和荷里活广场/星河明居两个空间场所的鲜明对立。观众应该对片中强哥站

---

① Stephen W. K. Chiu, Lui Tai－lok, *Global City, Dual City? Globalization and Social Polarization in Hong Kong since the 1990s* (Hong Kong: Hong Kong Institute of Asia－Pacific Studies, 2004); *Hong Kong: Becoming a Chinese Global City*, London and New York: Routledge, 2009:13－26.

图 1

在寮屋屋顶时的一个长镜头印象深刻。(图 1)镜头中,大磡村低矮、破旧、脏乱,而荷里活广场则高大、整齐、现代化。大磡村似乎从它周围的空间中被隔离开来。而空间往往可以反映阶级的情况。"阶级的空间化"——"一个居住区域会把这个区域的居民以某种想象的方式连接在一起"。[①] 那么,大磡村与荷里活广场在空间上的区隔就反映出了香港中下阶层与中上阶层在社会文化上的区隔。在《好莱坞》中,大磡村的村民与荷里活广场的居民几乎没有任何互动。荷里活广场的居民很少出现在大磡村,大磡村的村民也很少离开村子进入荷里活广场。如果说荷里活广场是众所周知的香港日常空间,那么大磡村就是区隔于日常空间之外的异托邦。"异托邦"是由福柯首先提出的空间概念,又称他者空间,是指打破了日常空间的连续性和正常性的地方。[②] 异托邦虽然是真实存在的空间,但又"不同于其他所有地方"[③],与一般的日常空间构成一种镜像关系。

然而福柯又指出,异托邦的吊诡之处在于它"常常预设了一个既开放又关

---

① R. Burrows and N. Gane,"Geogemographics Software and Class", *Sociology*, 40, 2006:808.

② Michel Foucault, "Texts/Contexts: Of Other Space", *Diacritics*, Spring 1986.

③ Michel Foucault, "Texts/Contexts: Of Other Space", *Diacritics*, Spring 1986.

闭的系统使它与其他空间既相区隔又相沟通”①。这一点同样适用于大磡村。大磡村一方面被排除于全球化之外，另一方面又不可避免地参与到全球化的浪潮中来。这种参与，首先特别明显地反映在大磡村的内部空间中。例如强哥的房间是典型的寮屋，陈旧破败，但是墙壁上贴满了好莱坞男星的海报。而在阿明的床头，则贴满了韩国、日本以及欧美性感女星的海报。这些男女明星的海报，反映出全球化正在通过大众传媒的方式影响着大磡村村民的日常生活，特别是形塑着他们的欲望方式——对男性自我身份的认同（男星海报）以及对异性他者的渴望（女星海报）。而借助海报的拼贴效果，陈果成功表达了大磡村在全球化影响下成为新旧交织、中西杂处的并置空间。

（二）夸张美学：看见不可见的空间

如何再现大磡村这个异托邦空间，如何使不可见的东西重新变得可见，成为陈果要解决的问题。在《好莱坞》中，陈果的策略是创造性地挪用了香港电影传统的“夸张美学”。大卫·波德威尔（David Bordwell）在《香港电影的秘密：娱乐的艺术》中对香港电影的夸张美学进行了阐释。他借用一位评论者对香港电影的评价“尽皆过火，尽是癫狂”，指出香港电影富于创意地继承和发展了大众流行电影的核心元素：“除趣味粗鄙，用画面交代故事外，还提供官能刺激与煽情效果，以及把生动的片段配合调子急转弯，还有行之有效的传统做法等。”②陈果拍摄独立电影之前在电影工业中工作多年，对于流行电影的特点并不陌生。《好莱坞》挪用香港主流电影的夸张美学，却篡改了它的功能。夸张美学的使用并不是为了引起情绪刺激和感官娱乐，而是将异托邦与其他空间之间断裂、颠倒的关系夸张化，甚至推衍到荒诞的境地，产生震惊的效果。从而引起观众关注并反思现实，尤其是现实中被忽视、不可见的一面。

具体地说，夸张美学在《好莱坞》中主要表现在三个方面：动物化的身体再现，色彩的使用，怪诞的叙事。第一，身体的过度呈现是流行电影的一大特色。尤其是在喜剧电影中，身体的过度呈现常常成为笑料的来源，制造娱乐效果。

① Michel Foucault, “Texts/Contexts: Of Other Space”, *Diacritics*, Spring 1986.

② 大卫·波德威尔：《香港电影的秘密：娱乐的艺术》，何慧玲译，海南出版社 2002 年，第 23 页。

香港的流行电影尤其“沉迷于人体极端状况”[①]。在《好莱坞》的开头，镜头对准了朱老板一家肥胖的身体，并且不断将他们和圈养的肥猪交叉剪辑，使得人的身体与猪的身体产生了一种微妙的同构关系。(图2)这种动物化的身体呈现，并不是为了刺激感官娱乐，而是为了达到一种非人化的效果。人的非人化与村民们基于本能的生活形态相互应和，共同凸显了大磡村与香港的现代化进程脱节的现实。

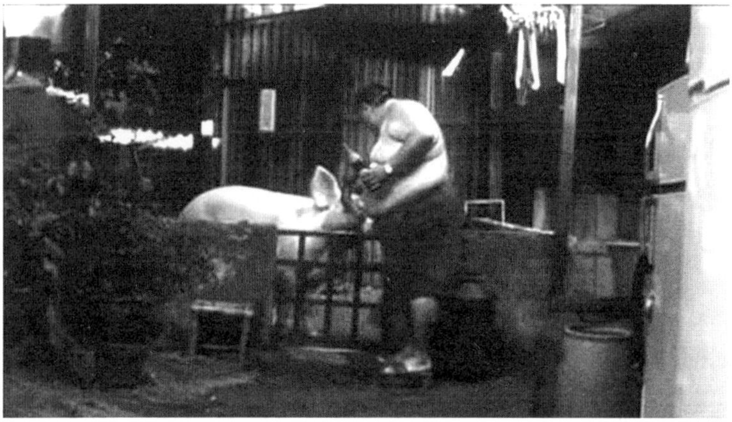

图 2

第二，色彩是构成流行电影的另一重要元素。香港电影对于色彩的掌控尤为出色。波德威尔将色彩的运用作为好莱坞电影和香港电影的一大区别。他认为，“好莱坞认为写实需要灰沉的泥土色调，在他们的银幕更趋灰暗、色彩设计日益低调之际，香港电影人运用的色彩却斑斓夺目”[②]。在《好莱坞》中，陈果充分利用了红、蓝、绿这“三原色”来建构大磡村村民的生存空间。例如，朱老板的家以绿色为主导，辅助零星的红色和蓝色作为点缀。而强哥的房间则以红色为主导，墙壁和床铺为蓝色，而房间中间的一张桌子则是绿色。红、蓝、绿之所以被选为“三原色”，是基于人是三色感光体生物，人眼的生理结构决定了人对红、蓝、绿三色最为敏感。陈果有意使用人眼最为敏感的三原色来制造

① 大卫·波德威尔:《香港电影的秘密:娱乐的艺术》，何慧玲译，海南出版社2002年，第17页。
② 大卫·波德威尔:《香港电影的秘密:娱乐的艺术》，何慧玲译，海南出版社2002年，第200页。

一种视觉惊颤效果，从而使不可见的大磡村重新变得可见。

第三，怪诞的叙事是《好莱坞》的又一特点。陈果曾经说过，《好莱坞》集结了他过往作品中全部的黑色幽默元素。[①] 然而，这些黑色幽默元素并非借自西方的黑色电影，而是更多地从香港电影（尤其是香港喜剧电影）中获得灵感。首先，陈果借鉴了香港喜剧常见的怪诞风格，尤其是通过拼贴并置的方式达到怪诞效果。在制造喜剧娱乐效果的同时，也强化了大磡村与其他空间之间的巨大隔阂以及相互遇合时的剧烈冲击。其次，陈果套用了香港喜剧电影中常用的"搞错了"的叙事俗套。片中多次出现这种叙事俗套：黑社会错把另一个同名的青年认作强哥；阿细错把另一个人的手臂给了强哥；朱老板错手杀死了自己的雇工。"搞错了"的叙事俗套在制造幽默效果的同时，也凸显了大磡村的失序混乱和村民内心的焦虑无措。

二、许鞍华的《天水围的日与夜》

许鞍华是香港新浪潮的代表人物和常青树，迄今已经拍摄了 20 余部电影。尽管她拍摄的电影在风格和类型上差异巨大，但是正如一位评论者所说的那样，"许鞍华最好的作品都是关于日常抗争中的平凡、无名的女性，以及被香港主流叙事边缘化的人群"[②]。这个论断同样适用于她的《天水围的日与夜》（下称《天水围》）。

（一）天水围：不一样的日常空间

《天水围》围绕着住在天水围公屋区的贵姐、她的儿子张家安、邻居婆婆展开，讲述他们自己以及他们各自的大家庭里的琐事。贵姐在一家超级市场工作，张家安打发着暑假的时光。贵姐和婆婆因为同在超市工作和同住天水围而结缘。贵姐有两个弟弟，他们偶尔一起吃饭，又一起照顾生病住院的妈妈。

---

① Esther M. K. Cheung, *Fruit Chan's Made in Hong Kong*, Hong Kong: Hong Kong University Press, 2009:143.

② Mirana M. Szeto, "Ann Hui at the Margin of Mainstream Hong Kong Cinema", *Hong Kong Screenscapes: From the New Wave to the Digital Frontier*, eds. Esther M. K. Cheung, Gina Marchetti, and Tan See-Kam, Hong Kong: Hong Kong University Press, 2011:51.

婆婆有一个外孙,外孙跟着她已经再婚的女婿生活。婆婆本想去沙田送给外孙礼物,但礼物却被女婿拒绝。影片的最后,贵姐、家安和婆婆一起愉快地庆祝中秋节。

天水围,位于新界,原本是规划为公屋与其他类型住宅混合的新兴卫星城。但受到1998年金融危机的影响,城内许多建筑项目停滞并改为公屋,天水围于是成为巨大的公屋集中区,成为低下阶层、外来人群的聚居地。由于常使人联想起"贫穷",加之近年多发暴力事件及家庭伦理惨案,而被主流媒体冠以"悲情城市"的名号。与《好莱坞》里阶层的空间化相一致,《天水围》中的人物同样以是否居住在天水围为界而划分为两个不同的阶层:一个是住在天水围的中下阶层,包括贵姐一家和婆婆;一个是住在天水围之外的中上阶层,包括贵姐的两个弟弟和婆婆的女婿。

所不同的是,作为一部家庭伦理剧,《天水围》以现实主义的手法从日常生活的角度来审视两个阶层之间微妙的联系和区别。一方面,《天水围》捕捉到两个阶层建基于历史的情感联结。片中贵姐在1970年代曾经是工厂女工,并且为她两个弟弟出国留学提供了经济支持。正是由于贵姐的帮助,他们才有机会通过教育改变身份,跻身中产阶级。贵姐因此在大家庭中特别受到尊重。而贵姐的故事其实是香港历史的真实反映。在1970年代出现的第一代中上阶层中,不少都有家中大姐做工贴补家用,以及自己居住公屋、串塑料花的早年记忆。①

另一方面,虽然两个阶层之间有着深厚的历史联结,但是伴随着社会经济的发展,两个阶层之间的区别也日益明显。许鞍华非常细腻地捕捉到两个阶层在日常生活方式尤其是消费方式上的区别:中上阶层日益和全球化接轨而实行一种高消费的生活方式,低下阶层则更多地继承和保留了香港传统的生活方式。换言之,他们维持了一种节制的反消费的生活方式。在影片中,这种生活方式细腻地体现于日常生活——衣、食、住、行——的细节之中。

例如在居住空间上,贵姐母子所在的天水围是公屋聚集区,在房屋建筑上

① 潘燕:《香港中产阶级:处境尴尬不被羡慕》,《环球视野》2010年8月26日,http://www.globalview.cn/ReadNews.asp? NewsID=22088.2017.08.13.

比较偏重实用性。从片中为数不多的几个远景镜头中不难看出天水围住宅的密度高、外观不豪华。而贵姐和婆婆的内部家居也都十分朴素简单。尤其是婆婆家里的摆设——老照片、旧式的茶杯、防蚊罩、神位——显示了这种简朴的生活方式是传承自香港的历史传统。许鞍华并未直接再现贵姐弟弟们的居住空间。但是通过片中的对话，观众可以了解到贵姐的大弟弟住在西贡匡湖居，小弟弟住在沙田。匡湖居是香港西贡的一处豪华住宅区。沙田是1970年代香港兴建的另外一座卫星城。由于在设计和规划上的成功，沙田渐渐发展成为香港人口密集度排名第二的卫星城，也成为香港中产阶级的聚居区。影片通过一明一暗两种空间再现方式，反映出姐弟们阶层的差异。

和朴素简易的居住环境一致，贵姐母子在饮食、衣着、出行方式的选择上也在在体现出一种节制朴素（或者说"反消费"）的生活方式。这和中产阶层高消费的生活方式形成了对比。具体参看下表：

	中下阶层	**中产/中上阶层**
衣	T 恤	西装、礼服
食	鸡蛋、青菜，饭后打包	燕窝、鱼片粥
住	天水围公屋	沙田、西贡匡湖居
行	公交车	私家车

生活方式的不同，既使得低下阶层与中上阶层出现微妙的心理疏离，又促使低下阶层内部建立起亲密的社群意识。这主要表现在贵姐和婆婆的互动关系上。贵姐和婆婆从陌生到熟识，其中有一个场景特别具有意义：婆婆去商店买电视，但是因为运送费用高而犹豫。这时贵姐主动提出帮助，让儿子张家安帮婆婆把电视搬回家。以这个情节为契机，贵姐逐渐和婆婆建立起深厚的情谊。在这里，贵姐之所以能够与婆婆互帮互助，正是基于她对婆婆经济状况和生活方式的了解与体谅。而这种建立在相似生活方式基础上的亲密社群意识，也在某种程度上重写了天水围的空间意义，使得拥挤、冰冷的天水围重获浓厚的人情味。

(二)节制美学:风格与主题的复调

和低下阶层节制的生活方式相一致,许鞍华富于创意地使用了一种反消费的节制美学来再现他们的生活。节制美学可以说是现实主义电影一种常用的美学风格。现实主义电影理论大师巴赞(Andre Bazin)在意大利新现实主义电影的启发下就明确提出,现实主义电影应通过节制电影语言来减少对于客观现实的主观介入,从而使得真实能够被呈现出来。类似的理论观点和实践操作在后来的现实主义电影中还有不断的继承。例如丹麦的"Dogma 95"运动就提出了"纯洁誓言"(Vow of Chastity),认为应节制和纯化电影语言的使用,在有限的形式内激活出无限的创意。[①] 在亚洲,小津安二郎和侯孝贤的写实电影将现实主义的这些基本原则与本民族的美学传统进行了融合。他们的作品,不仅限制电影语言上的花俏,同时还严格地控制演员的情绪与移动、背景的设计、光与颜色的使用等等。[②] 其背后所体现的是极简形式与丰饶意味之间辩证统一的东方美学思维。《天水围》的节制美学主要体现在三个方面:情节的简单、对话的精练及镜头语言的克制。

首先,电影中的故事情节非常简单。就像片名所显示的那样,《天水围》所再现的就是人物每一天周而复始的日常生活。影片中没有戏剧性的情节。某种程度上说,《天水围》是刻意反戏剧性的。许鞍华在一次采访中说到她第一次看到剧本时的感受:

> 一路都不知道将会发生什么,时时都猜错,例如一开始你会以为那位母亲(女主角)是被她的有钱弟妹欺负,但原来不是,她才是家庭中最大的功臣、最受尊重;然后我会以为那位儿子很顽劣,但原来他才是最乖;我以为 Miss 徐跟那名儿子之间有爱情存在,但原来没有;我以为那位婆婆会死,但原来是第二个角色死。[③]

---

① Von Trier, "Idioterne. Manuskrip og dagbog", *Purity and Provocation: Dogma 95*, eds. Mette Hjort, Scott Mackenzie, London: British Film Institute, 2003:75.

② David Bordwell, *Ozu and the Poetics of Cinema*, Princeton: Princeton University Press, 1988:88.

③ 邝保威:《许鞍华说许鞍华》,至高图书有限公司 2009 年,第 157 页。

许鞍华的这番话其实也道出观众的普遍反映。观众频频的错误预估恰恰反映了《天水围》力图打破戏剧性叙事的刻板模式，而旨在回复现实生活平淡的一面。但奇特的是，影片中平淡的情节并不会使观众感到厌烦。当戏剧化情节带来的张力消失后，《天水围》重塑了一种日常生活的张力。许鞍华捕捉到日常生活中不经意的细节以及这些细节之间有趣的呼应。比如说，一个绰号"鸡泡"的同学邀请张家安参加学校的团契活动，并告诉他 Miss 徐可能也会去。张家安拒绝了这位同学的邀请。但是在紧接的下一个镜头中，张家安正在参加这个团契活动。言行的不一致透露了他对 Miss 徐的暧昧情愫以及他怕将这情愫示人的羞涩。两段情节的缝合制造了一种让人会心一笑的幽默感。通过简单的情节，许鞍华成功地捕捉到人物微妙的感受和他们丰富的内心世界。

其次，《天水围》的对话十分精练。影片开始 5 分钟后，才出现第一句对白。在大多数时间里，人物们都十分安静地工作、做饭、吃饭。而这些被严格控制的对话，却能够很好地表现人物的性格以及他们之间的关系。举例来说，每当贵姐安排张家安做事时，家安的回答都是一个字"噢"。然后他就会尽快地将事情做好。一句简短的回答，其实已经暗含了他对辛苦抚养他的母亲的理解。尤其当我们发现他很少对母亲之外的其他人讲这个字时，"噢"在某种程度上已经成为他和母亲之间的情感密码。《天水围》中的对话产生了十分经济的效果，以简单的形式制造了丰富的、令人回味的言外之意。

最后，《天水围》的镜头语言极为克制。影片基本上以中景和近景为主，极少出现远景和特写。当许鞍华严格地控制镜头语言的变化时，她为观众提供了更多的机会去观察不变中的变，去捕捉镜头中的细节。比如说，片中贵姐和家安一起吃晚饭的情境出现了 5 次之多。其中的 4 次，许鞍华都是以相似的方式拍摄，镜头角度和距离几乎一模一样。(图 3－图 6)看似单调乏味的镜头语言，却为观众提供了一个稳定的视角去仔细观察晚饭场景里的种种细节。观众也许会因此而注意到：虽然他们的晚饭一直是青菜和鸡蛋，但是贵姐不断变化着鸡蛋的做法，煎、炒、蒸、炖不一而足。而这个细节恰恰可以反映出贵姐的乐观，以及她利用有限资源来丰富生活内容的智慧。

图 3—图 6

因此，我们可以说许鞍华在《天水围》中运用了节制的美学风格。通过简单的情节、精练的对话、克制的镜头语言，许鞍华成功地再现了中下阶层细腻的生活情境和丰饶的内心世界。而这种节制美学的使用，要部分地归功于许鞍华对 DV 摄像机的创造性利用。因为受到资金的限制以及渴望探索 HD 带来的技术革新，《天水围》成为许鞍华的首部 HD 作品。而许鞍华在发挥 DV 摄像机优势的同时，又巧妙地规避了它的短处。一方面，DV 摄像机使得低成本拍摄成为可能，导演不必为超支而忧心，因此可以在任何时间进行拍摄。这无疑有利于导演从拍摄对象身上捕捉到丰富的细节。另一方面，相对于胶片，DV 摄像机在画面清晰度上存在劣势，但是在《天水围》中，粗糙的画面质感恰恰和中下阶层质朴无华的生活方式形成呼应，达到形式与内容的有机结合。

三、结语

在全球化语境下，香港的阶层分化，造就了城市地理学上的空间区隔。香港中下阶层的居住空间，如寮屋区和公屋区，某种程度上成为边缘空间。《好莱坞》以夸张美学强调全球化对本土中下阶层民众带来的冲击和影响，《天水围》却以节制美学呼应全球化冲击下本土中下阶层依然充满韧性与活力的生活方式。如果说陈果是怀着焦虑的心情描绘了一座无可奈何地被边缘化、被消弭的他者空间,那么许鞍华则以从容不迫的气度再现了一座在某种程度上自甘于其外并且可以和其他空间构成对话关系的底层日常空间。两者从不同的角度探索了底层空间与其他空间、低下阶层与其他阶层,以及本土化与全球化之间的复杂张力。

(霍胜侠,中山大学传播与设计学院,副研究员)

作为新闻实践的非虚构写作①

李文学

非虚构写作,也被称为"叙事新闻"。由于非虚构写作中的"非虚构"暗合新闻实践所秉持的"客观性"准则,所以,这种价值链接让二者在整个文体演进过程中互相影响、形影不离。可以说,非虚构写作从文学的母体中分离,进入到新闻实践的场域,为新闻写作实践提供了新的可能和范式。

一、研究背景

非虚构写作这种文体最早出现于 20 世纪五六十年代的美国。这种文体的出现与当时美国争取民权和反战运动的兴起息息相关。这种新的写作范式的出现,是对传统精英文学的抵抗与决绝,也是对过去以虚构小说为代表的文学写作方式的拒斥,对社会的强烈关注感和介入感是其最明显的表征之一。

---

① 本文系陕西师范大学 2017 年中央高校基本科研业务费新闻与传播学院专项"媒介文化视野下的非虚构写作研究"阶段性成果。

1959 年 11 月 15 日，美国中部堪萨斯州发生了一桩血案，一家四口惨遭杀害。这桩没有明显犯罪动机，也几乎没有留下任何线索的离奇血案，为非虚构写作的出现提供了契机。美国作家杜鲁门·卡波特（Truman Capote）受《纽约客》杂志之邀，历时六年，在六千多页案件调查笔记的基础上，把传统小说的想象力和新闻报道的真实性完美地结合在一起，写出了被认为是非虚构写作雏形的《冷血》（*In Cold Blood*）这部举世皆惊的小说。

非虚构写作以"非虚构小说"的面貌进入大众视野，并与当时新闻界的"新新闻主义"思潮勾连，为当下的非虚构写作新闻实践埋下了伏笔。所谓"新新闻主义"，就是记者在报道时，以真人真事为基础，采用小说的一些技巧，包括从传统的对话到现代主义意识流等小说特有的手法，对事件进行生动的叙述和分析。媒介社会学家迈克尔·舒德森（Michael Schudson）认为，这种"文学性"和"新闻性"交织的写作手法有其历史根源，"文学传统在新闻界根深蒂固，它鼓励记者撰写精彩的故事，而不是四平八稳的客观报道，要求文采飞扬、感人至深"[①]。随之，在《纽约客》《滚石》等新闻媒体的推动下，这种新的写作手法大获成功，逐渐成为一种流行的新闻写作方式。

当然，这种写作手法在随后的发展中也并非一帆风顺，尤其在新闻实践中，时时受到来自"新闻客观性"准则的纷扰。直到 1978 年普利策评奖委员会增设特稿写作奖，才标志着这种新的写作方式获得新闻界的认可；而在文学领域，2015 年 10 月 8 日，瑞典学院将当年的诺贝尔文学奖颁给了白俄罗斯女作家、记者 S. A. 阿列克谢耶维奇，以表彰她对这个时代苦难与勇气的书写。至此，非虚构写作才没有了合法性的隐忧，可以一心一意地书写它赖以存在的这个世界。

非虚构写作进入国人的视野，源于 2010 年《人民文学》从第 2 期开始的"人民大地·行动者"非虚构写作计划。李娟的《羊道》、梁鸿的《梁庄》等一系列非虚构作品走红，非虚构写作从此便以独立的文体形式，进入了国内学者和读者的视野。

随着非虚构写作在文学场域的走红，这种写作热也直接影响到了后来的

① 迈克尔·舒德森：《发掘新闻——美国报业的社会史》，北京大学出版社 2009 年，第 170 页。

新闻实践。一系列如《太平洋大逃杀》《黑帮教父最后的敌人》《1986，生死漂流》等以"非虚构"为写作要旨的新闻特稿被影视公司收购，引起了新闻从业者的关注。由此，2012 年《人物》杂志改版并开始相关的非虚构写作尝试；2014 年《南方人物周刊》改版推出"非虚构"栏目；2016 年，作为"非虚构写作"的"记者返乡日记"走红。

除了传统媒体的非虚构写作新闻实践，在媒介深度融合的今天，传统媒体还借助互联网推出自己的新媒体非虚构写作平台。比较著名的有新京报深度报道部推出的"剥洋葱 people"，其所刊发的《白银杀人往事》等报道在社会上引起了不小的震动。学者展江教授曾如此评价"剥洋葱 people"："看看它在 2016 年重大事件中的表现、阅读量和影响力，就知道剥洋葱的厉害了。选题重公共价值，重独家，坚持新闻专业主义、启蒙、人文关怀的价值观……"[①]

伴随互联网技术的发展，各种自媒体非虚构写作平台也如雨后春笋般出现。腾讯的"谷雨故事"、网易的"人间 the Livings"、界面的"正午故事"以及"中国三明治""地平线 NONFICTION""真实故事计划"等新媒体"非虚构写作平台"应运而生，和传统媒体的非虚构写作一道，造就了当下非虚构写作热的媒介奇观。

二、我国非虚构写作新闻实践的文体演进

在考察我国非虚构写作新闻实践的文体演进时，更多学者认为应该从我们自身的文化中去探究，"就中国古代的史传文学传统、五四时期冰心等作家的'事实小说'……还是 1949 年之后当代中国本土的'非虚构小说'而言，'非虚构写作'都不是一个崭新的话题"[②]。没有无源之水、无本之木，这种一以贯之的文脉，或许才能更好地解释非虚构写作这种文体的演进史。

学者王晖在肯定了我国文学悠久的写实主义传统的基础上进一步认为，非虚构写作的文体渊源应该是 20 世纪 80 年代的报告文学，"报告文学成为 20

① 见于"新京报 2016 年度新闻报道奖颁奖盛典"上展江教授对"剥洋葱"公号的评价，https://www.sohu.com/a/124755106_375839

② 霍俊明：《"非虚构写作"：从文学"松绑"到"当代"困窘》，《文艺争鸣》2012 年第 1 期，第 116 页。

世纪中国文学中最能够与时俱进并勇于承担社会责任、文明批评和大众心声的‘时代文体’”。①

可以说，报告文学为非虚构写作的出现奠定了基础，也为非虚构写作新闻实践提供了可能。学者周勇同样认为，“在国内，‘非虚构’写作的应用可以追溯到20世纪80年代的报告文学，当时的作家常常通过个体层面上升到国家层面来叙述故事，涌现出了一批优秀的作品”②；安徽大学新闻学院副院长刘勇副教授也认为，非虚构写作的新闻实践应该追溯到20世纪80年代的“报告文学”，他还将徐迟的《歌德巴赫猜想》(1978)等报告文学作品作为这种非虚构写作新闻实践肇始的重要表征，认为“进入新时期以后‘文革’的积习一度抑制了新闻界的活力与创造力，记者的文体实践从观念到写法都严重落后于时代。其时的报告文学代替新闻担负起了寻求真相、记录历史的职责”③。

无疑，“报告文学”这种以“非虚构”为内核，但又注重文学表现的写作方式，为当时刻板的新闻实践带来了一股清风。但后来，由于报告文学过于强调“文学性”而与“新闻性”渐行渐远，甚至走上了“虚构”的不归路，到20世纪90年代后“报告文学”渐渐归于沉寂，但这种张扬“文学性”与“新闻性”的写作方式却历久弥新，对后来的文体变革产生了深远的影响。

除了受到国内写实主义文学传统和报告文学的影响，随着1978年开始的改革开放，西方“新新闻主义”思潮的涌入也给我们的新闻实践以新的启示。李良荣教授在论及西方“新新闻主义”理论及其实践时就指出：“新新闻主义其实为新闻特写与通讯题材的写作提供了全新的借鉴范式，甚至可以说提供了变异的可能性。”④由此逻辑，我们也才发现，过去无论是官方媒体所热衷的“新华体”写作方式，还是都市报所热衷的“深度报道”，无一不含有西方“新新闻主义”写作方式的身影。

如果说“新新闻主义”是舶来品，“报告文学”又过分偏向文学场域。那么，

---

① 王晖：《报告文学：作为非虚构文体的文学魅力》，《甘肃社会科学》2005年第1期，第11页。

② 周勇：《新闻广播剧：广播非虚构写作的新尝试》，《中国广播》2017年第3期，第44页。

③ 刘勇：《新闻与文学的交响与变奏：基于对“非虚构写作”的历时性考察》，《现代传播》2017年第8期，第161页。

④ 李良荣：《西方新闻事业概论》，复旦大学出版社2005年，第354页。

随着都市报兴起的新闻特稿，则就更接近于我们今天所言的非虚构写作新闻实践。2003年《南方周末》记者李海鹏采写了在疾病和贫穷下，才力这位“亚洲第一勇士”的死亡经过，让运动员退役后的生活第一次暴露在公众视野。这异于新闻媒体过去对大事件和大人物的偏爱，记者选择了一个已经退役并且死亡了的举重冠军，在扎实的采访和娓娓道来的叙述中，记者以文学细描的手法，用讲故事的方式将这位举重冠军之死呈现在了受众面前。故此，新闻特稿《举重冠军之死》多被认为是我国非虚构写作新闻实践的开端。

将新闻特稿作为非虚构写作新闻实践的文体渊源，无疑更为接近新闻实践的场域本身，也更能表征非虚构写作新闻实践的合法性。中国传媒大学周逵教授就认为，《南方周末》在此之后设立了特稿版，从此全面开启了非虚构写作的新闻实践。与周逵教授观点相似，著名新闻学者范以锦教授也认为，新闻本来就倡导真实性，何来“非虚构”？“其实，所谓的‘新闻领域非虚构写作’就是中国当今流行的一种新闻文体——特稿……是借鉴文学领域的非虚构写作手法应用于新闻领域的一种创新文体。”①

至此，非虚构写作新闻实践的发展脉络大致清晰，这种脱胎于文学的写作方式，逐渐从其文学母体中分离，以自己求真的价值取向、介入性的写作姿态和“在场”表达，与新闻的真实性、客观性等价值取向互为联结，发挥各自的特长，为当下的新闻文体创新提供了新的契机。有时，我们甚至可能难以区分它们的准确界限，但冥冥中，它们却又自成体系，共同建构了我们所赖以生存的世界图景，为我们的精神世界和现实需要提供了各种可能。尤其重要的是，非虚构写作可能恰恰可以提供传统媒体所需要的东西，给传统媒体注入一支强心剂。

三、我国非虚构写作新闻实践兴起的原因

非虚构写作进入新闻实践，成为一种创新的新闻文体和写作方法，是传媒

① 范以锦、匡骏：《新闻领域非虚构写作：新闻文体创新发展的探索》，《新闻大学》2017第3期，第58页。

市场化变革、新媒体发展等多重因素作用的结果。作为新闻实践的非虚构写作，它直接回应了当下新闻实践所面临的困境，在为当下新闻实践寻找新的可能的同时，它也找到了自己出场的机会。

20世纪90年代开始，我国的传媒行业开始了市场化进程。随之，新闻媒体对扩大发行量和影响力的诉求越来越大。在这种语境下，如何以更加优质的内容吸引读者的注意力，从而取得广告商的青睐，就成了决定媒体生死存亡的大事。然而，在我国传统的新闻写作实践中，事实罗列式的“倒金字塔”结构和宣传意味浓烈的通稿体等新闻写作方式，显然难以满足媒体和受众的需要。这样，集“文学性”与“新闻性”于一体的非虚构写作便成为可能。

与此同时，新媒体的出现让越来越多的自媒体成为新的新闻生态系统的一部分。媒介技术在赋权给自媒体的时候，同样也赋权给了新闻受众。相较于传统媒体，自媒体离受众更近，也更知道受众需要什么。这样，为了迎合受众的新闻阅读趣味，非虚构写作的“叙事”特长便得以充分施展。为了吸引受众的注意力，这也就倒逼新闻的写作者不得不重视读者的需要。如此，非虚构写作才有了生长的机会。

除了前面所述的原因，我们知道，新闻除了告知受众需要的信息，同时也在建构他们所认知的世界，“新闻不是反映现实的一面镜子。它是对世界的一种再现，而所有的再现都是选择性的”①。可以说，非虚构写作参与新闻实践，将过去边缘和“非中心”的事物纳入自己的书写对象，极大还原了我们的生活图景。尤其是过去一些属于亚文化范畴问题，如今都在非虚构写作者的笔端得以呈现。作为新闻实践的非虚构写作，给了受众不一样的现实经验和阅读体验，也还原了这个光怪陆离的现实世界，这在过去的报道中是难以想象的。将非虚构写作引入新闻实践，极大补充了过去新闻报道的不足，也为自己找到了存在的合法性。

非虚构写作长驱直入，进入到文学和新闻的场域，亦离不开写作者本身的困顿。“急剧变化的社会结构，远远超出我们原有的经验范围，所以，丧失驾驭当下现实的能力，就会导致想象力的匮乏和文本的‘悬置’。在此语境下‘非虚

① 迈克尔·舒德森：《新闻社会学》，华夏出版社2010年，第40页。

构'找到了登场的时机。"[①]2010 年《人民文学》开设"人民大地·行动者"非虚构写作计划，目的就是"吁请我们的作家，走出书斋，走向吾土吾民，走向这个时代无限丰富的民众生活，从中获得灵感和力量"，并"特别注重作者的'行动'和'在场'，鼓励对特定现象、事件的深入考察和体验"。[②]

回到新闻实践的场域，"贴近实际、贴近生活、贴近群众"的"三贴近"原则一直作为我们新闻工作者的行动准则而存在。这与非虚构写作强调"行动"和"在场"的价值取向殊途同归，它们都要求写作者深入生活实际，反映鲜活的社会生活，可以说，非虚构写作与新闻实践在这一点上也达成了前所未有的默契。

综上所述，作为新闻实践的非虚构写作在国内的兴起具有一定的必然性，它是传媒变革以增强竞争力的需要，也是传媒更好地建构和反映社会现实生活的需要，更是读者对优秀新闻文本的需要，和在新媒体冲击下，新闻文体自身创新的需要。更重要的是，面对日益复杂的社会生活，我们的新闻工作者需要作为一名"行动者"来书写社会现实生活。这样，非虚构写作便成为可能。

四、结语

新闻学是一门实用科学，将非虚构写作引用到新闻学场域，就是为了解决当下的新闻实践困境，为当下的新闻实践提供新的思路和寻找新的可能。

非虚构写作对"叙事"的重视和对"故事性"的青睐，给当下的新闻写作和文本生产提供了新的启示。过去新闻媒体重采访而轻叙事，有着"七分采访，三分写作"的说法。这种思想指导下，记者常常对"叙事"和"文本"用心不够，导致新闻作品千篇一律，难以引起读者的阅读兴趣。而非虚构写作张扬"文学性"的写作方式，正好可以弥补新闻写作这一长期存在的问题。

非虚构写作新媒体平台的蓬勃发展，也为当下传统媒体的新媒体转型和媒介融合发展提供了借鉴。当下的非虚构写作积极拥抱互联网，形成了一大

---

① 蒋进国：《非虚构写作：直面多重危机的文体变革》，《当代文坛》2012 年第 3 期，第 84 页。

② 参见《人民文学》2010 年第 11 期，《留言》与《启事》。

批非虚构写作的“共同体”，他们善于发现新媒体的长处，注重研究利用新媒体平台进行业务拓展，这对传统媒体转型非常有借鉴意义。除此，在过去的经验中，我国媒体一直强调新闻报道做到“三贴近”，但在如何服务读者上效果有待提升。而非虚构写作的兴盛，正是迎合了受众的需要，在这一点上无疑也能对传统媒体有所启发。

总而言之，作为新闻实践的非虚构写作给新闻实践带来新的可能。在今天这个变化多端的新闻业中，作为新闻实践的非虚构写作如何才能扬长避短，更好地服务传媒变革和满足受众的需要，还需在以后的新闻实践中不断地创新发展。

（李文学，陕西师范大学新闻与传播学院博士研究生）

2016年北京网络文学发展现状及趋势分析

王明漩

随着我国网络文学业的稳步发展,作品国际文化影响力的提升,网络文学已然成为文化产业中不可忽视的一个分支。截至2016年底,我国网络文学用户已逾3.3亿,网络文学作者数以百万计,市场规模可达90亿。[①] 近年来,我国网络文学生产出版流程和管理规章制度等方面都得到了进一步完善,相关文化政策等方面也有更大的实施空间。2015年10月习近平总书记发表讲话,提出要大力发展网络文艺,网络文艺充满活力,发展潜力巨大,鼓励推出优秀网络原创作品,推动网络文学等新兴文艺类型繁荣有序发展。[②] 作为我国文化中心,北京是全国网络文学发展繁荣的要地,大量网络文学公司和网络作者集中在北京。其网络文学的发展对我国整体网络文学状况具有重要意义。本文将从北京网络文学的发展现状、新形势和管理情况三方面对北京网络文学2016—2017年的发展情况进行梳理,并通过分析当前存在的问题对其发展前

---

① 王蔚、宋豪新:《网络文学出海,会成为中国的"新文化现象"吗》,《人民日报》2017年3月28日。

② http://news.xinhuanet.com/politics/2015－10/19/c_1116871619.htm

景进行展望。

一、北京网络文学的发展现状

作为依靠互联网为发布平台的新兴文学形式，网络对网络文学的影响不可否认，网络赋予网络文学平民化、通俗化的特色，其开放性、免费性、交互性等传播特征也开启了网络创作的自由化和多样化。近年来我国网络文学的发展伴随互联网进步迎来新一轮的繁荣，北京网络文学也迎来了进一步规模化的发展。

（一）网站发展现状

我国网络文学内容生产发布平台主要以网络文学原创网站、论坛为主，大小网络文学网站、论坛多点开花，同时各综合性的门户网站以其强大资本和实力也介入到网络文学的竞争中，纷纷开设读书频道，这造成我国的网络文学的生产发布平台竞争激烈，大网站兼并小网站、综合性门户网站收编小型网络文学原创网站的现象层出不穷。随着一轮轮的网络文学企业之间的兼并战，当前我国网络文学主要形成了五大集团，即阅文集团、阿里文学、完美百度文学、中文在线和掌阅文学。在这五大网络文学集团中，完美百度文学、中文在线、掌阅文学以及阅文集团旗下部分网站的运营公司设在北京。

在上网导航“hao123”的常用网络文学网站列表推荐的 30 个网站中，所属公司在北京的有 13 个。它们是百度旗下的大型中文原创阅读网站纵横中文网、中国最大女性文学基地之一的晋江文学城、中文在线旗下数字出版领跑者的 17K 小说网、新浪网下的新浪读书频道、致力于打造原创小说的天下书盟、以提供免费阅读为宗旨的飞卢小说网、无线全平台阅读的塔读文学、阅文旗下的言情小说吧和红袖添香、轻博客类的阅读平台磨铁中文网、以奇幻武侠起家的幻剑书盟以及网站新秀黑岩网和香网，分别归属北京幻想纵横网络技术有限公司、北京晋江原创网络科技有限公司、中文在线数字出版集团股份有限公司、北京新浪互联信息服务有限公司、北京天下书盟文化传媒股份有限公司、北京易天新动网络科技有限公司等（见表 1）。

表1 北京主要的网络文学网站

序号	网络文学网站	所属公司
1	纵横中文网	北京幻想纵横网络技术有限公司
2	晋江文学城	北京晋江原创网络科技有限公司
3	17K小说网	中文在线数字出版集团股份有限公司
4	新浪读书频道	北京新浪互联信息服务有限公司
5	天下书盟	北京天下书盟文化传媒股份有限公司
6	飞卢小说网	北京腾飞克科技有限公司
7	塔读文学	北京易天新动网络科技有限公司
8	言情小说吧	北京红袖添香科技发展有限公司
9	红袖添香	北京红袖添香科技发展有限公司
10	磨铁中文网	北京磨铁数盟信息技术有限公司
11	幻剑书盟	北京幻剑书盟科技发展有限公司
12	黑岩网	北京黑岩信息技术有限公司
13	香网	北京大麦中金科技有限公司

除此之外，阅文旗下的小说阅读网（北京网文欣阅科技有限公司）、专注于热血青春的浩阅文学（北京华夏星光网络科技有限公司）、依托铁血军事网主打军事题材的铁血读书频道（北京铁血科技股份公司）等众多网络文学网站都纷设北京。北京以其独特的地理、政治、文化、经济优势吸引了网络文学公司的聚集，坐落在这里的主流网络文学公司占据全国的半壁江山，多家网络文学公司实力相当，保证彼此之间竞争与博弈，为北京地区的网络文学发展带来活力，也为新兴网络文学公司的发展创造了生存空间。网络文学网站为网络作家进行网络文学创作提供广阔的空间，为他们创造网络文学创作和发布的平台，也为他们的作品带来广大的阅读受众。北京的网络文学网站已经成为一个生态圈，各大网络文学网站的网页末端都设有彼此之间网站的友情链接，它们彼此之间在合作中竞争有利于网络文学的多样化发展，刺激网络文学创新。在这样的生态中，不断有新生网络作家和网络作品出现。

（二）网络作家发展现状

随着时代的发展，北京的知名网络作家数量逐渐增多，作品的题材类型也从单一走向多元，从最初的言情为主到历史、武侠、写实等各种网络文学的创作题材多点开花，越来越多的原创型作家出现，带动了网络文学的创新与繁荣，保证了网络文学的活力。本文根据欧阳友权等研究者在《网络文学词典》[①]中的划分方式，将中国网络作家发展分为三个阶段，以此梳理北京网络作家的发展脉络。

第一个阶段是20世纪90年代末期，主要是最早在网络上发表文学创作并小有名气的写手，这个阶段北京的代表性网络作家有邢育森等。邢育森为北京邮电大学信息工程博士，早期混迹于北邮BBS，同宁财神、李寻欢并称为中国网络文学的“三驾马车”，主要代表作有《活得像个人样》《网上自有颜如玉》等，多为网络爱情小说。第二个阶段是2000年至2005年左右，这一时期北京网络作家数量迎来了明显增长，主要代表有江南、王小山、西门大官人等。江南毕业于北京大学，被网易文化誉为“新言情主义掌门人”，后来转向架空历史和玄幻，主要代表作有《此间的少年》《九州·缥缈录》以及《龙族》系列等。王小山曾为《新京报》的文化娱乐部主编，还曾出演多部电影，被认为是网络黑通社写作派的创始人，主要代表作有《大话明星》《亲爱的死鬼》等，以戏说的形式对传统的文学进行故事新编，主要为架空题材。西门大官人是天涯社区的主要写手，初期主要以《睡在花瓣上的夜》《对岸》等网络短篇为写作体裁，后创作自传小说《你说你哪儿都敏感》，这部小说的真实性和先锋派的风格使得西门大官人走红网络。第三个阶段是2005年以后，网络文学界呈现出了白热化的状态，在这个时段一大批网络作家新锐聚集在北京，主要代表作家有酒徒、雪夜冰河、金寻者、辛夷坞等。酒徒是中文在线旗下17K小说网知名签约作家，中国作家协会会员，主要代表作是《明》《指南录》《家园》等，被誉为“架空历史小说的开山鼻祖”。雪夜冰河致力于历史写实类文学，其《无家》（又名《狗日的战争》）获网络文学十年盘点活动“十佳优秀作品”，代表作有《警察难做》《天蝎座》等。金寻者以武侠为主要写作类型，代表作为大唐三部曲和《相忘师》系

① 欧阳友权主编：《网络文学词典》，世界图书出版有限公司2012年。

列。签约于北京儒意欣欣文化发展有限公司的辛夷坞因其作品为赵薇执导的电影《致青春》而妇孺皆知，主要写作青春言情系类的女性情感小说，代表作有《原来你还在这里》《我在回忆里等你》等。

近年来，北京网络作家中更有唐家三少、月关、辰东等人加入中国作家协会，进入主流作家圈。唐家三少是起点白金写手，被称为“中国作家富豪榜网络作家之王”，他写作题材多样，包括奇幻、仙侠、玄幻等，主要作品有《天珠变》《斗罗大陆》等，他的作品体现出网络文学区别于传统文学的无边想象和文学的创新性。月关目前签约掌阅，原来在起点中文网发布自己创作的作品，被称为“网络历史小说第一人”，代表作有《回到明朝当王爷》《步步生莲》，最新作品《逍遥游》《盛唐风华》在掌阅连载。辰东也是北京人，开创太古战争流派，是当前网络小说界最具影响力和代表性的写手之一，主要代表作有《完美世界》《遮天》《长生界》等。

不仅得到体制的认可，北京网络作家也赢得了市场。根据大星文化、作家榜APP和华西都市报－封面新闻的第11届作家榜全民阅读节的网络作家榜，唐家三少、月关和辰东分别以12200万、4800万、2600万的版税位列2017年中国网络作家富豪榜第1名、第4名和第8名[①]，唐家三少连续5年蝉联中国网络作家富豪榜榜首，成为中国网络文学的代表人物。

（三）创作发展现状

网络文学虽然依托互联网为发布的平台，但是它本质上仍然是通俗文学，网络文学具有与传统文学相同的创作特点，紧凑的情节、优美的文笔、深刻的意义依然是读者喜爱的网络文学特征，2016年中国网络小说排行榜在京揭晓，共20部上榜作品（完结和未完结）中有11部属于北京地区的网络文学网站推荐，占据一半以上的分量。通过表2可见，上榜的网络文学作品主要有武侠历史、现代言情和科幻小说。网络文学成为主打青年人的文学，或者热血或者青春，抑或新奇刺激抑或充满幻想，讲述故事穿插爱情线成为一种叙事模式，这表明网络文学的创作主要偏向娱乐化。

① http://mp.weixin.qq.com/s/RRxYfgnnWtxY5EcvSm－IXw＃&safe＝0

表 2　2016 年北京上榜网络小说

序号	作品名称	作者	推荐网站	完成情况
1	男儿行	酒徒	中文在线	完结
2	云胡不喜	尼卡	红袖添香	完结
3	雪中悍刀行	烽火戏诸侯	百度文学	完结
4	打火机与公主裙	Twentine	晋江文学城	完结
5	大宝鉴	罗晓	中文在线	完结
6	你好消防员	舞清影 521	小说阅读网	完结
7	乱世宏图	酒徒	中文在线	未完结
8	一寸山河	作家李珂	铁血网	未完结
9	龙符	梦入神机	百度文学	未完结
10	生物骇客	巷晨虞	百度文学	未完结
11	时光与你共眠	临渊鱼儿	晋江文学城	未完结

在这样的网络文学创作生态下，近年来中国作家协会创办中国作家网，北京文联网站开辟网络文学频道，国家新闻出版广电总局组织开展优秀网络文学原创作品推介上榜活动，致力于发展有质量有文学价值的网络文学作品，通过专家评价和选拔评定精品网络作品，为网络作品创作提供可参考的榜样。

2016 年北京市局推出了经专家审定的 20 部优秀网络文学原创作品，包括《军旅长歌》《守望》《不在别处》等，从文学性、思想意义和叙事深度对其进行评价，为读者选择好的文学作品进行引导的同时也为网络文学创作做出了方向性的指引。网络文学创作逐渐从追求量过渡到更重视质，尤其当下影视剧对于网络文学作品的改编也对网络文学创作进行了方向性的引导。北京通过各方力量刺激网络文学的原创动力，开拓网络文学的原创空间，形成良性和规范的网络文学竞争环境。

表 3 北京市 2016 年向读者推荐优秀网络文学原创作品活动入选作品名单

序号	作品名称	报送单位	作者
1	军旅长歌	北京铁血科技股份公司	烨夫
2	守望	中版集团数字传媒有限公司	苏方圆
3	不在别处	北京精典博维文化传媒有限公司	鲁引弓
4	凤绘江山之浴血嫡女	北京易天新动网络科技有限公司	杀色
5	太玄战记	中文在线数字出版集团股份有限公司	风御九秋
6	完美战神	北京易天新动网络科技有限公司	浪涛
7	凤还朝，妖孽王爷请让道	中企瑞铭科技(北京)有限公司	千苒君笑
8	古代贵圈	北京晋江原创网络科技有限公司	赵熙之
9	仵作娘子	北京晋江原创网络科技有限公司	清闲丫头
10	纪委书记	北京天下书盟文化传媒股份有限公司	罗晓
11	有风自南	北京红袖添香科技发展有限公司	吉祥夜
12	飞猪侠奇遇记	地质出版社	段王爷、乐乐、江江、飞飞
13	邓家铺子	中版集团数字传媒有限公司	半泽
14	运作:搞定项目的秘密	北京天盈九州网络技术有限公司	窦毅
15	素年不相迟	北京红袖添香科技发展有限公司	殷寻
16	香草海	北京豆网科技有限公司	孙恬
17	念你的时间比爱长	北京天盈九州网络技术有限公司	墨九
18	北京青春	北京豆网科技有限公司	陆禾
19	名门嫡后	北京幻想纵横网络技术有限公司	繁朵
20	打破虚空	掌阅科技股份有限公司	百世经纶

(四)网络文学市场现状

北京地区的网络文学市场目前来看主要依靠版权售卖，分为三个部分：一是售卖给出版商出版，二是售卖给影视制作商，三是售卖游戏版权。在当前的情况下，这三部分往往是相辅相成的，一种版权的售卖往往会带动连带效应使得其他版权的售卖也十分容易，而这种售卖的突破口一是网络作家的名声，二是网络作品的点击量，因此网络文学市场的产值主要聚集在几个网络大神或者是几部网络作品中。

在这样的网络文学市场的生态下，北京市新闻出版广电局、北京市怀柔区人民政府、北京广播电视节目制作业协会等举办北京电视节目交易会，为更多的网络作家和网络作品提供自由广阔的网络文学版权交易空间，打破原来的大神壁垒，交易会至 2017 年已成功举办 20 届。[①] 网络文学公司已经成为北京春秋两季的交易会的主要来客，不少网络文学公司携带自己的网络文学作品寻找与影视媒体的合作机会。

近年来，国内市场重视知识产权 IP，网络文学 IP 衍生品井喷，2017 年北京广播电视节目制作业协会联合北京版权保护协会网络出版工作委员会举办"2017 网络文学 & 影视剧优质原创 IP 合作交流会"，邀请两协会的会员单位参与，包括知名网络文学企业和影视制作企业的版权负责人、签约作家、网站主编、影视制作人等 IP 相关人员[②]，致力于带动全国的优质原创 IP 合作交流会活动，促进全国和北京网络文学企业间的版权资源交流和业务互动。

市场在官方的引导和带动下进一步发展扩大，这保证了网络文学企业在北京的生存，在 IP 大热的市场环境下带动网络文学市值有序转化。截至 2016 年底，北京重点网络文学企业的作品 IP 转化改编电影 312 部、电视剧 383 部、动漫画 165 部、游戏作品 167 部、网络影视剧 78 部、出版图书 7474 部。[③]

二、新发展与新动态

（一）生产发布平台的新媒体转向

基于对北京网络文学的长期追踪及现状分析可知，这一领域内的新发展主要表现在新媒体环境下的网络文学生产发布平台转换方面，网络文学已经脱离单纯的电脑屏幕，走向更多的新媒体。这是由于网络阅读平台和电子阅

---

① http://media.people.com.cn/n1/2017/0322/c40606-29161934.html

② http://www.cbbpa.com.cn/index.php? m=newscon&id=375&aid=504

③ http://www.bjrt.gov.cn/zwgk/gzdt/201706/t20170614_91936.html

读终端的发展和普及,传统网站、在线书写编辑的生产发布模式已经满足不了各种新网络终端的需求,移动互联网和新媒体终端的强劲风头使得网络文学向移动终端和电子阅读终端进军布局。

首先,网络文学的新发展是从文字走向听读。结合广播新媒体形式和移动终端APP的形式,当下的有声小说成为一种潮流,许多小说转化成有声小说发布在音频APP上,有如"懒人听书""天方听书网"等以文学听读为主的独立APP,也有如"喜马拉雅FM""蜻蜓FM"等综合性的网络音频分享平台开设的听书频道,北京地区聚集了"考拉FM"等众多网络音频分享平台的母公司。在移动互联网带来的时间碎片化时代,网络文学听读化是文学结合大众传播发展的一种新形式,具有广阔的前景,在未来这也将会改变网络文学的创作方式。

其次,网络文学的新发展是从网站走向移动APP。平板电脑和电子书阅读器的普及也为网络文学阅读带来新的发展空间,当前以北京地区掌阅、百度和小米为主导的三大网络文学阅读APP引领全国的移动阅读APP发展,现在三大APP也均有自己的网站,通过网站推荐APP移动终端下载的链接,在APP终端有同样的书籍可以获取阅读。其次,掌阅还生产自己的电子书阅读器掌阅iReader,提供电子书借阅,这将会取代以往会员付费的形式成为新的在线阅读潮流。这实际上带来网络文学数字出版的新形式。

北京主要的网络文学阅读APP有掌阅科技股份有限公司的"掌阅",小米科技有限责任公司的"多看阅读",百度在线网络技术有限公司的"91熊猫看书"。其中,掌阅集团与五大网络文学集团的其他四家不同,它开始并不是原创的网络文学网站,而是直接起家于网络文学数字出版和电子阅读,在发展中期进行网络作家的签约,开始自己旗下的网络小说原创。掌阅着眼于新媒体时代下APP前沿,将电子书阅读与传统网络文学网站的形式结合,不仅研发电子阅读器"掌阅iReader",其APP软件也上榜应用软件的排行榜,移动互联网数据研究机构QuestMobile发布的2016年第二季度移动阅读APP安卓端数据报告显示,截至2016年9月,在移动阅读类行业的单个阅读APP中,掌阅日活跃用户渗透率排名第一。掌阅2016年举办了首届"掌阅文学创作大赛",共收到来自25700名作者提供的3.7万篇稿件,网友总投票数超过2600

万,总评论数超过58万,大赛挖掘了许多新人作者、优秀作品。[①] 五大网络文学集团中掌阅集团联合百度文学、中文在线等多家数字阅读平台成立"原创联盟",共同推出"精品内容全平台共享计划",开始发力网络原创文学的数字出版。

(二)监督管理制度的新举措

作为全国文化中心的北京,在经济、文化、人才发展等方面,都拥有丰富的资源,能够为网络文学发展提供优越环境和雄厚基础。首先政策优势和完善的互联网建设基础吸引了大量互联网公司纷纷落地,其中不乏注重传播效果和平台的网络文学公司。其次,成熟的电影周、演出季、文化会展为网络文学的发展创造了需求的市场,北京作为大量出版机构、文化公司和众多媒体聚集地的优势,也为网络文学的生产生存和长足发展提供了充足的条件。再次,从国际层面看,作为中国对外交流的主要窗口,北京是许多国际性的文学赛事、论坛、文化交流活动的举办地,为网络文学国际交流和出海提供平台和路径。因此,北京以其极具优势的地位引领我国网络文学的发展。在此基础上,相关管理单位也相应成立行业管理部门和协会,进行更切合地区实际的管理。

各类协会通过吸纳网络作家、成立专门委员会等制度,吸引大批网络写作人才。北京作协于2013年成立网络文学创作委员会,唐家三少任主任。这是全国省级文联系统第一个专门团结网络文学创作者的机构。[②] 该委员会近年来吸纳编入众多创作出优秀网络文学作品的网络作家,开创网络文学作家们对网络文学的创作、编辑、研究的空间,保证网络文学的发展更加精品化、文学化。2016年新加入北京作协的454名会员中,经过确认的网络作家及网文从业者共有29人。[③] 与之前网络作家群体被边缘化不同,越来越多的网络作家成为中国作协和各省作协成员。中国作家协会2015年成立中国作家协会网络文学委员会,近年来其核心层面也不乏北京网络作家的身影[④],唐家三少更是名列中国作协主席团名单。除此之外,北京互联网媒体协会、涵盖地区的网

① http://www.chinaxwcb.com/2017—03/01/content_352550.htm
② http://www.chinawriter.com.cn/bk/2013—11—04/73040.html
③ http://www.chinanews.com/cul/2016/07—22/7948380.shtml
④ http://orig.cssn.cn/wx/wx_zjft/201702/t20170228_3433468.shtml

络文化公司、相关企业联盟等组织也对网络文学平台进行行业规范。实际上，行业内部的自律比外部的强制更有效，网络作家们通过参加各类行业协会形成共同体，通过内部共识和组织架构进行群体内部的动态自我约束和规范。

在网络文学作品的管理方面，也实现进一步的积极细化。继国家新闻出版广电总局印发《关于推动网络文学健康发展的指导意见》后，网络文学作品质量管理手段进一步加强，发表网络作品的作者必须实名注册，这有利于分清网络作者身份归属，并明确了网络文学作品的评价标准。北京市新闻出版广电局积极响应并配合国家新闻出版广电总局行动，于 2016 年 9 月正式启动北京市的网络文学阅评工作，对登载的网络文学作品彻底梳理，杜绝内容粗俗、格调低下的作品上线。组织专家进行审读和阅评，定期归纳整理阅评意见并及时反馈，将进一步健全网络文学管理制度。① 2017 年是北京网络文学质量管理年，北京市新闻出版广电局要求各单位制定具体工作方案，创作生产更多优秀的网络文学作品，努力使其成为繁荣社会主义文艺的有生力量。②

在加强网络文学作品质量管理方面，相关管理部门还从四个方面拟定了具体的行动方案。一是强化导向引导，建立选题引导机制。进一步加大奖励扶持力度，激励多出思想精深、艺术精湛、制作精良、弘扬真善美、传播正能量、深受群众喜爱的原创网络文学精品力作。二是组织专题培训，提高队伍综合素质。聘请专家对网络文学网站编辑进行党的文艺政策、出版法规、内容管理和编校知识等专题培训，进一步提高从业人员思想水平、文化涵养和业务素质。三是完善管理制度，做好网络文学阅评。创新工作方法，加强阅评工作，提高质量效益，促进网络文学健康发展。四是落实有关规定，加强编校质量检查。根据有关出版质量管理标准，于 2017 年 3 月至 9 月组织开展编校质量专项检查工作，督促提高出版质量，建立健全质量管理制度。③

网络版权问题是网络文学产业化之后长期面对的问题。2016 年，伴随更多优秀网络文学作品的出现，抄袭事件也层出不穷。但同时，网络文学版权的保护和维权措施也得到了新的发展。这不仅在于相关政府管理部门进一步完

① http://www.chinawriter.com.cn/n1/2016/0921/c404023－28730094.html

② http://www.sapprft.gov.cn/sapprft/contents/6582/313730.shtml

③ http://www.sapprft.gov.cn/sapprft/contents/6582/313730.shtml

善有关政策，也有赖于行业内部的共识和规范，形成行业自律联盟。国家版权局等四部门连续11年开展“剑网行动”，“剑网2016”实施重点在于整治网络文字作品侵权盗版行为的专项行动，其中具有代表性的8起典型案件涵盖了侵犯网络文学、游戏软件作品著作权，通过网络平台销售盗版制品等案件类型。本年度，中国网络文学版权联盟也宣布成立，掌阅科技股份有限公司、阅文集团、咪咕数字传媒有限公司、阿里巴巴文学网、北京红袖添香科技发展有限公司等33家知名网络文学公司加入联盟，共同发布《自律公约》，反盗维权。[①]

三、北京网络文学目前的问题和相关建议

北京网络文学的发展体现出网络文学发展的新方向，但同时也暴露出不少问题，其中有的是长期存在未得到妥善处理的老问题，有的则是飞速发展中迎来的新问题。作为全国网络文学发展重镇，北京网络文学的问题具有典型性、代表性，相关应对和解决方法也具有示范性。

（一）相关代表性问题

1.网络文学创作模式化

形式单一、模式化、类型化已经成为网络文学的标签，也给公众留下了不良刻板印象。虽然网络文学流派众多，但是体裁以小说为强势，其他文学类型呈弱势。除了网络小说外，诗歌、散文、报告文学、儿童文学、文学理论评论等的网络创作寥寥无几，难以引起关注，相关类型网站建设不足。在网络小说中，北京地区也明显存在题材同质化、写作偏好性别化、趣味固化等问题。本文对北京主要的网络文学网站进行分析发现，北京聚集了众多网络小说网站，但网站内容分类甚至页面板块规划都十分一致，男性作者主要以玄幻奇幻类、都市职场类为主，女性作者主要以言情、穿越类题材为主，缺乏对新题材的探索和拓展。

北京网络文学网站的商业化运营也是网络文学创作模式化的诱因，文化工业化状态下带来的是批量生产。网络小说的生产需求以及互联网信息资源

---

① http://www.sapprft.gov.cn/sapprft/contents/6582/304964.shtml

的集合性、海量性、免费性和数字化的特性催生了大量写作软件。它们可以抓取存储在网络上数以万计的文章写作素材，依托自动生成技术，帮助用户梳理线索，快速自动生成文章。用户只需根据需求进行设置，即可得到不同类型、风格的剧本、小说等。在竞争压力和市场压力下，北京一些网文签约作者依靠甚至依赖于创作软件创作，作品类型化、模式化，僵硬单一、缺乏灵魂。

2.网络版权问题不容忽视

网络文学作品以文字为载体、容易复制，盗版可能性大、成本低廉。同时，兴盛的网络文学产业产生了海量作品，单部体量巨大，为网络文学内容管理和监控带来了较大的挑战。网络盗版不仅侵犯了网络作家的权益，也不利于网络文学创作环境的塑造。网络抄袭也是网络文学中常见的侵权表现之一。如2016年北京卫视热播剧《锦绣未央》，作者秦简深陷抄袭门，与多名网络作家对峙于北京市朝阳区人民法院，导致制作方和播出方的损失。同年唐七公子和晋江原创网签约作家叶笑关于《华胥引》抄袭《十二魂》的起诉事件也闹得沸沸扬扬。以上有关网络作品版权不清晰、抄袭认定划分不明确等问题，不仅给网络作家造成了不良影响，对于网络文学作品的原创性、文学性也造成破坏。这些问题来源于网络数字出版的双面性：数字化出版一方面简化了出版程序、开放了出版门槛，但同时也造成了版权保护的困难。客观上说，内容的同质化和读者趣味的趋同实际上也助长了网络小说彼此之间的抄袭现象。

3.北京网络文学作品市场转化单一

如果说创作模式化、侵权案件未得到有效抑制等是网络文学的共性问题，那么网络文学地域市场的拓展则是北京的个性问题。当前，北京网络文学市场重点依靠影视作品、游戏改编和图书出版。虽然北京聚集了不少知名文学网站和网络写作"大神"，但作品原生网站的阅读付费收益并不景气。近两年来，北京网络文学市场价值的增长点主要来自向影视售卖版权。一方面，网络文学下游开发单一，缺乏多样化经营的渠道，另一方面，也造成了影视制作对网络文学的依赖，彼此成为各自发展的单向出路。当前这种相互捆绑依赖的状况虽然为双方创造了可观的市场价值，但长远来看既不利于影视的发展也不利于网络文学的发展，如果不加以改变，双方将面临封闭僵化的发展道路。

因此，对于网络文学的后端开发、下游企业的多样化扶植、相应产业链之间的供给对接等问题，值得成为下一步北京网络文学行业发展的重点领域。

（二）相关建议和展望

1.强调作者在场意识，培育创新人才

解决北京网络文学创作的单一和模式化的问题，首先应从创作主体抓起。强调主流文学作家的在场意识，加入网络文学创作场域，将丰富的经验、有节制的写作方式和理性的角度带入到网络文学中，提升网络文学的面貌。北京聚集着我国一批高质量的文学作家和主流文学团体，有着提高网文深度和进行网文创新的沃土，尤其近年来以李唐等为代表的北京90后作家从《人民文学》等主流纯文学期刊脱颖而出，他们的作品既有当下流行的风格又具有文学的深度，扶植北京的网络文学需要这批高质量的年轻血液。

同时，网络创作新人培养至关重要，目前北京大学进行的网络文学创意写作培养可以建立稳定的人才培育输送基地，某种程度上解决北京本土网络文学创作人才的缺失。网络文学写作专业化教育也能够提高网络文学创作主体的写作水准和素养，培养具有网络文学知识的专业人才。2016年，阅文集团与苏州大学凤凰传媒学院共同建立创业实训基地，是网络文学人才培训的很好尝试。但这也应当考虑到专业教育与市场选择之间的差距，警惕专门教育可能引起的扼杀网络创作自由和想象力的问题。

2.发挥资源优势，积极海外拓展

发挥文创优势，形成产业供需链。北京网络文学业应借助北京文化创意产业服务平台，积极进行自身拓展。北京的文创产业正处于蓬勃发展的过程中，相关人才集中、资源丰富，目前北京市设立了北京市文化创意产业领导机构和文促中心，各区县也相应设立区县文创产业领导机构和文创办或文促中心。调动北京各网络文学公司把握相关的政策优势和市场空间，发挥文创产业人才优势，打造网络文学文创产业链，这将为北京网络文学发展提供持续的转化出口和源源不断的需求。此外，北京具有网络文学图书出版、影视剧制作、动漫游戏以及服装、玩具、主题餐厅和游乐园等产业链的联动优势，可发挥IP产业链力争将中国的网络文学打造成类似好莱坞产业、日本动漫产业和韩国影视娱乐文化产业的具有标志性的产业链。在相关内容开发时，需特别注重北京文化、中国文化本土资源。

在积极开发本土市场的同时，可考虑利用资源优势进行海外拓展。聚集于北京的众多文学网站拥有海量作品资源，可以考虑鼓励与海外具有翻译能力和读者规模的小说网站进行合作，拓展海外市场，打造中国网络文学品牌形象。目前中国网络文学走出去的一个成功的例子是赖静平创办的美国网站“武侠世界”。2016年，以翻译中国网络作品为主要内容的 www.wuxiaworld.com（武侠世界）受到众多海外读者追捧。据统计，其在美国的搜索排名为746，网站访问比例为27.59%，页面浏览比例为26.79%，全球网站排名三月平均值为1019/日[①]，搜索热度和流量数据皆十分可观。目前，该网站已与中国起点中文网签约，保持了网站翻译来源的连续性，同时也使中国网络文学走向世界。武侠世界为诸多文学网站提供了很多好的先例，也使得中国网络作家可以走向全球开疆辟土。网络文学走红海外不仅将中国网络文学连载的特性带向全球，也为平民文化传播找到了出路，改变了我国传统以国家为主体的自上而下的文化传播路径。这种自发于民间自下而上的文化传播路径为我国文化输出、文化传播和文化产业的国际建设提供了新的可能。

尽管目前中国网络文学的出海之路才刚刚起步，但是在互联网全球化和信息时代，中国网络文学有潜力成为中国对外文化输出的重要部分。这样的前景建立在国内网络文学良性、健康发展的基础上。北京作为全国文化中心，拥有丰富的网络文学资源，在建设成熟、有序的网络文学生态同时，有能力进一步拓展更广泛的市场空间和产业模式，真正起到引领和示范作用。

（王明漩，上海社会科学院新闻研究所2015级新闻学专业研究生）

① http://www.alexa.cn/rank/wuxiaworld.com

笔墨塑造中国：一种文化学的解读

陈 弢

一

笔墨在中国，既是当前的话题，也是古老的话题。就笔墨描述的对象而言，中国无疑是笔墨超级大国；就笔墨的历史痕迹观察，中国的笔墨史，举世无匹。我们现在清楚地知道，中国笔墨史最初的历史分野，奠定于考古学的仰韶文化。

一般认为，中国的笔墨，与教育、文学、书法最相关。然而中国的政治、经济、法律，甚至舞刀弄枪的军事，一向也要笔墨的鼎力支持，才能持久地发展延续。笔墨之于中国的重要，被秦始皇推向极端，焚书坑儒是其弊，书同文字是其利。一副笔墨，两种极端，影响中国数千年。其哲学意味的宿命，由此显现；其发生学的命运，赖由中国文明实践而彰显。一直以来，笔墨跟随历史时空的演进,始终以积极姿态“与时迁移,应物变化”[①],塑造中国的历史面貌,开拓中国的文化领土。

从仰韶至今,时间跨度七八千年,可谓太久。中国的笔墨,由最初的绘画演变成写字。从伏羲八卦到河图洛书,由具象到抽象,再由抽象进化为象形、指事、会意,笔墨一尊于文字记录,中国的历史开始进入繁荣年代。最初的笔墨专家,以史为尚。史既为职务又是职业,因而成为中国历史记录的鼻祖。史以笔墨记录中国,更以笔墨塑造中国的精神文化,由此而成为史学。中国史学之悠久,亦堪称举世无双。现代史家认为:“史学的主题就是人类本身及其行为。”[②]由其功能分野来看,史学一般可以分为两个层面,一面是保持记录功能的元史学,一面是观察借鉴以往历史的应用史学,后者亦可称之为历史研究。在科学水平讨论,“历史研究的最终目的显然在于增进人类的利益”[③]。

二

然而,笔墨如何塑造中国?人们知道嬴政缔造了秦朝,其对后世公众的影响,以考古发现的兵马俑为巨大;而其对中国的深远影响,以皇帝称朕为显著,“朕”以笔墨垄断了汉语第一人称自由史。一般人几乎毫不注意,强大的秦朝,最初却毁于一幅只写有三个字的丝条。《史记》记录了这一故事:秦二世元年(前209)陈胜、吴广凭丹书帛曰“陈胜王”三字[④],立威服众,揭竿而起,继而刘项响应,张楚建立,结果是秦亡汉兴。三个红字的功效,一面是摧毁一个强大帝国的起点,一面又是建立一个新王朝的起点,一反一正,成为笔墨塑造历史的典范。有意思的是,我们清楚知道秦朝灭亡了,却无从知道,陈胜丹书,其字体是古文还是小篆,或者是隶书。以秦刻石考量,应为小篆;以起义者身份考虑,其字应为隶书。此细节司马迁未说明,人们只有猜测。显然,古人忽略了对于中国历史如此重要的笔墨细节,留下难以恢复的遗憾。

---

① 《史记·太史公自序》,中华书局1975年,第3289页。

② 马克·布洛赫:《为历史学辩护》,张和声等译,中国人民大学出版社2006年,第7页。

③ 马克·布洛赫:《为历史学辩护》,张和声等译,中国人民大学出版社2006年,第7页。

④ 《史记·陈涉世家》,中华书局1975年,第1950页。

陈胜之后四百年，汉建安十三年（208），中国又发生一件划时代的历史事件。据记载，其起因本出于一份用笔墨书写的公文通信。关于这件历史性的通信，历史记录说：建安十三年十月，曹操作为汉朝丞相，遗书孙权说："'近者奉辞伐罪，旌麾南指，刘琮束手。今治水军八十万众，方与将军会猎于吴。'权以示群下，莫不响震失色。"[①]其时，孙权的割据势力，经其父兄舍命开拓，据有江东。曹操来函，明显含有挑战通牒意味。这一段文字，犹如晴天霹雳，既令人惊惧，又令人愤恨。何去何从，难于断然抉择。手下大臣多主张"大计不如迎之"。如此，势必拱手交出既得江东之地，沦为曹操手下附庸。只有寥寥数人主张抗敌，宣称"操自送死，而可迎之邪！……将军禽操，宜在今日"。[②]

一场大决战因周瑜与曹操遇于赤壁而展开。貌似强大的曹军，在天时地利不如人意的背景下，以失败逃亡。后来史家评论此战，一言断定："曹操暂自骄伐而天下三分。"[③]三国历史因此初见端倪，魏、蜀、吴鼎立格局草创于赤壁。此论虽非一言九鼎，却足以影响后来对中国历史的认识。三国鼎立故事，后来民间传说经久不息[④]，演成演义式的俗话版本，而历史发生的最初真相，也不免为俗话演义所淹没。在这一视野看来，历史真相暂时冷落在一边，民间俗趣使之一面被消遣，一面也成为被历史讲述的对象。

据记载，曹操遗孙权书，虽有明显的通牒意味，却并未预见一场实力悬殊的大战将以己方失败告终。显然，赤壁之战本非历史的预谋，与后来杨坚伐陈战争不同。涉及赤壁的一切事件，皆由于曹操的一道通牒而随机展开。起初是孙权割据集团因此发生内部惊恐骚动，伴随曹军的逼近，仓促调兵遣将，冒险抗敌，隔江对垒于赤壁。战斗以黄盖"先以书遗操，诈云欲降"揭开序幕，继以黄盖出舰，举帆江中，曹军于对岸隔水观望，疏于防范，致吴军"去北军二里余，同时发火……顷之，烟炎张天……北军大坏。操引军从华容道步走"而结束。[⑤] 依历史记录人们可以知道，一战定三国的赤壁之役，起因于曹操遗书孙

---

① 《资治通鉴·汉纪五十七》，中华书局 1976 年，第 2089 页。

② 《资治通鉴·汉纪五十七》，中华书局 1976 年，第 2090 页。

③ 《资治通鉴·汉纪五十七》，中华书局 1976 年，第 2095 页。

④ 苏轼：《东坡志林卷一·涂巷小儿听说三国语》，中华书局 1981 年，第 7 页。

⑤ 《资治通鉴·汉纪五十七》，中华书局 1976 年，第 2093 页。

权,结束于黄盖以书诈降而麻痹曹军。因此,曹遗孙书,黄诈降书,是清楚的历史预谋,是笔墨塑造历史的最初张本。

建安十三年,值蔡伦发明纸张百年之后,可以断定,曹、黄二书都是以纸为写本。自陈胜之后三百年,笔墨载体在中国发生巨变。其以版本之身参与政治,导致重大军事行动而造就划时代历史事件,开始了以纸张为战略传播媒介的新时代。笔墨潜在的力量,由于媒介的更迭,其承载的文字数量和传播力度,已有显著变化。由于偶然的时空际遇,在曹、孙两军对垒之际,彰显出决定性的历史力量。只不过,赤壁的笔墨版本较之丹书帛,无疑是历史性的升级版。中国的笔墨及其写本,由于纸张问世而走出古典年代,从书诸竹帛,转而书诸纸张。笔墨塑造中国开始了新篇章、新纪元。中国文化领土的版图,因此获得无限的拓展潜力。笔墨创造历史,由于纸张而享有无限的发展空间。

中国的历史故事,使我们有理由相信,即使在空间交通和传播渠道尚不发达的年代,媒介也一直是"活生生的力量漩涡"①。媒介的力量,在中国首先见于笔墨。笔墨从竹帛转身于纸张,中国历史的政治生态,因此蔚然改观。

建安中,曹操下过《求言令》,对相当级别的官员提出要求:"自今诸掾、属、侍中、别驾,常以月朔,各进得失,纸书函封。主者朝,常给纸函各一。"②杨修为曹操主簿,"尝白事,知必有反复教,豫为答数纸,以次牒之而行,告其守者曰:'向白事,每有教出,相反复,若案此第连答之。'已而有风,吹纸乱,遂错误。公怒推问,修渐惧,以实答"。③ 依此看来,操致权书,或由杨修草本,或由他人,如陈琳、阮瑀等④。曹操也常亲手草写教令。建安二十年(215)八月,"魏公操之征张鲁也。为教与合肥护军薛悌,署函边曰:'贼至,乃发。'及权至,发教,教曰:'若孙权至者,张、李将军出战,乐将军守,护军勿得与战。'"⑤此教既署函,自是纸书函封。

---

① 哈罗德·伊尼斯:《帝国与传播·麦克卢汉序言》,何道宽译,中国人民大出学版社 2003 年,第 1 页。

② 徐坚等:《初学记·卷二十一·纸》,中华书局 2010 年,第 517 页。

③ 欧阳询:《艺文类聚·卷五十八·杂文部四》,上海古籍出版社 2013 年,第 1053 页。

④ 《三国志·魏书·王卫二刘傅传》,中华书局 1982 年,第 601 页注(二)。

⑤ 《资治通鉴·汉纪五十七》,中华书局 1976 年,第 2141 页。

据魏明帝遗诏以黄纸的历史记载[①]，以祖孙承续关系考量，曹操手笔及其教令应以黄纸写本。据研究，魏晋常用纸幅多为长方形，有大小两种，小纸幅面尺寸，直高 24 厘米，横长 40.7—44.5 厘米；大纸尺寸，直高 26—27 厘米，横长 42—52 厘米。[②] 以此权衡，曹操遗孙权书，当以八分书写于小幅黄麻纸。

塑造中国历史形态的赤壁之战，由此一页黄纸草写的文字激发起来，大江东去的三国风流故事，便由此历史性的笔墨版本导演开来。在笔墨范畴讨论，八十万众曹军，其最终的命运，竟系于一幅黄纸写就的文本。在宏观历史底层，在历史发生的细节之处，似乎可以宣称：一幅笔墨造就三国格局。

建安十八年（213）正月，"曹操进军濡须口，号步骑四十万，攻破孙权江西营……权为笺与操，说：'春水方生，公宜速去。'别纸言：'足下不死，孤不得安。'"[③]由此纸笺考量，黄盖诈降书自是纸本写就。赤壁之战的导火索，本来也是一纸笔墨。[④] 由此细节权衡，笔墨造就三国，尤为笃定。

赤壁之后三百八十年，开皇九年（589）正月，隋伐陈，不出半月，以胜利告终。自晋永嘉之后，"九州不一，已数百年"[⑤]。隋平陈，"数百年寇旬日廓清。……高名塞于宇宙，盛业光于天壤，逖听前古，罕闻其匹"[⑥]。隋诏此言，看似溢美之词，诚乃纪实之言。这本来是有五十一万八千人参与的大战，其战线"东接沧海，西拒巴、蜀，旌旗舟楫，横亘数千里"[⑦]。如此规模的战争，于旬日之间迅速胜利，秦汉以来，惟隋一家而已。堪与其讨论者，惟晋伐吴而已。

晋隋南伐，结局虽同，但其不同之处亦尤为明显。无论于战略层面，还是战术层面比较，晋之南伐皆逊色于隋。其尤为显著不同之处在于，晋伐吴，于战略层面，即于先战之前的帷幄庙算，便弃笔墨文攻而不用，令其先声夺人之利顿失。致使笔墨苦于寂寞，舆论陷于无声，东西数千里战线，浩浩荡荡二十余万大军，笔墨攻心之能却无用武之处。笔墨沉默，是晋逊于隋的关键之处。

① 李昉等：《太平御览·卷五九三·文部九·诏》，中华书局 1985 年，第 2669 页。

② 潘吉星：《中国造纸技术史稿》，文物出版社 1979 年，第 64 页。

③ 《资治通鉴·汉纪五十七》，中华书局 1976 年，第 2118 页。

④ 《三国志·吴书·周瑜鲁肃吕蒙传》，中华书局 1982 年，第 1363 页注（一）。

⑤ 《隋书·韩擒虎传》，中华书局 2010 年，第 1340 页。

⑥ 《隋书·韩擒虎传》，中华书局 2010 年，第 1340 页。

⑦ 《资治通鉴·汉纪五十七》，中华书局 1976 年，第 5498 页。

其原因，前人偶有讨论。王应麟说："晋之伐吴，杜预曰：'孙皓或怖而生计，则明年之计或无所及。'隋之伐陈，文帝投柿于江曰：'使彼惧而知改，吾又何求？'隋文之识，若优于预矣。以时考之，吴犹有死守之臣，杜预所以诡形而不敢露；陈不闻力战之将，隋文所以衡行而无所忌。预之言近乎实，文帝之言非其诚也。"[①]此说未必公允，亦未必尽实，但可见一斑。

孙子曰："夫未战而庙算胜者，得算多也；未战而庙算不胜者，得算少也。多算胜，少算不胜……吾以此观之，胜负见矣。"[②]以此观察晋隋南伐经历，优劣显然。隋伐陈，庙算良多。尤可说道处，便是隋文帝于南伐前夕，大展笔墨之功，散诏江外，充分运用媒介所蕴含的活生生的力量，去制造冷战的威力，用笔杆子创造出来的软力量去震撼敌人，俘虏人心。在战略层面考量，这是一项高瞻远瞩的战略战术，其用"上兵伐谋"之略，"不战而屈人之兵"之法，为最终的武力南伐清扫战略战场，为军事行动顺利进行铺垫弱阻抗战术空间。后来的南伐迅速胜利表明，隋文帝散诏江外行动所获冷战之功，堪称中国统一战争史上的奇迹。他用先文后武的战略战术，既开创立体化新军事模式，又创造新军事典范，对中国的军事、军事文化，对中国的政治、文化，都做出不可多得的历史贡献。中国的统一史，中国的笔墨史，因此树立历史的信标。

根据记载，隋文帝对南朝展开的笔墨文攻，本来是一场有预谋、有步骤的全面冷战或曰战略传播。

开皇八年三月甲戌，隋"遣兼散骑常侍程尚贤，兼通直散骑常侍韦恽使于陈"[③]。这是一次礼尚往来的邦交行动。然而，使者才出国门，三月戊寅，文帝即下诏声讨陈叔宝，宣示南伐意图。一张一弛，可察其成算在握的从容态度。史载，三月戊寅，文帝下诏曰："陈叔宝据手掌之地，恣溪壑之欲，劫夺阎闾，资产俱竭，驱逼内外，劳役弗已。穷奢极侈，俾昼作夜。斩直言之客，灭无罪之家。欺天造恶，祭鬼求恩。盛粉黛而执干戈，曳罗绮而呼警跸。自古昏乱，罕或能比。君子潜逃，小人得志。天灾地孽，物怪人妖。衣冠钳口，道路以目。重以背德违言，摇荡疆场。昼伏夜游，鼠窃狗盗。天之所覆，无非朕臣，每关听

① 王应麟：《困学纪闻·考史》，辽宁教育出版社 1998 年，第 274 页。

② 《孙子·计篇》，辽宁教育出版社 1997 年，第 1 页。

③ 《隋书·高祖纪下》，中华书局 2010 年，第 29 页。

览，有怀伤恻。可出师授律，应机诛殄。在斯一举，永清吴越。”又送玺书暴帝（陈叔宝）二十恶，仍散写诏书三十万纸，遍谕江外。[①] 一面是诏告天下，一面又以玺书专伐，隋文帝驾驭笔墨的手法，可谓处心积虑，一丝不苟，颇显战略传播大家风范。进一步，十一月丁卯，又“诏购陈叔宝位上柱国，万户公”[②]，极尽侮辱贬损之能，加强笔杆子进攻力度，提升冷战气氛，提升战略传播强度，加深笔墨对于宏观形势的震慑威力。这样，从春三月到冬十一月，连续以诏书、玺书形式对陈开展有步骤的笔墨攻势，宣扬历史公义，为即将开始的武力征伐营造战略优势。

关于“屈人之兵而非战”的笔墨攻伐，现代学者指出，“法国人说的‘精神战’，现在称之为‘冷战’。冷战实际上是信息和形象的电子战”[③]。其战术要害在于以信息征服人心，直观上它作用于视听，震撼的却是人的心灵。它以征服心灵为目标，实行起来却毫不杀生，一改“过去的‘热战’用武器把敌人一个个打倒”[④]的流血局面，战争形式因此变得温文尔雅。所谓精神，一般指人的思想和心灵状态。所谓精神战，便是用智慧的方式对人类心灵实施不动声色的压迫，迫使其成为信息的俘虏。“兵者不祥之器，非君子之器，不得已而用之。”[⑤] 所以，孙子曰：“凡用兵之法，全国为上，破国次之；全军为上，破军次之……是故百战百胜，非善之善者也；不战而屈人之兵，善之善者也……故善用兵者，屈人之兵而非战也。”[⑥]以此理论权衡，隋文帝散诏江外之举，胆识无比，英明无比，军事贡献无比，笔墨之功无比，堪称古代战略传播典范。

在战略层面观察，以笔墨代兵伐，费力少见效多，兵不战却可以屈人之兵。在战术立场审察，以笔代战，其最耀眼处在于“屈人之兵而非战也”。不战即无伤亡，也便无消耗，将战争危害在战术层面降至最低。就此看来，无论军事理论家还是军事指挥家，对于笔墨文攻的娴熟程度和应用水平，应是较量其军事智慧高下的最后分野，以孙子的观点看，军事才能的最高境界是“不战而屈人

---

① 《资治通鉴·汉纪五十七》，中华书局 1976 年，5496 页。

② 《隋书·高祖纪下》，中华书局 2010 年，第 31 页。

③ 马歇尔·麦克卢汉：《理解媒介——论人的延伸》，何道宽译，商务印书馆 2009 年，第 418 页。

④ 马歇尔·麦克卢汉：《理解媒介——论人的延伸》，何道宽译，商务印书馆 2009 年，第 418 页。

⑤ 《老子·偃武第三十一》，辽宁教育出版社 1997 年，第 9 页。

⑥ 《孙子·谋攻篇》，辽宁教育出版社 1997 年，第 2 页。

之兵”。

既然秦亡始于笔墨,汉兴由于笔墨,三国鼎立亦由于笔墨,则笔墨之于中国的重要性显而易见。或鉴于此,隋文帝伐陈前夕,大张旗鼓,既行诸玺书又施于散诏,笔墨的力量,媒介的能量,在此都并作冷战利器、战略传播的软实力,专门为其武力南伐开创胜利背景服务。南伐迅速胜利的事实显示,散诏江外的笔墨之功大获成功。然而,其对于南伐胜利、中国统一究竟有多少贡献,在历史的天平上,终究应置于何处?对此,观察途径诚多,仅列其一二。其直观功效,可由晋隋南伐所经历的战争过程长短较优劣,见巨功,亦可略取旁证,予以高度的肯定评价。

晋伐吴,正式战争由太康元年(280)正月始,至三月壬寅,孙晧诣王濬军门降,历时近三个月。隋伐陈,正式开战于开皇九年正月乙丑朔,至丙戌,晋王杨广入建康,收图籍,封府库,历时不足半月。两者比较,隋伐陈只用了晋伐吴六分之一的时间,差距如此之大,其中原因,散诏之功诚不可轻。

分析隋伐陈速胜之益,宏观讨论其利有三条:其一,“师之所处,荆棘生焉;大军之后,必有凶年”[①]。南伐速胜,极大地减少战斗人员的伤亡,降低大军之后的凶年程度。其二,尽其所能减少战场周边平民伤亡和财产损失,为战后迅速恢复正常生活秩序提供军事保障和战略支持,降低“荆棘生焉”的程度、范围。其三,“兵久而国利者,未之有也”[②],“久暴师则国用不足”[③]。速胜,既极大地缩短战争时长,更极大地减少或节约军事物资的消耗。这样,既减轻国家经济负担,又有利于国家政治安定。孙子曰:“凡用兵之法,驰车千驷,革车千乘,带甲十万,千里馈粮,则内外之费,宾客之用,胶漆之材,车甲之奉,日费千金,然后十万之师举矣。”[④]以隋军五十二万之众,其一日之费,何止千金。而节省其两个月的军事消费,又何止百千万金!

再看历史旁证。魏咸熙元年(264)冬十月丁亥,诏徐绍为散骑常侍、孙彧

① 《老子·俭武第三十》,辽宁教育出版社 1997 年,第 9 页。
② 《孙子·作战篇》,辽宁教育出版社 1997 年,第 1 页。
③ 《孙子·作战篇》,辽宁教育出版社 1997 年,第 1 页。
④ 《孙子·作战篇》,辽宁教育出版社 1997 年,第 1 页。

为给事黄门侍郎使于吴，相国司马昭致书吴主孙晧，谕以祸福。[①] 史载："时将发使聘吴，并遣当时文士作书与孙晧，帝（司马昭）用勖所作。晧即报命和亲，帝渭勖曰：'君前作书，使吴思顺，胜十万之众也。'"[②]当时文士云集，二阮两潘皆为文章名流，荀勖脱颖而出，一纸手笔竟"胜十万之众"，功劳可谓大，评价可谓高。此例对于观察、理解隋文帝散诏江表之举的现实价值，无疑是最佳参照。

三

在一定程度，以笔墨、言词告谕、抚慰敌方的方式，便是精神战，便是明显的战略传播行为。精神是视而不见其形的软力量，虚而不可实见的智慧能量。其威力之大，虽不易具体测量，在一定条件下，却行之有效，大得人心，具有不可替代之功。隋文帝散诏江外，也是一场规模庞大的精神战。隋平陈，得"州三十，郡一百，县四百"[③]。就此而论，三十万纸散诏可谓州郡县全面覆盖有余。然而，散诏的实际功能和军事意义，虽不易处处见其真相，却也有明显之处可观。伐陈胜利，贺若弼与韩擒虎争功。"弼曰：'臣在蒋山死战，破其锐卒，擒其骁将，震扬威武，遂平陈国。韩擒略不交阵，岂臣之比！'擒曰：'本奉明旨，令臣与弼同时合势，以取伪都。弼乃敢先期，逢贼遂战，致令将士伤死甚多。臣以轻骑五百，兵不血刃，直取金陵，降任蛮奴，执陈叔宝，据其府库，倾其巢穴。'"[④]韩贺争论，从侧面显示散诏江表已见其效。从战略层面观察，它已经为具体的战术行动，开辟出令敌人军心摇动的利好战斗环境。如伐陈之战方七日，正月辛未，"韩擒虎进攻姑孰，半日，拔之，执（樊）巡及其家口，皋文奏败还。江南父老素闻擒虎威信，来谒军门者昼夜不绝。鲁广达之子世真在新蔡，与其弟世雄及所部降于擒虎"[⑤]。

---

① 《资治通鉴·汉纪五十七》，中华书局 1976 年，第 2489 页。
② 《晋书·荀勖传》，中华书局 1987 年，第 1153 页。
③ 《资治通鉴·汉纪五十七》，中华书局 1976 年，第 5515 页。
④ 《隋书·韩擒虎传》，中华书局 2010 年，第 1340 页。
⑤ 《资治通鉴·汉纪五十七》，中华书局 1976 年，第 5505 页。

杜佑于《通典》记录了这样的故事：孙膑谓齐主曰："凡伐国之道，攻心为上，务先服其心。"[①]"攻心为上"无疑可视为战略传播的经典方法。显然，杨坚比杜佑更早知道此事。其散诏江外，笔墨工程浩大，付诸实施诚然不易，其最初的思想动机，或出于孙膑。而历史遗产对于人类的利益之处，也由于孙、杨之间的历史对话，再创人间奇迹。以笔墨所凝聚的非武力可比的活生生的震撼力量，慑服陈国人心，应为隋文帝散诏江表的战略初衷。其现实之功显而巨，其遗留之利亦伟而明，既可为军事典范，又可为笔墨楷模。

西方学者有一段关于文字的论断："文字被推向极端以后，就成为官僚体制专门化的代理。"[②]在中国，文字即为笔墨。宁静时刻，文字与笔墨各自独处，行动之际，文字与笔墨浑然一体，势不可挡。伐陈之际，隋文帝下诏于杨广曰："九州不一，已数百年，以名臣之功，成太平之业，天下盛事，何用过此！"[③]将此话语转译成学术语言，即为"帝国自然禁不住诱惑，要用文字、纸张和官僚体制，来寻求空间上的扩张"。[④]

隋伐陈散诏江外是在中国封建社会的鼎盛岁月，为服务于国家利益，将文字"推向极端"的典型之一，它与秦皇的焚坑之举，正好构成中国笔墨史的两个极端。其诏全文七百余字[⑤]，以当时诏书制度，皇帝诏书要一诏写四本，有底有宣，先由中书(内史)舍人草诏，再由书吏或楷书手用隶书抄写，再由相关人员签署函封，方可传达。隋唐隶书即今之楷书，七百余字的长诏，用楷书一字一字抄写，直至三十万纸，其抄写之功，早已胜过洋洋大观之比，若将此散诸江表陈国之境，其实行之功，仿佛天方夜谭。笔墨的威力，由于隋文帝散诏之举，既创造了军事奇迹，又创造了文字奇迹。纵观世界历史，在公元六世纪，能于旬日之间迅速完成一场东西战线长达数千里的南北统一战争，当时世界，惟隋而已。堪与其比肩而论者，惟东罗马帝国查士丁尼发动的"西征"。虽然，有学者

---

① 杜佑：《通典·兵十四·先攻其心》，中华书局 2007 年，第 4155 页。

② 参见哈罗德·伊尼斯《帝国与传播·麦克卢汉序言》，何道宽译，中国人民大出学版社 2003 年，第 10 页。

③ 《隋书·韩擒虎传》，中华书局 2010 年，第 1340 页。

④ 参见哈罗德·伊尼斯《帝国与传播·麦克卢汉序言》，何道宽译，中国人民大出学版社 2003 年，第 5 页。

⑤ 戊寅诏全文载于《隋书·高祖纪下》，第 29—30 页。

称，作为“不眠的皇帝”，查士丁尼“对西罗马帝国的征服堪称一次军事壮举，但在某些方面也是历史的反动”①。隋伐陈正与此相反。而且，在具体的军事层面观察，此“西征”基本是单纯的军事行动，并未表现出改良战争模式的迹象，因此未能对人类军事进步有所贡献。

笔墨与纸张结合，在中国封建社会开拓出中国文化领土的新边界，塑造出中国笔墨文化的传统典范。我们清楚看到，有笔墨处，那是中国文化的开始；有纸张处，那是中国传统文化的新版图。笔墨开拓出中国文化最初的领土；而后，它寄身于简帛，创造出中国古典文化；再转身于纸张，开拓出中国文化领土最广阔的天地。

然而，超越于笔墨纸张之地，无疑便已脱离中国传统文化的最后领土。笔墨是中国文化的发端，纸张则是中国传统文化最后的分野。越过纸张的边界，便已脱离中国文化的笔墨传统，进入后纸张文化，那则是传统文化的新形态、新生代。

（陈弢，辽宁大学新闻与传播学院，教授）

① 杰里·本特利等：《简明新全球史》，魏凤莲译，北京大学出版社 2009 年，第 206 页。

后现代视野下的“身体关怀”与“审美强迫症”

王小平

西方美学从 18 世纪诞生开始就与身体相关。正如伊格尔顿指出的:“美学是作为肉体的话语而诞生的。”鲍姆嘉通将美学定义为研究感性认识的科学,“感性”一词毫无疑问包括身体。但是因为 18 世纪的美学依然没有摆脱中世纪神学对身体的敌视,因此在鲍姆嘉通的美学思想里“身体”依然不是关注的重点,他甚至还把身体视为低级、邪恶、淫荡的东西。鲍姆嘉通提出,像身体这种“‘低级官能’,‘肉体’不应该被煽动至它们的堕落状态,而应该通过美学训练得以控制、改善和适当地引导”。[①] 鲍姆嘉通显然与康德一样,把“道德”看得至关重要。

哲学研究必须“从身体出发”是 19 世纪尼采提出的。从此,“身体”成为哲学和美学关注的焦点。“尼采以来的现代与后现代哲学(包括胡塞尔、梅洛-庞蒂、弗洛伊德、拉康、福柯、德勒兹等人的哲学努力)则完全颠覆以往哲学对身

① 理查德·舒斯特曼:《实用主义美学》,彭锋译,商务印书馆 2002 年,第 352 页。

体的偏见和抵制态度，使得身体成为哲学话语中一个相当活跃的研究对象。"① 西方的哲学是追寻事物本源的"形而上学"，"理性"是形而上学认识事物本质的工具，长期以来被西方文化视为人的本质所在，它从文化等级上高于身体。这是西方理性哲学奠基人柏拉图所划定的等级、坚持的主张。柏拉图认为，"身体对于知识、智慧、真理来说，都是一个不可信赖的因素，身体是灵魂通向它们之间的障碍"。柏拉图断定："我们要接近知识只有一个办法，我们除非万不得已，得尽量不和肉体交往，不沾染肉体的情欲，保持自身的纯洁。"②可以说，"形而上学"一直就是站在"反身体"立场上的，"形而上学从来就不愿将身体看成是人的本质，因为，身体是动物性的东西，是人和动物共同分享的东西。人要摆脱自身的兽性，就必须以最大的可能性排斥自身的兽性基础：身体。人越是纯洁，越是作为一个精神信徒，就越是要摆脱欲望身体的限制，就越要将身体的力量减至泯灭状态；人越要变得理性，越要充满目的和计划地实践，越要获得一种绝对精神和科学知识，就越要摆脱身体盲目而混乱的偶然性。"③

当然，古希腊也有主张人生的目的是追求快乐和幸福的哲学家，他们反对理性对身体的控制和压迫，突出代表是伊壁鸠鲁学派，伊壁鸠鲁在人生观上实现了对苏格拉底和柏拉图的理性观念的突破——他不再认为人生的目的是对知识和美德的追求，幸福和快乐并不只是与精神、灵魂的满足有关，而且也与身体和欲望有关。伊壁鸠鲁把感情和感觉的快感当成人生幸福的最高原则，指出："愉悦和快感是人的一种基本情态，是人的一生中应该追求的目标。"④同时，伊壁鸠鲁也颠覆苏格拉底关于善与恶的评判标准，在他看来，"善"与"不善"并不是由"道德"和"不道德"决定的，而是由人们"快乐"和"不快乐"决定的。不是精神决定身体，而是身体决定精神。"人的心灵及其活动实际上隶属于身体。因此对人来说，一切肉体和精神方面的活动，都是以身体所产生的感情和感觉为基础。一切快感和痛苦，归根结底，都可以归结为肉体方面的感觉。一切有关善与恶的道德问题，都必须靠快感和痛苦来判断；快乐的就是

---

① 廖述务：《身体美学与消费语境》，上海三联书店 2011 年，第 1 页。
② 柏拉图：《斐多》，杨绛译，辽宁人民出版社 2000 年，第 17 页。
③ 汪民安：《尼采与身体》，北京大学出版社 2008 年，第 261 页。
④ 高宣扬：《福柯的生存美学》，中国人民大学出版社 2005 年，第 438 页。

善，痛苦的就是恶。”[①]但总的来说，强调“理性”“精神”的重要性始终在19世纪以前的西方文化中占领主导地位。

后现代美学的转型：“身体美学”的提出

进入20世纪中期以后，“身体”在尼采的哲学和弗洛伊德“潜意识理论”的激发下冲破传统道德文化的约束，日益成为哲学关注的焦点，于是，哲学和美学的中心从理性转移到欲望和“身体”，“身体美学”日渐孕育、产生。梅洛-庞蒂从身体生存现象学角度提出“身体美学”的概念，他认为身体并不是一架只具有生理功能的机器，它还是具有审美感知和审美创造能力的完善的系统。在他看来，“我们的身体不仅具有奇妙的审美能力，而且也富有创造艺术美的能力，为各种可能的美感展现广阔的时空领域，身体创造美，同时也传递美的信息，感受着美的崇高而微妙的特质”。[②] 梅洛-庞蒂之后，福柯对“身体美学”的诞生起到至关重要的作用，20世纪70年代中期之后他提出“生存美学”的概念，福柯的“生存美学”出发点是基于对西方传统哲学观念的不满。他认为，人生的真正目标，不是追求约束我们自己的“真理”、“权力”和“道德”，而是实现“以快乐为目的”的人生审美化。“生存美学就是引导我们走出现状的困境，创造自身的幸福美好生活的实践原则。”[③]

20世纪90年代美国天普大学的舒斯特曼教授提出的“身体美学”这一概念和福柯“生存美学”有明显承续关系。他在《实用主义美学》一书中说道：“身体美学可以先暂时定义为：对一个人的身体——作为感觉审美欣赏(aisthesis)及创造性的自我塑造场所——经验和作用的批判的、改善的研究。因此，它致力于构成身体关怀或对身体的改善的知识、谈论、实践以及身体上的训练。”[④]舒斯特曼像尼采一样主张哲学不应该忽视对身体的研究，哲学是关于人生怎样才是幸福的学问，幸福与人的“五官感受”直接相关，传统哲学分裂灵魂和身

① 高宣扬：《福柯的生存美学》，中国人民大学出版社2005年，第438页。

② 高宣扬：《福柯的生存美学》，中国人民大学出版社2005年，第369页。

③ 高宣扬：《福柯的生存美学》，中国人民大学出版社2005年，第13页。

④ 理查德·舒斯特曼：《实用主义美学》，彭锋译，商务印书馆2002年，第268页。

体、道德和欲望，使理性和感性对立起来，把“理性”和“道德”看作人生幸福唯一标准，直接抛弃对身体的关怀。舒斯特曼竭力要颠覆这一传统，目的是要为“身体”争得在哲学和美学领域里应有的“合法性”。他说：“对美德和自我把握的追求，在传统上被整合在伦理学对更好的生活的追求之中。如果哲学关注对幸福的追求，那么涉及作为我们愉快的场所和媒介的身体的美学，显然应该得到更多的哲学关注。”①舒斯特曼反对像传统那样，把哲学变成与人的生活无关的书斋里的玄想、纯粹理论研究，主张哲学应该是有益于人的生活改善的学问和实践。“如果哲学不仅是理论，还是一种完整的生活实践的话，那么它必须在本质上能在物质生活中体现出来。如果哲学生活是审美的，这就必须要对既作为审美的自我塑造的中介又作为享受审美快感的手段的身体的关注。”②后现代美学认为，美学应该走进人们的生活，成为介入生活改善的工程学，使生活变得更美的各种实践技艺。因此，设计自己，美化自己，“生活应该成为美学项目”③成为后现代美学的典型特征。

“身体美学”与后现代的“符号经济”

20世纪对身体的重视当然与后现代发生的巨大社会、经济变化有关。后现代的经济由传统的“生产型”经济转变成“消费型”经济和“符号型”经济，在后现代一切都被符号化、商品化、美学化。“现代社会无处不在的消费场所以诱人的形象吸引着人们，号召人们去消费，这样就能获得快乐、幸福、成功或身份。”④因此，后现代的美学也不再像德国古典美学那样，排斥审美的功利性——即美的商品化和商品化的美。“德国古典美学家康德、席勒、黑格尔都认为心灵中美学这一部分以及审美经验是拒绝商品化的；康德将人类活动分为三类：实际的、认识论的和美学的；对康德以及其后很多美学家甚至象征主

---

① 理查德·舒斯特曼：《实用主义美学》，彭锋译，商务印书馆2002年，第357页。

② 理查德·舒斯特曼：《实用主义美学》，彭锋译，商务印书馆2002年，第34页。

③ 沃尔夫冈·弗里茨·豪格：《商品美学批判——关注高科技资本主义社会的商品美学》，董璐译，北京大学出版社2013年，第208页。

④ 沃尔夫冈·弗里茨·豪格：《商品美学批判——关注高科技资本主义社会的商品美学》，董璐译，北京大学出版社2013年，译序第12页。

义诗人来说，美、艺术的最大长处，就在于其不属于任何商业（实际的）和科学（认识论的）领域。这里的科学知识是从不好的角度来理解的。美是一个纯粹的、没有任何商品形式的领域。而这一切在后现代主义中都结束了。在后现代主义中，由于广告，由于形象文化，无意识以及美学领域完全渗透了资本和资本的逻辑。商品化的形式在文化、艺术、无意识等领域无处不在，正是在这一意义上我们处在一个新的历史阶段，而且文化也就有了不同的含义。”[①]在后现代，美和艺术不仅带有商品的色彩，而且还具有交换价值和符号价值。对后现代经济的“符号化”新趋向的发现来自法国思想家让·鲍德里亚，他把后现代称为消费主义时代，以便与前现代和现代的“生产型”经济时代相区别，在前现代社会和现代社会，经济活动主导性特征表现为“生产决定消费”，而在后现代社会则是“消费决定生产”，刺激消费欲望，生产消费需求是后现代的首要任务。鲍德里亚认为，后现代是一个“一切都形象化”的时代，即“仿像取代真实”的时代，仿像制造真实，它比真实更加真实——成为“仿真的超真实”，典型的例子是迪士尼乐园的“符号化”象征意义。人们相信迪士尼乐园就是真实的、快乐的美国生活的剪影。后现代的人们消费的不是商品的使用价值，而是消费的具有象征意义的“符号价值”，商品的“符号化”使商品在实用价值之外的意义得到延展，它包含身份、地位、等级的意义，因此消费主义时代的消费成为人们寻找优越感，显露财富、地位的“炫耀消费”（凡勃仑提出“炫耀消费”概念）。后现代“仿像世界”的巨大魅力通过对商品的“奇观化”和“审美化”得以实现。如果说，鲍德里亚还重视符号在后现代的意义和价值，那么斯科特·拉什则看到，消费主义时代的经济对商品的“符号价值”和“实用价值”进行双重消解，后现代商品的符号价值更加突出地表现在“商品的美学化”。“当代政治经济学的客体不仅被掏空了象征符号内容，而且逐渐地被掏空了物质内容。日益被追加生产的，不是物质客体，而是符号。这些符号主要有两种，一种主要具有认知内容，因而是后工业化或信息物品；一种主要具有（最广义的）审美内容，主要是后现代物品（伊格尔顿，1989）。这不仅发生于包含在审美成分的

---

① 弗雷德里克·杰姆逊：《后现代主义与文化理论》，唐小兵译，北京大学出版社 1997 年，第 161 页。

非物质客体（例如流行音乐、电影、杂志、录像等）的激增之中，而且发生于物质客体里符号价值或形象成分的不断扩大之中。物质客体的这种审美化，可以发生于这种物品的生产中，也发生在其流通和消费之中。"①商品的"美学化"能够促进商品的流通和消费是晚期资本主义快速发展的秘密，没有漂亮的商品外观就无法激发人的购买欲望，人们不再看重商品的实用价值，而是更在意商品带来的审美感受和它赋予自己审美品位高低的"符号价值"，及其伴随而来的优越感与自豪感。"商品美学的进一步意义是，感性的外观和商品的使用价值的实在意义交相出现。外观对于完成一项购买行为非常重要，而且事实上，商品的外观比商品的内在本质更重要。当某个商品看起来不像它的'本质形象'，就不会被购买。但是，如果这个商品看起来像它应有的样子，就会被买下。在出售和购买这个体系中，也插入了美学外观，商品的使用价值承诺被设计为独立的销售功能。……商品的审美层面的使用价值承诺成为实现换取货币用途的工具。"②晚期资本主义的社会、文化、经济、生活都在朝着"审美化"的方向发展，英国的费瑟斯通和德国的韦尔施都把此现象称为"日常生活审美化"。"日常生活审美化"已经构成"文化全球化"的重要组成部分。这一"日常生活审美化"潮流不但体现在西方的后现代生活之中，也体现在 20 世纪 90 年代以来中国日新月异的生活之中。

"身体美学"与"日常生活审美化"

20 世纪 90 年代发端的市场经济，推进了中国社会与国际接轨的"全球化"进程，"经济的审美化"成为标志性的镜像。尤其是进入 21 世纪以来，虽然 20 世纪 80 年代的美学大潮已然成为记忆中的往事，但迄今，美学的影响依然像幽灵一样游荡于日常生活之中。伴随后现代思潮和智能手机到来的"微时代"是哲学"宏大叙事"主导地位终结的时代，而"微型叙事""关注日常生活"成为

---

① 斯科特·拉什、约翰·厄里：《符号经济与空间经济》，王之光、商正译，商务印书馆 2006 年，第 6 页。

② 沃尔夫冈·弗里茨·豪格：《商品美学批判——关注高科技资本主义社会的商品美学》，董璐译，北京大学出版社 2013 年，第 13 页。

时代的文化潮流。“微时代”比任何时候都更关注对象带给人的直观审美感受，家庭、餐馆的装修，城市的规划设计，产品的包装，地产商对环境美的利用，人才市场对五官、身材、形象的要求等。可以说，今天我们的衣、食、住、行的方方面面都打上“审美意识形态”的烙印。斯科特·拉什指出：“审美性要素，无论是在流行音乐、电影、休闲中，还是旅游中呈现的，是这一‘新状况’——我们称为‘后现代’——的中心要素。”[①]“美”在后现代不但已经成为“商品”“隐形资本”“秒杀能力”，甚至是一种“生产力”，而且更加突出地被赋予与人生的“幸福指数”和“成功梦想”的实现紧密相关的意义。后现代媒体在这一新的时代潮流中扮演了推波助澜的角色，以电影、电视、网络为主的新媒体将“身体的美”进行“符号化”“商品化”，如时尚杂志靓丽的封面女郎、广告、电影、电视、互联网文化将这个时代的人们引领到注重“形式美”（对好看、漂亮、阳光、青春、光鲜外表的关注）的时代，诸如书籍强调吸引眼球的“个性化”“格调化”“品位化”“美学化”装帧，电影、电视剧、网络剧注重“美女-帅哥”搭配引发的“偶像崇拜”、“粉丝电影”和“追星族”的产生，“美容”“美发”“美甲”“文身”的走俏，以及互联网网站对界面美学效果的强调，图片、视频与文字的综合运用。更为明显的是，广告总是运用类似电影的特技制造“炫彩效果”，“向人们展示非常美好的画面，‘为了在有足够资金和需求的人群中刺激消费，同样也给那些没有条件消费的人提供美好生活的概念’”。[②] 通过广告，人们意识到消费可以带来心理的满足，并实现梦想。女性时尚杂志运用大量精致广告文字和图片“介绍如何在消费市场上购买到美丽、性感、职业成功、烹饪技巧和社会地位。指出‘要做女人，就要知道怎样消费’，宣扬购买行为可以带来幸福”。[③] “日常生活审美化”的潮流助推了“我消费故我在”“我消费我快乐”时代的到来。

事实上，早在 20 世纪 90 年代，随着市场经济发展，在我国内地就形成了吸引眼球的“美女经济”“注意力经济”的潮流。通过传媒手段包装明星的身

---

① 斯科特·拉什、约翰·厄里：《符号经济与空间经济》，王之光、商正译，商务印书馆 2006 年，第 77 页。

② 沃尔夫冈·弗里茨·豪格：《商品美学批判——关注高科技资本主义社会的商品美学》，董璐译，北京大学出版社 2013 年，译序第 6 页。

③ 沃尔夫冈·弗里茨·豪格：《商品美学批判——关注高科技资本主义社会的商品美学》，董璐译，北京大学出版社 2013 年，译序第 7 页。

体，使明星成为“符号经济”的载体，吸引公众的关注、强化公众的记忆，从而产生经济学方面的价值效应。眼球经济的前台主角却是那些千姿百态、青春靓丽的美女。她们无处不在、魅力诱人的身影进入人们的经济生活，掀起阵阵热浪。不管你愿不愿意，美女经济已经成为我们日常生活的一部分，提升了时尚社会的繁荣指数。[①] 不但经济如此，媒体也经常把美女作为“撑门面”、刺激受众胃口的“招牌菜”，如 20 世纪 90 年代到 21 世纪以来频频出现于网络的“写真集”“美女图”，以及经常出现的关于“选美”“选秀”的时装模特比赛报道等。不仅如此，经济利益的驱动，媒体对人气的饥渴，电影电视对票房、收视率的急切期盼，都促使当今社会变成“颜值竞争”的时代。一句话，“美女”“美的外表”似乎已经成为我们这个时代无法抵挡的致命诱惑。

正如国内有学者指出的，“女性诱惑已经成为一种时代文化的镜像，将会引导我们进入一个新的文化领域，领略人性在大众流行文化中的升降沉浮，思考人类文明的未来”。[②] 这是用 90 年代的大众传媒和流行文化的事实来说明“女性诱惑”势不可挡的必然趋势，可以看到流行文化正是看准女性身体是“美”与“性感”结合产生的致命诱惑来获取价值，商家借助女性的身体来获得经济上的超额利润与商业制高点。今天来看，这里的“女性诱惑”主要是指“美女”的诱惑。女性自古以来就是“美”（如《诗经》里的“窈窕淑女，君子好逑”）的载体，进入 20 世纪以来女性多数被看成是“性感”的载体。诸如为了凸显女性的“性感”美，服装设计师发明了紧身的泳装，甚至发明了被称为 20 世纪最具轰动效应的“比基尼”。人们今天可以了解到中世纪基督教禁欲主义对身体的严格管制和约束的历史，同时也可以明白人类在物质匮乏时代对本能欲望的“有意识”和“无意识”压制的原因，能够理解身体的原点就是文化的原点，女性诱惑是向文化的原点的复归，是标志着人的本能继文艺复兴之后的又一次解放。

---

① 许宏、鲁田：《美女经济报告》，作家出版社 2002 年，第 1 页。

② 殷国明：《女性诱惑与大众流行文化》，华东师范大学出版社 2008 年，第 1 页。

“微时代”的另一种审美:当今女性的“审美强迫症”

当前,在张扬“感性解放”、资本控制的文化语境下,“身体的美”已经成为部分青年对身体焦虑的原因。面对这个“以貌取人”“过度包装”的时代,“80后”及“90后”年轻一代将身体当作特别关注的焦点,再也按捺不住对身体的“美学加工”,因为它关系到未来的命运——职业生涯、社会地位、婚姻、家庭等问题。正因为如此,美容、化妆、抽脂、减肥、纤腰成为当今多数人追求的时尚和潮流,甚至带有“自虐”倾向的隆鼻、丰胸、割双眼皮、磨颧骨等“整容”手术也成为在今天这个“美女经济”时代改变命运的幻想。比如2013年由林爱华执导的《整容日记》用事实说明“爱美”“变美”已成为事关部分人前途命运的大事。影视明星明里暗里的整容也进一步催生部分青年女性“一夜之间变美”的梦想和神话。范冰冰最近几年在电影电视上的走红,也成为当下很多女青年“审美复制”的模板,她的“锥子脸”大有成为不可颠覆的“审美范本”趋势。很明显,这一切潜藏着“审美危机”:一个由“多样化”组成的“美的世界”正在被某些统一的“权威范式”所取代,新的“审美霸权”“审美专制”正在孕育,这是审美领域内精神错乱导致的“强迫症”。近年内出现这样的社会与媒体景观:“整容”不但在生活中改变很多青年的外观,甚至在微信上人们能看到大量的“修图软件”“美颜相机”的运用以及“美拍”的流行,其目的是“修正”身体的缺陷和不美的部分,使之更加完善,如对皮肤的“美白”,对瑕疵的掩盖,眼睑的扩大,双眼皮的“制造”以及脸型的重塑。似乎都在符合当代男人“观看”“凝视”的需要,也像在迎合后现代经济的“美学化”趋势——顺应“仿像”“虚拟”的真实取代“客观现实”的时代。不可否认,“身体的美”使当代青年变得更加阳光,对未来更加充满乐观和自信。

对“身体美”的关注热情不减,东西方皆然。舒斯特曼指出:“在我们的新媒体时代,一个最让人吃惊的自相矛盾现象是对身体的突出关注。当长途通信使身体的在场变得不再必要的时候,当媒体的身体构造和整形的电子人手术挑战真实身体的确存在的时候,我们的文化却越来越重视肉体,对肉体的顶礼膜拜，而这在过去是给予了其他受尊崇的神秘事物的。”[①]在这种追求“身体审美化”的潮流背后，人们发现这个时代似乎依然处在“女为悦己者容”的古代。如果说，古代的“身体审美”还保留对来自父母遗传的身体发肤的尊重，仅仅停留在着装、化妆、发髻、配饰的强调上，那么今天的“整容时代”对身体的关怀则某种程度上与传统儒家文化“孝”观念产生冲突。从身体角度来说，“孝”就是对父母身体形象的“薪火相传”，对双亲的遗传基因的传递，以满足前辈对“身体不朽”的原始愿望。在古人看来，后代的身体也是宗族香火的延续。从个体权利和女性主义的立场看，“整容”和“文身”似乎是对身体个体权利的诉求和强调，自由支配自己的身体彰显“我的地盘我做主”的“个体主义”立场与主张，所有行为不再受制于“他人”的个体意志。正因为如此，今天年轻一代甚至不惜忤逆父母的愿望，要逃离父母基因的牢笼。当然“整容”更多的是“一切都成为商品”的后现代主义病态“表征”，在“个体解放”表象之下，凸显的是在这个男权社会，女性依然受控制和被压迫的症候，女性在这个“眼球经济时代”仍然有时会处于“被看”（被观赏，被消费）的商品地位。在这个媒体化生存的时代，人们的身体，特别是女性的身体，已经不可避免地被市场经济所“征用”，头发、耳朵、手指甲、脚趾甲乃至皮肤都已成为部分青年人进行“美学加工、改造”的试验场。甚至可以说，通过美学化、性感、时尚的加工，以及与才艺的嫁接和展示，身体也在日益成为一个价值不菲的“符号商品”。因此也可以说，提升“身体的审美价值”正在成为当今年轻一代实现自我价值的某种途径之一。

结语

舒斯特曼指出，我们今天已经进入一个观念更新的时代，它带来的是对身体的重新认识和重视。“也许享乐主义总是一直同我们在一起，但在这个世俗的后现代时期，它变得更为直言不讳了，‘拥有快乐’似乎通常意味着一个人的最高职责之一。身体不仅是快乐的丰富源泉，还是协调所有情感的中介；因此

① 理查德·舒斯特曼：《生活即审美：审美经验和生活艺术》，彭锋等译，北京大学出版社2007年，第184页。

身体转向构成了我们文化的美学转向的一部分。身体意识和功能方面的改善,甚至可以使普通的身体经验变得更为愉悦。亚历山大(Alexander)认为,这种新的‘来自生活的普通的和有用活动的愉悦’,可以提供足够的满足,以便把我们从‘对特殊快乐和刺激中的不适当的有害的需要’以及从为了其自身的那种有疑问的对快乐的追求中解放出来。”①当然,将女性视为人的本能诱惑,或者像舒斯特曼这样将“快乐”视为“美学的身体转向”的根本动力都还没有触及当代青年对身体特别关注的根本原因。在我们看来,晚期资本主义形成的消费主义潮流,将一切变成商品,一切变成金钱的符号,美的身体可以兑换成货币,有钱就意味成功、幸福、快乐的人生价值观念的泛滥,似乎可以说,“金钱拜物教”可能是整个社会在当下对“身体美”关注的某种内在原因之一。

(王小平,四川省社会科学院文学与艺术研究所,副研究员)

① 理查德·舒斯特曼:《生活即审美:审美经验和生活艺术》,彭锋等译,北京大学出版社2007年,第217页。

微信运动的意义表征与社交媒体中竞技话语权“下放”

徐　木

微信运动是由腾讯计算机系统有限公司开发的一个类似计步数据库的公众账号。用户可以通过关注微信运动公众号查看自己每天行走的步数，同时也可以和其他用户进行运动量的“pk”或点赞。[①]“也许你早已习惯一个人运动的孤独，却也偶尔渴望得到赞赏。加入微信运动，和朋友一起点赞互动、抢占封面，分享运动的快乐。”从以上微信运动的推介词可以看出，该公众号打破独自运动的孤独感，引导公众将运动视为“可以分享的快乐”，而其下设的子功能——“占领封面、点赞步数、推送排行”又因微信媒介的互动性、好友圈的聚众性、排名场域的竞技性使公众对其使用的“快感”得以升华，并产生黏性。基于微信软件庞大的用户基数，微信运动在大量用户自动提供运动数据的同时，也折射出由“传统竞技”到“微媒介竞技”的种种传播现象。

① 百度百科 https://baike.baidu.com/item/微信运动/19400126? fr=aladdin

一、“占领封面”与“超我”想象

在微信运动中，只要用户的当日行走步数累计多于其他好友，就可以位于步数排行榜的榜首，即占领当日微信运动的封面。微信运动在每晚 10 点 10 分准时定榜并推送步数排行，并将榜首用户的微信运动封面置顶。

（一）置顶封面与虚拟特权

微信运动将用户的行走步数进行排行并置顶“榜首”的个人封面，这不仅鼓励公众动起身来，加入到行走行列，还通过置顶封面来赋予“榜首”个性展示的虚拟特权，榜首用户自行设置的照片将会位于步数排行榜的顶端，成为好友瞩目的焦点。即使不是现实中的焦点，至少是网络中的焦点；即使不是永久性的焦点，至少是当日排行中的焦点。占领封面的功能带给公众的不仅有在行走中获得的“增强体魄、延缓衰老”等实际的、延迟性的满足，还有特权性、展示性、即时性的满足。公众争夺着封面的占领权，也是争夺可以让其他好友瞩目的“特权”，进一步讲，也是争夺着对于“当日排名第一”的炫耀与凝视，这实际上也反映出了公众迫切的、独立于他者的对于“认同”的需求。

此外，置顶封面的虚拟特权还关联着用户对于封面照片的选择，有用户选用其在“登山、骑行、踢足球”时的留影；有用户选用“励志减肥、不瘦十斤不换封面”的趣味图片，也有用户选用单纯的自拍或图片。用户选择的图片中与“运动”或“要去运动”相关联的图片居多，这在一定程度上与微信运动的性质及功能构成了有效的“互文”，也在一定程度上扩展了占领封面的意义表达空间，公众不仅可以展示其量化的、抽象的、具体的行走步数，也可以展示其质化的、具象的、与运动有关的生活。

（二）成为“冠军”与“超我”想象

精神分析学家弗洛伊德曾提出个体的人格由三个系统组成：本我、自我和超我。如果借用弗洛伊德的理论范式，那么人在网络上也会呈现出“本我——自我——超我”三个层面：“本我”可以将人在现实生活中不能表露的一部分在网络上呈现出来；“自我”则有了“意识”的看管，表露出来的内容符合社会的一般要求，但是偶尔也会因为看管不严而“僭越”，呈现出非理性的状态；“超我”

则是对自己理想化状态的呈现。[1] “占领封面”这一行为不仅可以使公众成为排行榜中的“冠军”，而且还可以使其在社交媒介中完成对于“超我”的实践与想象，因为，占领封面不仅意味着该用户“当日行走步数最多”，也意味着对“个人身体和精神财富”为基础的整套生活方式的选择。皮埃尔·布尔迪厄在谈及要将体育实践置于与之相关联的整个实践领域时，曾有过这样的论述：只要“他为的身体”（body-for-others）清楚地显现着个人，显现着“它想要表达的关于自身的想法”，显现自身的“特性”，亦即价值和能力，那么以塑造身体为目的的体育实践就会首先实现审美和伦理的实践状态。[2] 这也就是说，在微信运动的具体语境中，占领封面的用户可以被解读为是“勤于迈开双腿、行走步数最多、不懒惰、生活方式健康、环保的践行者”的形象，毕竟，晒步数就是在晒健康，晒排名就是在晒优越，占领封面不仅隐喻着一整套道德的“优点”，如勤奋、环保、积极，还隐喻着身体的“优点”，如活力、健康、身材均衡。用户争夺并占领了封面，此刻的他就远离了那个“懒散地躺在沙发上宅了一天”的最舒适的“本我”，成为了“热爱运动，说到做到，对于健身计划言而有信”的“超我”，实现了对于自身的“超我”想象。

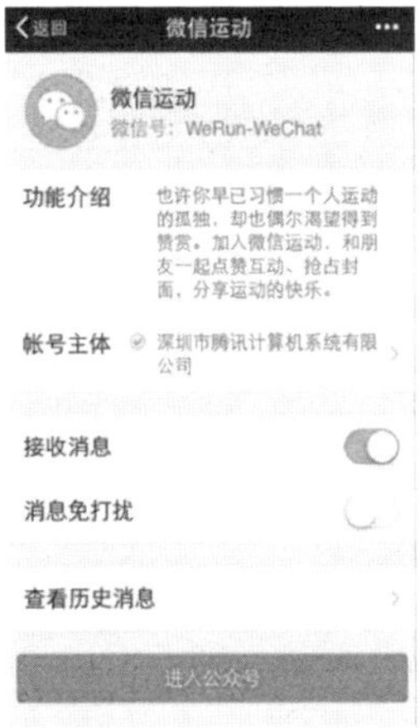

微信运动公众号

占领封面与互赞步数

① 王鑫：《理解微文化：基于媒介的视角》，《现代传播》2017 年第 5 期。

② 皮埃尔·布尔迪厄：《如何才能做一个体育爱好者》，载罗钢、刘象愚主编《文化研究读本》，马海良译，中国社会科学出版社 2003 年，第 343 页。

因此,微信运动“占领封面”的子功能给予了公众足够的“权利”,这种“权利”包括“占领、置顶、展示”,也包括个体对微媒介中自我形象的“想象、规划、设定”。如果将时间拉长,如果将每日封面的占领放回漫长的岁月与行进的生活,便会发现,微信运动展现的也是“身体运动——时间闲暇——个体想象”这三者之间于微媒介使用以来的反思与博弈。

二、“互赞步数”与社交意愿表达

在移动 APP 的社会化浪潮中,社交媒体使得信息飞速传播的同时,也带来了信息熵的增长,然而在微信传播的场域中,好友间的高度互动化和“强关系”,使得运动信息在人际传播的渠道中变得更有针对性。微信运动每日排行中,好友可以相互对其步数进行“点赞”,也可以看到每位好友获“赞”的总数,由此,这场运动的竞技带上了人际关系竞技的色彩,而“赞”与“被赞”之间也呈现出公众在圈层选择下对于社交意愿的表达。

互赞步数,这一行为可以拆解为向“好友＋步数”点赞。人们在手指触动屏幕“红心”的点赞行为中,有着不同的使用目的,对产生的效果也有不同的预期。人们在赞步数,也是在赞运动、赞健康的生活方式,同时还是在建立或维系人际关系。在如今点赞盛行的时代,点赞的使用成本非常低廉,甚至不值得计算,使用者只需在屏幕中的红心上触动一下,即可完成一次人际关系的互动和情感的符号性表达。在这里,点赞作为依托于互联网生成的一种象征符号,也是人际间社会关系的基本反映。微信运动场域中,占领封面的用户,往往收获到更多的赞,这在一定程度上体现了公众对于健康运动的认可,同时获赞量最多的用户,其收获的赞也无不体现着其社会地位与社会网络的交织,因为除了“赞”本身所表达的认可和欣赏的内涵,它还包含着对点赞对象的身份和地位的认同。运动步数排行较前的用户群里,经济资本和社会资本较高的用户往往收获到比其他用户更多的赞,点赞符号背后的“关注、支持、欣赏、谄媚”等意涵,使其蜕变为熟人社会圈层中人际关系的一种复制,“看似在点赞步数,其实更是在点赞人”,而此时,这种对于人际关系建构的点赞在运动步数的包装下也显得更为自然。

不可忽视的是，微信运动中，运动步数较少，排行很低的用户有时也会获得好友的赞，此种情境中的“赞”充满着戏谑的意味，有的好友一天下来只走了十几步，寓意着其可能“宅了一天，只去了几次卫生间”，可是在微信好友间的强关系中，此时的点赞有着对严肃话语的消解意味，增添了微信运动的娱乐感。此外，“敢于”对好友进行如此戏谑的点赞也体现了二者关系的极度亲密或者友好，带有着“玩笑”的意味，这种看似解构的人际点赞，实则建构了人际交往的趣味。

同时，互赞步数也彰显了点赞的功能——好友间通过点赞维持人际关系，由微信朋友圈向微信运动场域的挪移。在互联网时代，我们面对的是一个熟人圈子和生人社群叠加的复合形态，即使用户间成为了微信中的“好友”，也未必是现实意义中的好友，甚至互不相识，互赞步数可以成为“好友间”建立和维持关系的仪式性工具，公众在为其好友点赞的同时，也是在为其“关系”点赞，这无不体现了人际交往的意愿和行为。

综上所述，点赞在点赞“步数”的包装下使得公众在圈层选择下的社交意愿和行为有了一个更为“健康”、更为“隐秘”的表达，这一功能的设置使得人际关系中处于“边缘”地位的用户可以通过其步数获得“更多”的赞，而人际关系中处于“核心”地位的用户则获得“最多”的赞。

三、阶层着色与圈层区隔

微信运动火热兴起的背后，除了体现出全民运动的表象，还隐喻着“全民都可以运动，全民都有着参与运动排行的权利”。在这场“行走”的竞赛中，行走步数的多寡成为了占领封面特权的唯一标准，成为了跻身其他好友前列的唯一途径，成功条件的高度单一在某种程度上消弭了阶层的界限和文化的区隔，完成了阶级间模糊的着色。这场行走步数的竞技无关乎阶层、财富和文化水平的高低，这是一场全民的运动，人人都有“参赛”的资格，人人都有占领封面的权力。如果说运动场上冠军的争夺是激烈的竞争和观众的呐喊，那么每日运动封面榜首的占领更像是一个青年在闲暇时离开沙发，动起身来，走向户外；也像是一个中年在下班之后没有挤向出租车或地铁，而是步行至家的方向。在这场运动步数的竞技中，没有身旁的对手，没有看台上的观众，甚至没有终点，只有一个人逐渐提升的健康生活的理念，和一只脚放下去后另一只脚抬起的耐心。

然而，需要厘清的是，“步数排行”与“占领封面”虽然表征出的是全民运动视角下的步数竞技，但同时也暗含着相应的阶层着色与圈层区隔。在复杂的社会结构中，占领封面的行为功能已经超出了步数竞技的框架，不仅表现出了“特权”争夺的内涵，也带有阶层意义的彰显。每个占领封面的“榜首”，也是处在复杂交错、隐显交织的社会镜像中的一员，因此，很难只用“好友圈中当日行走步数最多”这一简单的数据标签来标识他们。要想对他们占领封面背后所展示出来的阶层图景做出合理的解释，需要从更为全局的结构和具体的结合点中做出更为努力的观透才行。占领封面的背后有着不同的“获胜方式”，其可以体现一部分公众的工作性质（如机场地面服务工作、专业骑行），也可以彰显“有闲阶级”的地位（行走运动首先要有闲暇的时间，其次是身体的精力），部分用户运动步数始终寥寥是因为没有运动的时间盈余，部分用户步数排行较低，是因为其进行了更为专业的健康运动，而不仅仅体现为微信步数的增减。正如无法想象体力劳动者在一天的辛苦工作过后，还有精力和体力去起身行走；也无法劝勉下班后的母亲放弃驾车，健康行走，减缓回家的速度，而不顾即将放学的孩子和案板上有待完成的晚餐。凡勃伦在《有闲阶级论》中曾提到过“有闲阶级”这一概念，“有闲阶级”指的是拥有充足资产，可以不用从事生产劳动，生活以休闲和娱乐为主的阶层。改革开放以来，随着我国经济飞速发展，中国也在逐步形成一个为数不少，且将成为社会主流人群的中产阶层，而中产阶层，某种程度上和凡勃伦先生所述的有闲阶级，有类似之处，他们相较于工薪阶层多出了一些时间上的盈余，也多出了“走路”的时间，也较多地成为微信运动的“榜首”。麦克卢汉曾说“媒介是人类的延伸”，新技术的日新月异与其说“解放”了人类的身体，不如说“剥削”了人类的身体，而有闲阶级正是用比其他人多出的时间来找回自己的“身体”，将身体视为实践目的本身。因此微信运动的步数排行与封面占领，也是一次阶层的着色与圈层的区隔，其用户参与、排行条件的普适性完成了阶层的模糊，而对于封面的占领所需要的时间盈余，则完成了圈层的区隔。

四、社交媒介中竞技话语权“下放”

关于运动的比赛，小到学校、单位的运动会，大到国际的奥运会，都由一定组织承办，有一定时间跨度，有相关的选手准入规则。竞技的功能性使这些比赛可以传达运动观念，带动公众情绪，增进参与者之间的感情，虽以弘扬体育精神和增强人民体质为宗旨，但无法使运动成为公众的日常生活实践，其对于人们日常运动增量的影响，越来越像在大海中注入一滴水，人们可能视而不见，大海可能不增不减。运动的竞技越来越像是“少部分人话语的狂欢”，而公众不过是赛场上欢呼呐喊的人肉背景，只能充当整个竞技场的点缀。

新媒体的“赋权”，使用户成为新技术的主宰者和使用者，运动竞技在社交媒体的“中介化”下，也由神坛走向了民间，受众参与的“低门槛化”使得人人都有了“进场”的资格，竞技话语权也随之“下放”。布尔迪厄曾指出：“体操或严格地以健康为指向的运动如散步或跑步等与球类运动不同，并不提供任何竞技性的满足，它们是高度理性或理性化的运动。”①也就是说，公众每日的行走运动除了满足其自身的生理及工作需求之外，无法为其提供即时性的竞技性的满足，然而微信运动的推出将公众的行走步数进行了实时排名与榜首推送，不仅将公众的日常运动实践附着了竞技的色彩，还带来了竞技场域、竞技参与者及竞技参与方式的变化，由此呈现出社交媒介中竞技话语权的“下放”。

（一）竞技场域：从“运动场”到“步数排行榜”

竞技运动的产生是人类社会生产力发展与人类社会文明进步的产物。人类自身的“身体活动进一步发展，演化出竞技运动的活动形式”②。传统的竞技首先依托于一定的竞技场所，这种场所通常是“封闭性”的，运动员被规定在一定范围的场域内进行竞技，而该场域的准入人数也往往受到限制。在微信运动中，竞技的场域则是“开放性”的，用户可以在任意地点行走，只要产生位移，步数就会增加，微信后台便可抓取数据，进行实时竞技排行。同时，微信运动

---

① 皮埃尔·布尔迪厄：《如何才能做一个体育爱好者》，载罗钢、刘象愚主编《文化研究读本》，马海良译，中国社会科学出版社 2003 年，第 347 页。

② 《体育大辞典》，台湾商务印书馆 1975 年，第 142 页。

对于竞技结果的呈现,也同样具有开放性的特点,用户只需点开“步数排行榜”,微信好友的步数信息排行便实时呈现出来,清晰简明。因此,从传统的“运动场”到微信运动的“步数排行榜”,竞技场域呈现出由“封闭”向“开放”、由“限制地点”向“任意地点”的变化。

(二)竞技参与者:从“运动员”到“微信用户”

传统竞技的参与者,往往是专业或准专业的“运动员”,具有一定的“小众性”,而微信运动的参与者,则可以为任意微信软件的使用者,具有一定的“大众性”。竞技参与者由少数的、话语权的拥有者降格为多数的、微信运动的使用者,这不仅仅体现为参与人群基数的扩大,也体现了竞技话语权在社交媒体中“下放”后,竞技运动所呈现的“大众化”色彩。此时,话语权的“下放”泛化了公众对于“场域、参与,甚至是旁观”的权利,也强调了公众在竞技场域中对于“此岸、在场、俗态”的归属。微信运动的日常用户只要具备行走的能力,并拥有一部智能手机,其手机的处理器有记录每日行走步数的功能,微信运动即可读取后台数据,进行步数排行,让公众在简单易行中经行了一次行走的竞技,无需高昂的装备、相关的配置和专业的技能,在几乎人人都拥有一部智能手机的时代,人人也都可以参与微信运动的竞技。

(三)参与方式:从“仪式性”到“日常化”

传统竞技的参与,通常有一定的赛制规则、按部就班的参赛程序,有经受训练的参与者、统一标准的裁定者,还有在场的观看者,这体现为一定的“仪式性”,而微信运动所体现出的竞技性,则具有“日常化”的特点,“带着手机行走”几乎已经成为公众日常的生活实践方式,在如今的社交媒体时代,手机已经成为公众生活的必需品,通信功能、支付功能、娱乐功能等合为一体使得手机与人们如影随形,智能手机的移动性和便携性让用户可以全天候使用微信运动来实时监测和记录步数,而不受时间和空间的限制,用户只要随身携带手机,就可以随时使用微信运动,就可以随时参与竞技排行。

基于微信运动的竞技话语权因竞技场域、参与者及参与方式的变化呈现出“下放”的特点,也因微信运动使用的低成本、便携性、数据记录的准确性使这种“下放”成为可能。微信运动在每晚将用户的行走步数推送排行,公众在查看榜单的过程中,不自觉地进行好友间的相互比较与“pk”,此时,公众就完成了一次竞技的参与及排行，竞技话语权也随之“下放”到了微信运动这个所谓的“指尖媒体”之上。

五、结语

社会因新媒介而有了新的图景，鼓励公众在可行的范围内迈开双腿，体验并分享行走的乐趣，这既是在交通工具高度发达的今天对于出行方式的一种意味深长的回返，也是对于鼓励公众“日常健身活动、营造健身氛围”政策①的有机响应。微信运动作为社交性和工具性统一的公众号，拓展了运动信息的传播渠道，也成为社交媒介中竞技话语权“下放”的有力载体。其“步数排行、占领封面及点赞步数”的子功能分别标度出公众的社交意愿、“超我”想象与圈层区隔，也搭建出公众在对该媒介“使用与满足”中的不同图景。

（徐木，辽宁大学新闻与传播学院 2016 级硕士研究生）

① 《国务院关于加快发展体育产业促进体育消费的若干意见》，2014 年 10 月。

代谋与示范:《生活》“读者信箱”对民国女性的现代性建构[①]

滕 朋

《生活》周刊(1925—1933)是民国时期著名的生活类杂志,杂志由著名报人邹韬奋(1895—1944)担任主编。《生活》以积极倡导现代化的生活方式为当时的青年读者所喜爱,并创下了民国杂志发行量的最高纪录。在民国社会转型的时代背景下,《生活》周刊充分利用自身特征与优势,关注女性现代化进程。借助“读者信箱”这一编读互动性栏目,女性读者向编者倾吐在工作、学习、社交、婚恋等方面的困扰与问题,编者通过刊登回信给予相应的指导。编读文本互动之中,女性现代化的普遍观念得到传播,女性融入社会生活实现的可能性得到增进。透过“读者信箱”的编读互动的文本,我们既可以窥见转型时期的女性在面对传统与现代纠葛时引发的困惑与迷茫,也可勾勒出《生活》周刊“读者来信”栏目对女性现代化的促进与努力。

---

① 基金项目:陕西省社会科学基金项目(13W004);陕西师范大学中央高校基金项目新传院专项(2016)。

一、民国初期女性解放解读

人的现代化是社会现代化的起点和归宿。社会发展与转型进程中，人是最基本因素。英格尔斯认为，“人的现代化是国家现代化不可缺少的因素。它并不是现代化过程结束后的副产品，而是现代化制度与经济赖以长期发展并取得成功的先决条件”。[①] 较之男性对社会发展的参与而言，女性现代化在现代化进程中往往呈现滞后的状态，如果占二分之一人口比例的女性不能进入、参与社会生活，现代化发展必定缓慢且畸形。中国女性深受封建传统观念影响与禁锢，在呈现更多“男权社会”特征的传统中国，女性必须摆脱依附状态，实现自身的人格独立。新文化运动中胡适曾明确提出，女子是独立的人，是“国民之一，国家所有，非家族之私有、非男子之私有，具完全之人格者也”。[②] 促进女性独立，融入社会生活是现代化进程中不可或缺的一环。

清末民初时期的女性解放被嵌套在“国家建构”的话语里[③]，尽管表述方式不同，这一话语框架却横贯近代中国。“不仅仅是将国家之间的权力关系比喻成男女关系而使之正当化，而且是以国家之间的权力关系为理由进而使强化女性身心的言辞正当化。”[④]戊戌改良派认为，“是故，女学最盛者，其国最强，不战而屈人之兵”。[⑤]

辛亥革命中的革命者们宣传性别平等，但在革命胜利之后成立的民国政府内部，传统的性别观念依旧难以撼动。[⑥] 19 世纪 20 年代以后，“母”与“女”角色开始分离。“母”的角色继续与国家保持联动。而“女”开始成为与国家间

---

① 英格尔斯:《人的现代化》，四川人民出版社 1985 年，第 8 页。

② 耿云志:《胡适年谱》，四川人民出版社 1989 年，第 130 页。

③ 参见杨剑利《国家建构语境中的妇女解放——从历史到历史书写》，《近代史研究》2013 年第 3 期。

④ 须藤瑞代:《中国“女权”概念的变迁——清末民初的人权和社会性别》，须藤瑞代、姚毅译，社会科学文献出版社 2010 年，第 8 页。

⑤ 梁启超:《变法通议·论女学》，《饮冰室合集》第 1 册，第 38 页。

⑥ 参见李木兰《性别、政治与民主:近代中国的妇女参政》，方小平译，江苏人民出版社 2014 年。

题无直接关联的主体,逐渐成为社会的“被压迫者”的共同体,[①]女性现代性阶段开始开启。这可以被视为《生活》周刊办刊之初的社会背景。面对新的社会发展的主题、面对女性个体权利的舒张以及女性群体意识的形成,《生活》周刊给予了有力的回应。

《生活》周刊的“读者信箱”属于编读往来的栏目,栏目选择性的将读者来信以及编辑、记者对读者来信的公开回复进行刊登。1926 年 10 月,邹韬奋接办《生活》周刊并担任主编,回应读者需求增设“读者信箱”(第五卷第四十五期后改名为“信箱”)。嗣后 7 年多的时间里,几乎每期都刊登读者来信和编者回复。“信箱”议题涉及庞杂,大至抗日救国的主张、社会制度的探讨,小至求学、职业、婚姻、打官司、道德修养方面的征询,以至社会交往、工作方法、文字技巧等问题的讨论,无所不有。“读者信箱”栏目的设立与坚持体现了邹韬奋“以读者的利益为中心,以社会的改进为鹄的”的传媒理念。

邹韬奋及其他编者通过“读者来信”这一互动性传播平台,将社会观念、社会规范代入生活化、日常化的文本。通过个体的、一对一的叙事结构,在驳斥旧观念、错误思想的同时,以平等的姿态与读者探讨女性应如何面对在社会转型时期的困扰,借由编者对个体的规劝、指引实现对女性群体的示范,力图以日常生活为起点树立起现代化的女性观。

二、“读者来信”的女性现代化形塑

女性如何从传统依附型的社会角色过渡到独立自主的现代女性,是彼时社会普遍关注的社会问题。通过查阅《生活》周刊的“读者信箱”中的来信与回信中所涉及的女性议题,杂志所倡导的现代化的女性角色非常清晰,集中在经济独立、接受教育、婚恋自主三个方面。

1.提倡女性独立

针对传统观念,女性独立首要表现在女性和男性的关系,编者尤其观察到

---

① 须藤瑞代:《中国“女权”概念的变迁——清末民初的人权和社会性别》,须藤瑞代、姚毅译,社会科学文献出版社 2010 年,第 171 页。

两类普遍存在的女性，“有的女子不但在物质上不能自立，在精神上尤其不能自立……好像缠惯了的小脚，一旦把脚带解放了，反而走不成路了！”另外一种是“在物质上虽有独立的能力，但在精神上却缺乏自立的能力”。[①] 经济独立和精神独立既是女性独立的目标，同时也成为女性独立的要件。

“读者信箱”的若干回信中，皆强调经济独立是女性谋求独立第一要紧的事，只有具备了经济独立的能力，男女平等才有基础，自由恋爱，自由婚姻因之有了可能。即便在家庭中，拥有自立的“能力”才能摆脱家族、家庭桎梏，获得平等对话的权利。“女子自由幸福与她的经济自立能力有密切的关系，这是很重要的事实。”[②]“做女子的当然先要养成可以自立的能力，否则非嫁无以自存，便有无可如何之势了。”[③]而女性想获得经济独立，首先必须就业，要有能够谋生的工作机会。“读者信箱”公开提倡：“以后教育更普及，女子受教育的愈多，职业愈公开，女子在社会服务的也愈多。”[④]同时，它反对职业歧视，认为就业机会应该对女性平等开放。女性适合学校、医院的职位，但不应仅仅局限于如此狭窄的就业范围。“读者信箱”倡议女子职业机会“应该尽量地开放”，“现在世界的趋势，男子可以做的事情，差不多女子都可以做。像警察似乎只配赳赳武夫的男子干的，但现在英国的伦敦和俄国的莫斯科却都有了女警察”。[⑤]

精神独立是女性独立另一翼。女性独立意识难以舒张，一方面来自传统、文化压力，另一方面很大程度上是自我设限。针对一女士关于丈夫辞世后的迷茫，编者回信中着重提到“我们各有其独立的人生价值，各有其为人群服务的责任，应无分男女性别才对，为什么做女子的便为着一人不幸死亡而必从此葬送自己的一生的前途？这种不合理的女子人生观如不打破，妇女解放永远是空谈！”[⑥]编者没有将女士心态做个体归因，而是更多进行了社会归因。“最重要的是女子教育的普及与提高，女子经济自立能力之增加，社会机会之增广，职业机会之开放，都足以改变女子在社会上的环境与地位，由此影响她对

① 《生活的巨变》，《生活》周刊第7卷第23期，1932年6月11日。
② 《自立与独身》，《生活》周刊第5卷第37期，1930年8月24日。
③ 《我们宁可做老处女》，《生活》周刊第4卷第10期，1929年1月20日。
④ 《求爱》，《生活》周刊第6卷第7期，1931年2月7日。
⑤ 《北平女招待》，《生活》周刊第5卷第40期，1930年9月14日。
⑥ 《生活的巨变》，《生活》周刊第7卷第23期，1932年6月11日。

于人生的兴趣,而不致在局限于狭隘的人生观中过凄惨孤寂的非人生活了。”[①]文章没有把女子丧夫之痛限于个人、家庭框架予以抚慰,而是逻辑性的陈列了教育、经济独立、社会机会、职业机会之间的递进关系,从社会的宏观视角提出了解决女士“狭隘人生观”的办法。经济自立和精神自立属一体两面,相伴而生,“最重要的还是对方女子无自立的能力,因此更无自由的思想”[②],“自立的能力,仍是自己幸福的源泉,自由的保障”。[③]

2.提倡女性接受教育

在女性议题中,“读者信箱”贯穿着重要的逻辑线索,教育、能力、自立三者之间存有因果、递进关系。求学能培养能力,能力是自立的基础,“自立能力和解放是相关联的……重要的事情便是求学以造成自立的能力”[④]。“读者信箱”反复提及,妇女不应该在旧制度中忍辱含垢,过寄生虫的无意义的生活,要提高妇女的地位,必须提高妇女的能力。女性接受教育,是要学习谋生的能力,可以脱离对男性的依附,独立生存。只有接受了教育,在知识、技能、眼界上有了提升,才能走入社会创造价值,自食其力,为自己的生活提供足够的保障。女子教育也被认为是婚姻自主的基础,“女子方面的办法是继续的求学,入学的程度愈高,年龄也渐大,自由也必能随之而俱增,父母的干涉也必能随之而俱减”[⑤]。“读者信箱”同时也认为女子教育对社会有益处,社会风气的开通与男女教育是“同时并进”的,“女子教育愈发达,女子在社会服务的机会也愈多,男女社交公开的机会也愈多,这是一定的当然趋势——可以说是一种值得欢迎的良好趋势”[⑥]。

一方面“读者信箱”提倡教育机会平等,认为每个人都有平等地享受教育的权利,不受性别、年龄、职业等的限制。邹韬奋曾高屋建瓴地指出,“要铲除这种不平等不合理的现象,必须大刀阔斧地从大处着墨,不是头痛医头脚痛医

① 《生活的巨变》,《生活》周刊第7卷第23期,1932年6月11日。
② 《太痛苦了》,《生活》周刊第4卷第47期,1929年10月20日。
③ 《自立与独身》,《生活》周刊第5卷第37期,1930年8月24日。
④ 《害人精》,《生活》周刊第4卷第43期,1929年9月22日。
⑤ 《个人的自由》,《生活》周刊第4卷第6期,1928年12月23日。
⑥ 《和男同事在一块儿》,《生活》周刊第5卷第34期,1930年8月3日。

脚的办法所能奏效”。[①] 同时也提出具体的解决方案，“男女在教育上应有均等的机会，女校少，男校多，男女合校，可以救济女子失学的恐慌”。[②] 另一方面，《生活》周刊提倡广大女性应该尽力谋得入校求学的机会。“求学是有志求自立者最重要的基本方法，女子要得未来的幸福，或免未来的危险，无论嫁后用得着用不着，有了可以自立的学术，总可以加一重保障。”[③]“如未入校就学，则须竭力设法入校求学；将来学业有些成就，自立能力渐充，对于自身问题的解决便较易成功。”[④]接受教育是人格独立的重要保障，只有女性自身对自己价值充分认知，女性独立意识才会形成，女性的社会角色才有可能实现。

3.提倡女性婚恋自由

在恋爱问题上，读者信箱提倡男女社交公开自由，同时着重强调在此过程中要保护女性。《生活》周刊认为，男女社交公开是男女恋爱自由、婚姻美满的前提与条件，是现代社会里的正常现象。韬奋先生认为，自由婚姻的关键在于“自己选”，“亲友可以介绍两方做朋友，家长可以指导，或帮同商榷，但是选择之权应完全属于两方本人”。[⑤]

综观“读者信箱”涉及男女婚恋时，“双恋”是被反复提及的概念及男女交往原则。“婚姻要基于双恋，就是他爱她，她也爱他；倘若只凭单恋就用不正当手段来压迫不愿意的一方，这是最卑鄙的行为……勉强的由单恋压迫而成的婚姻，是绝对得不到好结果的。”[⑥]单恋的压迫可能来自男子个人的意愿，也可能来自家族或者家庭的压力，“读者信箱”认为“不幸被父母在未成年时未征得本人同意而订婚，成年后经过通信观察，认为不满意，才毅然提出解约，这是极正当的极合理的态度”[⑦]。男女社交公开是婚恋自由的基础，若男女社交不公开，就没有选择，婚姻自由便无从谈起。“读者信箱”强调男女社交公开是文明的标志，同时也积极提倡男女社交中要“绝对尊重对方的自由意志与人格；无

① 《错误的眼光》，《生活》周刊第7卷第42期，1932年10月22。

② 《男女同学等三问题》，《生活》周刊第5卷第36期，1930年8月17日。

③ 《霹雳》，《生活》周刊第4卷第41期，1929年9月8日。

④ 《害人精》，《生活》周刊第4卷第43期，1929年9月22日。

⑤ 《我的两位好朋友恋爱成功记》，《生活》周刊第3卷第44期，1928年9月16日。

⑥ 《求爱》，《生活》周刊第6卷第7期，1931年2月7日。

⑦ 《一封主持公道的信》，《生活》周刊第5卷第19期，1930年4月20日。

论为友或求爱须以双方出于自愿为第一条件”[①]。

“读者信箱”非常注重在婚恋自由、社交自由中对女性的保护,尤其是在社会转型期间,某些人假“新派”之名实施对女性的伤害。“在中国目前新旧过渡的时代,每个人都自以为是新派而实在是荒谬绝伦派!以为做新女子的人便须随便给他们接吻,甚至随便和他们干无耻的勾当,否则他们便讥为思想落伍。”[②]“现在有一班自私自利的鄙夫暴徒,一若女性不肯任人随意轧姘头,便是不明白男女社交公开的新潮流,便是顽固,便是思想落伍,他们为达到新潮流计,便有强迫执行的权利!”[③]男女交往的实际过程中,频频发生新女性被骗的不幸遭遇。这一方面是那些无耻之徒蓄意欺压,另一方面也显示了新女性在开放的男女交往的过程中,自我保护意识不足。“无论男女,既有可靠和不可靠之分,所以我们对于择友或选择终身的伴侣,都要睁开眼睛看看清楚,不要盲目的瞎撞,免致后悔无及。”[④]面对社会现代化转型期,“读者信箱”并没有因为提倡“新式”而失去了原则与节制,更多的建议建立在安全、稳妥的基础上。

对婚恋自由的提倡更深刻的体现在对传统女性观念的辨析、批判上。“贞操”“节烈”是中国古代夫权制度对女性的强加,“贞操观”的社会接受度并没有随着民国的建立而消退,“贞操观”作为一种社会风气俨然成为女性的现代化进程的障碍。行为的改变必然在观念意识的改变之后,怎么在新的社会环境中认知“贞操”已经成为社会问题。“读者信箱”借由回复一位女士来信明确提出,“贞操的合理意义,不应该是男子强迫女子的偏面观念,应该是实行一夫一妻制度里,在夫妇关系继续成立中,相互遵守的关于性的德义”,该文结尾进一步指出,“旧礼教中的惨无人道的贞操观念宜打倒,只有合于新道德的合理的贞操观念才有存在的价值”。[⑤]“读者信箱”的对于贞操的解释既颠覆了传统“贞操观”,同时对接了现代婚姻制度。“读者信箱”所倡导的贞操观首先是相互的,不是男性对女性的强加。更为重要的是,合理的贞操只存在于一夫一妻

① 《异性接触》,《生活》周刊第6卷第26期,1931年6月20日。
② 《丑态百出》,生活》周刊第6卷第19期,1931年5月2日。
③ 《和男同事在一块儿》,《生活》周刊第5卷第34期,1930年8月3日。
④ 《一个害人的男子》,《生活》周刊第4卷第45期,1929年10月6日。
⑤ 《贞操》,《生活》周刊第4卷第16期,1929年3月7日。

制度下的婚姻中，逾越此界限的“贞操观”绝不应有“立足的余地”。

三、稳妥的倡导：“读者来信”的现代女性示范

《生活》周刊的“读者信箱”长期关注女性生活中的具体问题与疑惑，体现了韬奋先生的媒介观。

对女性解放的关注是其中重要的内容，这与邹韬奋先生对妇女解放、女性独立长期的关注有关。早在1922年，韬奋先生就提出“妇女解放，至少有两方面，一是经济上的解放，二是人格上的解放”[①]。女性经济上的解放在于经济独立能力，即女性有独立谋生的能力，这是摆脱男权主导的旧式家庭约束的必由之路，而女性社会能力的获取源自教育；人格上的解放更多是指女性对自我以及家庭、社会关系的认知，独立的女性意识要首先摆脱自我设限、自我约束。由此看来，“读者信箱”所提倡的女性自立、女性教育以及婚恋自主实际上是韬奋先生妇女解放思想的投射。通过“读者信箱”有关对婚姻自由、女性解放相关信件往来的梳理可知，“读者信箱”呈现的现代性的婚姻观、女性观是稳定的、系统的。将对女性的现代化塑造渗透到对青年男女具体问题的指导和建议里，从而实现“浸润”的传播效果，是韬奋先生“以读者利益为中心，以社会的改造为鹄的”一贯思想的践行。

“《生活》周刊常说它自视是读者的一个好朋友，这不是一句空话，必须在实践上帮助读者解决种种困难。”[②]《生活》周刊借助“读者信箱”这个平台，通过对读者来信中日常生活的问题与困惑的分析与解读、建议与指导，借助对来信中提及的陈腐错误观念的解读与探讨、商榷与批驳，实现了媒介对现代女性意识的示范与建构。“读者信箱”中对现代女性的形塑摆脱了口号式、对于“主义”的倡导，而是将理念与女性所面临的具体的问题与环境相结合，进一步提出较为稳妥的倡议与指导。关于女性社交的安全，“读者信箱”主张，“我们以为女子交友，尤其是异性的友，倘非深知对方的品性及家族的详细情形，以勿

① 邹韬奋：《妇女解放与女茶博士被禁合废娼运动》，《韬奋全集》（卷一），上海人民出版社1995年，第246页。

② 邹韬奋：《韬奋全集》（卷十），上海人民出版社1995年，第904页。

亲近为稳妥,非经可靠的亲友介绍,以勿认识或谈话为稳妥”。[①] 当针对有女性提出父母未经同意就立下婚约,“读者信箱”建议,“不知女士能否设法探悉未婚夫的品性学识等等,如探询的结果认为可取,也未尝不可容纳”。即便是到了濒临离婚的境地,“读者信箱”也一再提醒“在我国目前离婚的女子牺牲太大,倘非万不得已,似应竭力避免”。[②] “生活信箱”乃至《生活》周刊对于女性现代化进程的促进并不是追求“主义”、“观念”表达的彻底与畅快,在针对读者面临的具体问题时,首先考虑了读者自身以及所处环境的具体性,从保护女性权益的角度提出建议。更重要是的,韬奋先生虽主张社会改造,但深知社会环境、社会观念的进步的迂回,因此在对个体提供建议时,都将外部因素充分考虑其中,很多时候都提出渐行、折中的建议与方案。

最后需要说明的是,《生活》周刊对女性现代化的倡导带有一定时代的局限性。“读者信箱”虽反复提及女性进入社会,属“社会人”,这种倡议更多和女性摆脱旧式家庭相关,至于女性对社会公共事务的参与,“信箱”中提及不多,当然这也受限于“读者信箱”栏目的定位和读者来信的内容。“读者信箱”囿于读者自身的身份,栏目话题对城市知识女性所涉甚多,但对于那些尚处在乡村,无法摆脱旧传统、旧观念的女性缺乏关照。无论如何,“读者信箱”以及《生活》周刊体现了社会转型、过渡的鲜明特征,媒介在特定的社会环境下对媒介自身的社会责任与社会角色进行了有益的探索,这不容置疑。“读者信箱”通过编读互动的形式对身处社会转型中女性所面临的困惑与难题予以指导和建议,在互动中,进一步对其他读者形成示范,其中饱含的责任与真诚,是应当继承的新闻传统。

(滕朋,陕西师范大学新闻与传播学院,副教授)

① 《快跟牢前面一辆女子的车子》,《生活》周刊第 4 卷第 31 期,1929 年 6 月 30 日。
② 《社会的讥评》,《生活》周刊第 4 卷第 38 期,1929 年 8 月 18 日。

文字狂欢的背后

——从弹幕表演窥析新媒介传播

朱文婷

自2008年弹幕视频网——AcFun在国内出现，2012年主流视频网站也推出弹幕功能，至此，弹幕文化逐渐由小众走进大众视野。2014年湖南卫视金鹰节试水弹幕进入电视节目，2015年央视春晚在爱奇艺网络直播平台上首次呈现“弹幕春晚”，至此，弹幕形式被主流媒体尝试。2014年淘宝网与Bilibili首次合作为“双十二”营销造势，首页出现弹幕留言，至此，弹幕完成跨界商业转身。现如今无论弹幕功能是在网络原生地，还是在电视中的试水，还是被商业收编，它的身上都有一股浓浓的颠覆意味，把评论的话语特权传递给了新媒介后面的每一个受众，互动意味明显。弹幕的出现虽然只是新媒介进行信息传播众多平台中的一种，但它的出现为探究新媒体传播和趋势演变提供了诸多线索。

一、弹幕的表演——新媒介的信息传播轨迹

弹幕本质上是网络视频中的一种即时评论功能，它与我们在微博、微信等新媒体信息平台中一样，可以将受众的主动性和互动性发挥出来。这种即时评论功能已经远远超越了传统媒体中基于作品的个体评论，它在技术系统的支持下打造出了虚拟的人际社区，信息传播轨迹已经有别于传统媒体的线性传播。

（一）碎片：模式化的符号刺激

从文字书写到电子媒介的信息传播，影像通过色彩、声音、场景、人物等元素将现实的符号投射到人的大脑上产生刺激，符号的形式越来越丰富，但符号所要展示的内容在观众有限的接受空间里变得越来越狭窄，影像文化相比较于文字书写显得缺少历史感。新媒体的出现让“碎片”一词流行起来，成为新媒体的名片。弹幕的即时评论功能受限于网络视频、游戏等有限的空间和转瞬即逝的影像时间限制，使得其信息的传播也只能拘泥于碎片化的信息传播。在长期关注这一传播样式的群体中甚至还出现了亚文化语言和符号来表达特定的信息传播，比如“前方高能”“血槽空了”“舔屏”“老司机”等，他们将最直接的情感和表达通过模式化的符号来产生自我和对他者的刺激，由此产生共鸣。只言片语的碎片信息使聚集在屏幕后面的网民们完成了口头传播时代的人际交流，文字书写的深刻和厚重至此搁浅。

（二）想象：多感官刺激

文字书写阶段信息的传播和解读是需要基于文字而催生的想象，电子媒介阶段信息的传播和解读更多基于对视觉的黏合想象，而新媒体传播时代受众主动挑选资源是基于对媒介的亚文化想象。传统的大众被动式的接受媒体给予的内容和风格，而在新媒体环境中多元化的空间分割和风格显示，使得受众在挑选媒介平台时需要通过想象来完成与“他人”之间关系的构建。这种想象不是基于简单的文字或影像，而是基于在媒介虚拟的人际环境中产生的多重身心刺激。

新媒体时代信息传播的跨媒体现象明显，弹幕视频就是集合电视、电影资

源,网络平台和网络技术的跨界联合而产生新的媒介资源提供给网民发挥自己的主观评论,而这种跨媒介的媒体叙事更容易激发参与者的多感官刺激。在弹幕中,电子媒介时代的视觉主导逐渐让位于更多的感官需求,大脑皮层的意识活动在主动的文字评价和互动交流中产生更多的情绪刺激。受众在弹幕环境中不仅受刺激于文本本身,还会再多出一层受再加工阐释文本的刺激。弹幕的评论功能让受众可以在此环境中使用独属于他们的语言褒贬所看到的内容,以引发更多的感官刺激。比如“妈妈问我为什么跪着看视频”将对内容的跪服通过日常化的语言形象地表达出来,以及“舔屏”“保证不打死你”“666”等都将对视听觉的刺激反应通过言语的方式触发其他受众的反射,而这种带有互动性质的反射必定是超脱文字之外的全身官能反应的集合。

(三)智慧:新媒介造就集体智能

弹幕文化普遍被认可为一种亚文化,尤其在年轻群体中流行。著名的A站、B站周围围绕着诸多的年轻群体,他们以网络为平台打造了虚拟社区,谈论和评论共同感兴趣的影像作品。弹幕视频除了给予简短发表观看评论或感慨之外,还有大量的有关影像的解读和幕后信息传递。从这个层面上来看,弹幕一定程度上触发了集体智能,让原先封闭的观影空间中个人的主观想象让位于群体言论和智慧。尤其是在观看境外影像视频时,很多弹幕会员会以评论的方式来评论或解释原视频的内容,以弥补文化差异造成有缺位的观影感受。

同时,主流文化受弹幕文化的影响,越来越多的网络流行词汇从此诞生,如“前方高能”(提醒大家接下来将有冲击性的场景和剧情)、“萌”(源于动漫用语,意为讨喜可爱)、“血槽空了”(源于游戏用语,表示内心因为某事受到很大刺激)……成为流行语言,逐渐被主流文化接纳,这是网民集体智慧的胜利。新媒介与消费主义是相互助长的沃土,媒介及新媒介拉动了消费主义的盛行,消费主义在新媒介中又催生了集体智慧的呈现。新媒介的互动性打破了传统传播方式中的权威,每一个个体在互动媒介中都可以共享知识,发表观点,甚至制定标准。弹幕文化在青年群体中的盛行,恰恰迎合了青年群体获取社会权利的需求,并满足了对应群体在弹幕环境中的自我表现与需求。

二、弹幕的颠覆——新媒介打破知识的特权性

(一)文字的狂欢,视觉的退场

在弹幕这种亚文化语境中,文字相较于图像而言,二度加工的技术门槛低,受众参与性强,容易使受众产生认同和共鸣。与此同时,文字的灵活表现和深度表达使它相较于图像而言更容易满足产生群体归属感。在新媒介环境下,视觉文化更多地满足受众不断高涨的视觉刺激需求,是对欲求心理的满足。而在弹幕文化中,文字覆盖图像,视觉刺激的欲求减少,迷群的归属需求增加,弹幕通过新媒介技术给亚文化群体提供了一个发泄口。"当我们进入电子媒介时代,时空距离被重塑,信息传播愈发迅速精准,人类会再度向部落化的心灵回归。"①电子媒介时代影像文化的盛行使得视觉盛行,弹幕的出现让我们认识到在新媒体环境下的交互式媒体叙事中,视觉和文字都无法占据主导,让位于多感官的融合刺激。在方寸的屏幕之中,影像作品被弹幕文字覆盖,视觉位置屈居下位,文字成了有限时空下媒介环境中的主角。而此时的文字又不同于书写时代作为传播信息、传达思想的工具符号,它是交互传播的载体,是受众心灵产生认同归属的符码,是新媒介里打破知识技术特权、放开话语交流的先锋者。

(二)解构作品叙事权威

新媒体的到来,对于人类社会最大的冲击就是解构权力和权威。无论弹幕是运用在影视作品中,还是试水于电视直播,还是被商业收编,受众的参与与互动是它最大的消费卖点。随着受众介入到文本本身,受众与作品之间的联系已不是依靠作品本身的叙事了。在因为极易吸引注意、拉开互动而产生消费意味浓厚的新媒体环境中,受众在进行消费的同时又在制造消费机会。弹幕最初的评论机制在网络消费环境中被放大,受众不满足于被动地接受作品的叙事,仿人际的互动传播让更多的参与者有机会成为叙事者。受众在接收信息的同时,又在二次加工信息和阐释文本,产生新的文本内容。在弹幕环

---

① 周舟:《传播学视野下的网络青年亚文化》,西南大学2015年硕士学位论文,第51页。

境中,参与者对作品本身的观看甚至让位于群体对文本本身的阐释所产生的快感,作品本身的叙事被解构。如 2015 年电影《大圣归来》上映,许多受众在电影院观看过一遍后还会再来 B 站看一遍弹幕版,此时的弹幕版电影在对原视频评论的基础上进行了二次编码,这种编码没有任何线性叙事的线索,弹幕对它的评论也脱离任何电影叙事逻辑的评论,在观众主观色彩极其浓厚的再创造中完成了对原叙事的解构,文本本身的意义让位于观众主观创造的亚文化意义。

(三)重构话语权利的企图

弹幕依托影像视频这一主要载体,利用 FLASH 播放器技术和弹幕编辑技术,实现了在观影的同时发表评论。在弹幕这一微评论环境中,参与者大多是 90 后。在他者的社会规范下,年轻群体的话语权利相对比较薄弱,因此他们也在努力构建自己的话语体系。在弹幕环境中,受众主动参与作品及传播,以他们带有浓烈风格色彩和差异的话语表达方式赋予作品以新的文本和意义,这些文本虽是碎片式的,但从弹幕滑过的轨迹中依然可以看出弹幕背后的受众利用共通的风格语言寻找意义的共鸣以及对新的话语体系的构建和话语权利的追逐。网络是年轻人的聚集地,也是青年智慧的汇聚地,网络流行语言受 ACG 文化和韩日等特殊文化的影响,将原本小众的网络语言在日常的弹幕池编辑中形成了网络流行语言,如"萌"、"傲娇"、"君"(男性尊称)、"酱"(年轻女性昵称)、"欧巴"(哥哥)、"幼齿"、"给力"等等。在弹幕视频上滑过的一个个文字能指系统里能赋予参与者明确的主体身份,虽然还缺乏严谨的话语逻辑和明确意识的话语结构,但对于参与者尤其是年轻的受众群体来说,他们在弹幕池进行的话语表达和情感交流,也是在为自己的身份建构和主体位置找寻到了一个话语的突破口。

三、意义的建构——有限的新媒介传播叙事

在传统媒体中作品的线性叙事,作品主旨意义的建构是由传播者向受传者单向传播形成的,除了少数噪音因素的影响,意义大多非常明确。但在新媒介环境中,作品本身的叙事被解构,意义建构变得多元和多样。"依托于数字

媒体与互联网的交互式叙事文本以远程存在为基础，用户得以既在此处，又在彼处，以多种身份接触以遥在的形式出现的他者。这些他者不一定是统一的、独立的，而是非中心化的、分布于网络的精神碎片。人际交互的目的不再是寻求文本阐释或意义，而是通过共同协商产生意义。”[①]弹幕是碎片化媒介景观的产物，从叙事结构和话语逻辑上来看都是不完善的，诸如“迷之感动”“妈妈问我为何跪着看视频”“简直玛丽苏”等常见弹幕用语，修辞和逻辑表达不甚完整，传递的事实性信息亦十分零碎。虽然很多学者对其评价是“碎片化”“平面化”“平庸化”，但对新媒体的研究来说，我们终究要去探索它的意义建构轨迹。在弹幕视频中，它的意义建构萦绕着浓重的亚文化影子，我们无法探析意义到底是什么，但我们可以探索建构了怎样的意义系统。

（一）易建立的情感纽带

艺术作品的作者通过符号的关联产生一套封闭的文本，作者本身通过话语方式和结构形式形成叙事的意义。但在新媒体环境中，互动性的加强，受众对文本注入阐释的因子并逐渐盛行。在弹幕视频中，大量经过受众解读、解构过的二次文本覆盖在原作品之上，吸引众多有着相同喜好的受众在其中进行交流、宣泄和吐槽，并产生情感共鸣。聚集在弹幕视频周围的人都是在观看同一节目，而选择打开弹幕功能的人又有着相似的情感的需求——发泄自己的情感、共享别人的信息、寻找共鸣的观感。基于语言文字传达出来的符号信息覆盖着视觉的诱惑，弹幕受众在这样的新媒体互动平台中，需要的已经不再是满足视觉刺激，而是需要宣泄情感、产生共鸣。“营销的新范式寻求扩张消费者的情感、社会和智力方面的投资，以求达到塑造消费模式的目标。”[②]情感纽带已经是当下消费主义环境中最被重视也最易获得的目标元素，在今天的新媒体平台中，相较于传统媒体，能够最大限度地调动受众的情感，也能够以最简单的方式建立情感纽带。

（二）易消耗的情感消费

在历史上如嬉皮士文化那样拥有强大势头并留下深刻印记的亚文化通常

---

① 孙为：《交互式媒体叙事研究》，南京艺术学院2011年博士学位论文，第94页。

② 亨利·詹金斯：《融合文化——新媒体和旧媒体的冲突地带》（第1版），杜永明译，商务印书馆2012年，第113页。

都有着自己独特的形象、品行和行话等差异风格，发展至今的弹幕文化由于在网络这一虚拟的媒介环境中，语言文字成为它彰显风格和意义的唯一途径，因此显得十分薄弱。在新媒体互动传播中，互动有两层含义：一层指的是由于信息发布门槛低，传播者与受传者身份变换容易，言语互动随时产生；第二层指的是传播背后所包含的行为互动，包括对传播主体内容的关注、分析、讨论、预测、批评，甚至是介入。新媒体平台由于信源的多样化，虚拟的人际传播容易实现，随之而来多感官刺激下的情感联系产生。但在新媒体平台中行为互动实际反应效果是有限性的，它也需要专业的技术和丰富的个体知识、智慧、时间的投入才能真正地介入互动传播。因此，后一层次的互动在多数网络线上平台中体现较为薄弱，比如弹幕视频互动，参与弹幕传播的主要元素就是在ACG文化和网络文化中凝炼出来的流行用语，而涉及实际的语言刺激行动的互动则很少。因此，在语言、符号和话语构建出来的弹幕文化系统里，情感成为话语激发的首要对象，但与此同时，在短时间的弹幕交流中，情感易于被刺激，同时随着视频等作品的叙事完成，参与弹幕评论和交流的热情也逐渐淡去，类似于传统人际传播中闲聊之后的散场，有热情却很快被淡忘。

（三）易消逝的弹幕审美

弹幕文化是对既有文化（以网络流行文化为代表）中的符号和代码进行的变化和衍生，它有反叛和颠覆的特性，却没有"创新冲动的'单纯'表达"①，它是有意义的变化，却无法架构文化的审美。在互动传播的新媒介环境中，弹幕成为视频网站提升注意力经济的鱼饵，也在商业营销中成为获取消费者情感砝码的噱头。在新媒体环境中，受众的主动参与开始越来越多地影响和设置文化的主题，但从目前的弹幕发展来看，它对作品或者对网络文化的实际影响还没有具体落到实处，更多的只是外围信息的交流和情感的宣泄。从审美层面来看，弹幕打破了戏剧和影视艺术一直以来追求的陌生化效果，互动体验让每一个受众都可以贡献自己的智慧并分享知识，影视作品失去了想象的空间和审美的距离，它成为赤裸裸的呈现在受众面前被围观的对象，世俗的审美将艺

① 迪克·赫伯迪格：《亚文化：风格的意义》（第1版），陆道夫、胡疆锋译，北京大学出版社2009年，第163页。

术作品与受众的距离感磨灭，与此同时，艺术给人的神秘和朦胧感消失。因此我们可以看出，新媒介互动技术虽然可以颠覆艺术传播的形式，但同时也限制了艺术的审美。

四、结语

新媒介发展至今，已经为人类社会带来了很多奇迹，“颠覆”一词成为新媒介身上的标签，使各行各业为之震撼而又不得不选择依附其上。新媒介环境中孵化出各种平台，每一个平台背后都有强烈的亚文化风格，弹幕就在网络技术和网络人际传播的需求中诞生，沾染着“碎片”“想象”“智慧”等新媒介的踪迹，打破传统媒介垄断的符号资源，迅速地在网络信源多样化的环境中完成网络人际传播的构建，知识和作品的权威被变幻莫测的受众意识形态代替。弹幕作为新媒介平台的一种成为受众挑选媒介资源的重要想象，它实现了青年亚文化群体寻求自由的理想。在极具风格化的弹幕语言中，受众感受到了重构亚文化话语权利的快感。但在当下的新媒体环境中，以弹幕为代表的媒介平台还没有真正发挥出新媒介意义建构的逻辑，新媒体对文化意义的建构还受制于社会、受众对新媒介技术和文化的延宕。新媒介虽能形成各种奇观效应，弹幕也能让影像时代逐渐势弱的文字再次狂欢起来，但新媒介对受众而言只是被赋予了更多的话语权利，受众对新媒介的介入还只是停留在浮光掠影的阶段，同时，新媒介的互动传播对媒体内容的审美也没有带来更多惊喜，新媒介的传播叙事对媒介文化意义的建构还是有限的。

（朱文婷，安徽新华学院文化与新闻传播学院，讲师）

资本场域中的媒介研究范式

张 强

人是媒介的动物，意味着人不像其他动物那样直接地面对现实世界，而是面对一个“媒介化”的世界。人的历史、现实和未来都是通过媒介来阐释和把握的，当下的媒介更是无孔不入。伴随而来的是媒介理论必然会从各个视角对媒介现实进行跟进，归纳起来主要有四种研究范式，它们是技术（形式）范式、实证（经验）范式、批判（反思）范式、交往（实践）范式。这些范式都是源于西方的理论研究范式，资本是这些范式难以摆脱的、共同的前提性规定。

一、媒介研究的技术（形式）范式

媒介研究的技术（形式）范式，主张把媒介的技术（形式）问题作为媒介研究的根本前提。先前多数研究都是着眼于媒介所承载的“内容”，而很少有人能够明确和睿智地提出关注媒介本身。从麦克卢汉开始，人们才真正开始注意到媒介形式本身的决定性意义。可以说，麦克卢汉在媒介研究领域发动了一场“哥白尼革命”。

麦克卢汉在《理解媒介：论人的延伸》一书中多次提到"媒介即讯息"："所谓媒介即是讯息只不过是说：任何媒介（即人的延伸）对个人和社会的任何影响，都是由于新的尺度产生的；我们的任何一种延伸（或曰任何一种新的技术），都要在我们的事物中引进一种新的尺度。"[①]可以看到，在这段阐释中有几个关键词：媒介、讯息、人的延伸、技术、尺度。把握好这几个概念，就可以基本上把握麦克卢汉思想的主要脉络：媒介是人的延伸（也就是广义媒介观），技术是这种延伸的现实规定，此种延伸的结果是人与所处世界的关系尺度变化。麦克卢汉阐明是媒介形式，而不是内容起决定性作用，他认为："任何媒介或技术的'讯息'，是由它引入的人间事物的尺度变化、速度变化和模式变化。"[②]再有，麦克卢汉认为自动化技术与机械技术代表着两种截然相反的影响，前者塑造的是"整体化""非集中制""有深度的"的社会模式，而后者塑造的是"分割肢解的""集中制的""肤浅的"的社会模式。麦克卢汉正好把人们的惯常思维给颠倒过来了，他否认大多数人所认为的"机器的意义不是机器本身，而是人们用机器所做的事情"[③]。他解释说："铁路的作用，并不是把运动、运输、轮子或道路引入人类社会，而是加速并扩大人们过去的功能，创造新型城市、新型的工作、新型的闲暇……这样的变化与铁路媒介所运输的货物或内容是毫无关系的。"[④]麦克卢汉还举例子说，电光对于晚上的棒球赛和做手术是一样的功能，而这些活动是电光的内容，如果没有电光，这些活动也就不复存在了，正是电光这种媒介发挥着"塑造和控制的作用"，也就是他所提出的"媒介即讯息"。

如果说"媒介即讯息"是对"媒介内容论"的颠覆，那么"媒介延伸论"就是对"媒介工具论"的颠覆。在大多数人看来，媒介只是工具，工具是中性的，没有好坏之说，判断媒介的好坏要通过使用媒介的人来做价值判断。好人使用媒介工具，就会是好的媒介后果，坏人使用媒介工具就会是坏的后果。例如，好人可以使用互联网，坏人也可以使用互联网，而互联网本身无好坏；好人坐火车，坏人也坐火车，而火车本身无好坏。类似此类的媒介工具论不胜枚举。

① 麦克卢汉：《理解媒介：论人的延伸》，何道宽译，商务印书馆2000年，第33页。
② 麦克卢汉：《理解媒介：论人的延伸》，何道宽译，商务印书馆2000年，第34页。
③ 麦克卢汉：《理解媒介：论人的延伸》，何道宽译，商务印书馆2000年，第33页。
④ 麦克卢汉：《理解媒介：论人的延伸》，何道宽译，商务印书馆2000年，第34页。

而麦克卢汉说《理解媒介：论人的延伸》这本书有一个自始至终的主题，那就是“一切技术都是肉体和神经系统增加力量和速度的延伸”①。包括感官的延伸、人体功能的延伸、中枢神经的延伸、认识能力的延伸、人的实践能力的延伸等。总之，是人的能力的延伸。此种延伸论正是通过媒介技术本身来把握人的本质，人的本质是在这种延伸中得以开展的。媒介是人自身的延伸，而不仅仅是人的工具。媒介延伸论的价值的巨大意义是多方面的，它拓展了媒介研究的全新领域，指出了媒介技术的问题不只是技术问题。如果仅仅把媒介当作一个外在于人的工具，那么，对媒介技术的研究就只能限制在技术范围内。但是，如果把媒介看作是人的延伸，媒介和人的关系就不仅仅是外在的了，而是内在于人的。从这个角度来说，就把一个纯粹媒介介质的技术问题，拓展到人学的问题领域。

二、媒介研究的实证(经验)范式

媒介研究的实证(经验)范式，采用实证和经验的方法来对媒介内容进行把握，其主要代表是实证经验学派。该学派比较直接的思想渊源是17世纪英国的经验论哲学，其中代表人物主要有弗朗西斯·培根、霍布斯、洛克等人。培根反对经院哲学对亚里士多德演绎法的滥用，从而提出归纳法作为认识的重要依据。他拒绝经院哲学枯燥烦琐的空谈，而把经验和归纳法聚焦到自然事物，他的思想和方法为后世的经验科学奠定了方法论基础。洛克也为经验的合法性进行充分说明，他认为不存在什么“天赋说”，人的头脑就像一块“白板”一样，一切的内容都是通过后天经验写上去的。孔德的实证主义哲学也是经验学派的思想渊源之一。他认为完全可以把研究自然科学的方法用来研究社会问题，从而得到更加精确的答案。他把人类的思想分为三个阶段：第一个阶段是神学的阶段，第二个阶段是形而上学的阶段，第三个阶段是科学的阶段。科学阶段不再接受神学的蒙昧和形而上学的玄幻，而是诉诸实证。

在经验论哲学的观念和方法论指引下，经验学派不相信先验论的唯理论，

---

① 麦克卢汉：《理解媒介：论人的延伸》，何道宽译，商务印书馆2000年，第127页。

不相信仅仅通过理性思辨就能把握世界，主张要把握世界就得通过经验观察和实证。美国经验主义媒介研究通过实证的方法取得许多研究成果。拉斯韦尔创造了“内容分析法”。他对第一次世界大战关于宣传方面的媒介信息进行详尽的内容分析，从而研究媒介如何更好地服务于宣传。拉扎斯菲尔德著名的研究成果是一份叫作《人民的选择》的调查报告。他对 600 人进行了 7 次跟踪调查，这些人在经历了多次的竞选宣传后，竟然大多数没有改变自己原来的投票意向，改变投票意向的只有 8%。根据此次调查，拉扎斯菲尔德提出来一系列重要理论假说，首先是“既有政治倾向”假说，就是在接触媒介信息前所持的政治态度；其次是“选择性接触”假说，指人们的既有政治观点对后来的媒介信息的接触具有一定决定性作用，人们往往基于既有的政治观点，倾向于接触与此相近的信息；三是“意见领袖”和“两级传播”，指在大众传媒和受众之间有一个中介群体，这些群体的意见对受众有很大影响，所以信息传播的程序就是从“大众传媒”到“意见领袖”再到“一般受众”。[①]

此外，在传播过程研究方面，拉斯韦尔把具体的传播过程定义为 5W 模式，包括“谁”“说了什么”“通过什么渠道”“对谁说”“取得了什么效果”。此模式在人们对传播现象还模糊不清的情况下，着实具有石破天惊的意义。

三、媒介研究的批判(反思)范式

媒介研究的批判（反思）范式，用批判理论对媒介实践中的权力偏向进行反思，法兰克福学派是主要代表。该学派继承马克思的“批判”思想精髓，对操纵和占有大众传媒的资本权力进行激烈批判。批判的主要对象是资本主义意识形态，而大众传媒所承载的大众文化是资本主义意识形态的建构者。大众传媒在西方资本主义社会，已经彻底被资本占有，成为迷惑大众、宰制大众的有力的意识形态工具。“谁占有大众传媒”和“大众传媒传播什么”本身被看成是一个权力（power）的问题，而资本主义社会中的大众丧失了这种权力。

法兰克福学派所处的时代已经大大不同于马克思所处的时代。马克思的

① 参见郭庆光《传播学教程》，中国人民大学出版社 1999 年，第 196 页。

时代是工人超负荷工作、受尽剥削、福利待遇低下的时代。正如恩格斯在《英国工人阶级状况》一书中所描绘的，工人深陷于资本的“悲惨世界”之中。但是资本主义不是一成不变的，它有着较大的改良空间。马克思是资本主义最为坚定、深刻和彻底的批判者，但在某种程度上也是资本主义改良的最大推动力。其他对于资本主义的批判仍停留在“批判的武器”阶段，而不是“武器的批判”；批判的目的仍停留在“从不同的角度认识世界”而不是“改变世界”；批判的问题仍是“世界何以可能”而不是“人的解放何以可能”。显然，只有马克思式的批判才能让资本主义“伤筋动骨”，才可能产生让资本主义走向福利社会的真正动力。

法兰克福学派所面临的新的时代课题是：“为什么在革命条件成熟的时候，工人阶级都屈服于资产阶级的蛊惑与欺骗？……为什么人民群众在争取民主和自由的革命之后，又在新集权主义的铁腕下，陷入新的奴役和压迫？为什么资本主义的工人会甘心情愿地受剥削压迫？”[①]

霍克海默和阿多诺是大众文化批判的代表性人物。霍克海默的“批判理论”和阿多诺的“否定辩证法”是法兰克福学派的重要理论基础。霍克海默的“批判理论”承袭马克思的批判精神，其内涵主要是区别于“传统理论”而言的。主要区别有几点：一是传统理论维护现存，而批判理论旨在改变现存；传统理论注重具体性经验，而批判理论注重整体性反思；传统理论是科学主义的，而批判理论是人本主义的。阿多诺的“否定辩证法”将否定推向极端，而不是像黑格尔和马克思那样，认为在否定中蕴含着肯定。他认为资本主义对人的压迫和统治是“同一性”文化造成的，整个资本主义都在强化这种同一性，而对同一性最好的抵抗就是彻底地否定，毫不含糊地否定。

基于“批判理论”和“否定辩证法”的理论，霍克海默和阿多诺对资本主义大众文化开展了强有力的批评。他们认为大众文化是资本主义文化工业的产物，这种文化是“肯定”资本主义的文化，这种肯定中蕴含着“欺骗”和“操纵”。“欺骗”是资本主义文化对大众的欺骗。通过制造虚假的“幸福”、“丰裕”和“美好”等对现实的肯定性观念，经由大众文化灌输给大众。这样大众就在这种欺

---

① 赵敦华：《现代西方哲学新编》，北京大学出版社 2001 年，第 167 页。

骗中丧失批判的动机与能力。"操纵"是把大众引向对现存的"肯定",成为更加"合格的被统治者"。"大众文化对人的操控作用是无所不在的,它'影响人们傍晚从工厂出来,直到第二天早晨为了维持生存必须上班为止的思想',在现代社会中,几乎没有什么人能够离开大众文化而存在,因此,大众文化对人的操控无论在深度上还是在广度上都是其他统治形式不可比拟的。"[①]大众整体陶醉在各种各样的虚假文化产品中,从而丧失超越、反思和批判的维度。

四、媒介研究的交往(实践)范式

媒介研究的交往(实践)范式,把媒介纳入"交往"的问题域中进行阐释。马克思理论视域中的"交往",虽然包含具体的交往媒介,如报纸、书籍等,但更深层的意指是作为人的实践展开的具体方式而存在的。无论是感性的、现实的人的生产生活实践,还是人类社会的制度结构的生成与发展,以及精神的沟通和文明的生成,这些都需要经过作为广义媒介的交往才能实现。在交往这个广义的概念下,媒介不再是某个具体的物质技术,不再是某个抽象的信息符号,而是和人类息息相关的生存实践。

"交往"概念在马克思的著作中很常见,是一个含义极其广泛的概念,"它包括单个人、社会团体以及国家之间的物质交往和精神交往"[②]。马克思在《德意志意识形态》中对"交往"有比较全面的阐述。首先,指出了"交往的必要性":人的生产要以某种形式的交往为前提,交往是由于生产需要而发生。不仅是物质生产,人的精神生产也需要交往,民族之间的交往也是建立在不同分工情况下的交往需要上。其次,指出"交往形式"和生产力的关系:"已成为桎梏的旧交往形式被适应于比较发达的生产力,因而也适应于进步的个人自主活动方式的新交往形式所代替;新的交往形式又会成为桎梏,然后又为另一种交往形式所代替。由于这些条件在历史发展的每一阶段都是与同一时期的生产力的发展相适应的,所以它们的历史同时也是发展着的、由每一个新的一代

---

① 衣俊卿:《西方马克思主义概论》,北京大学出版社2008年,第142页。

② 《马克思恩格斯文集》第1卷,人民出版社2009年,第808页。

承受下来的生产力的历史，从而也是个人本身力量发展的历史。”①最后，指出了“物质交往”和“精神交往”的关系：“思想、观念、意识的生产最初是直接与人们的物质活动，与人们的物质交往，与现实生活的语言交织在一起的。人们的想象、思维、精神交往在这里还是人们物质行动的直接产物……发展着自己的物质生产和物质交往的人们，在改变自己的这个现实的同时也改变着自己的思维和思维的产物。”②

交往伴随着人类社会的各个进程，这种交往构成人的基本生存规定，无论生产力发展水平有何差异、社会制度有何不同、人的个性千差万别，人必然在交往之中，这种交往包括人与自然、人与人之间、人与社会之间、社会与社会之间的交往。按照马克思的划分，人类社会分为三个发展阶段：“人的依赖关系（起初完全是自然发生的），是最初的社会形态，在这种形态下，人的生产能力只是在狭窄的范围内和孤立的地点上发展着。以物的依赖性为基础的人的独立性，是第二大形态，在这种形态下，才形成普遍的社会物质交换，全面的关系，多方面的需要以及全面的能力的体系。建立在个人全面发展和他们共同的社会生产能力成为他们的社会财富这一基础上的自由个性，是第三阶段。第二个阶段为第三个阶段创造条件。”③在交往的人的依赖阶段，生产力水平低下，个人必须依附于共同体才能生存，而基于这个基本生存需要就发生了相应的交往关系。在交往的物的依赖阶段，也就是资本主义阶段，在这个阶段人类的交往条件、交往空间、交往能力、交往方式，都较前资本主义阶段有了巨大的发展，人类的交往站在了新的高度之上。资本主义的交往打破了狭小的地域限制，促进了民族内部的交往，在此基础上，又促进了世界之间的交往。在资本的推动下，正如马克思所言“一切坚固的东西都烟消云散了”，这些坚固的东西就包括那些限制交往的物质条件和精神条件。资本的高歌猛进必然出现问题，这就是交往的异化。交往的异化发生在劳动过程中，工人在劳动中不是实现着自己，而是不断地丧失自己，劳动创造的价值越多，异化的程度就越深。但是，这个阶段为下一个阶段创造物质条件和精神准备。交往的第三个阶段

① 《马克思恩格斯文集》第1卷，人民出版社2009年，第576页。
② 《马克思恩格斯文集》第1卷，人民出版社2009年，第525页。
③ 《马克思恩格斯全集》第46卷，人民出版社1979年，第104页。

是交往的人的全面发展阶段。在这个阶段人摆脱了对物的交往关系的依赖及其异化,人的自由和解放得到了极大的实现,人成为全面发展的人。具体来说,人的必要劳动时间极大地缩短,乃至最终必要劳动时间转化成为自由劳动时间。必要劳动时间就是我们作为人本身的再生产所需要的最为基本的劳动的时间。如果没有这种必要劳动,人的基本物质生存就难以保障。自由劳动时间是人根据自己的个性而产生的劳动,比如说喜爱书法、绘画、唱歌等等。必要劳动时间里的劳动是"我不得不劳动",而自由劳动时间里的劳动是"我要劳动"。在自由劳动时间里人就可以"上午打猎、下午捕鱼、傍晚从事畜牧,晚饭后从事批判,这样就不会使我老是一个猎人、渔夫、牧人或者批判者"①。

作为生存实践的交往,贯穿于人的物质交往和精神交往之中。在物质交往中,人现实地改变这个世界,并为精神交往奠定物质条件;精神交往在一定物质交往的基础上,不断促进、阻碍或发展物质交往。物质交往的对象主要发生在人和自然之间,形式包括科学、技术等等;精神交往的形式更是丰富多彩的,包括语言、文字、宗教、新闻等等。可见,马克思的交往理论是多么宏阔而又具体,并能把二者有机地结合起来。

五、媒介研究范式的资本规定性

四种媒介研究范式虽然都是在西方资本主义条件下产生的,但是其具体语境、理论目的、研究方法、社会影响都有很大差异。造成这种差异的原因是多种多样的,但是最为重要的原因可以从研究范式本身同资本的关系中得到理解。

媒介技术(形式)范式悬置了媒介的资本规定性,采用独断论的理论方法,认为媒介技术决定一切,对媒介技术进行孤立性地考察。表面上看这个是纯学术性和思想性的研究,但实际上掩盖了资本是媒介技术规定的前提性规定。资本在某种程度上决定或操纵着媒介,这一点是这个学派有意或无意忽视的。

媒介实证(经验)范式实现了为资本所用的价值,貌似客观中立的实证调

① 《马克思恩格斯文集》第1卷,人民出版社2009年,第537页。

查方法，实际上只能沦为资本的工具。该范式的理论实践，从过程和结论来看有一定客观中立性，有着一种表面上看价值无涉的假象，但是其理论的原动力却来自资本的驱动，理论的方向和目的也是资本确定的。

媒介批判（反思）范式凸显理论对资本的非现实化批判的姿态。该范式虽然开展了对资本主义文化毫不留情的批判，但却没有触及形成资本主义文化的现实根基。这种批判貌似是对马克思经济决定论的发展和进步，但实际上是对马克思批判精神的某种背离，因为其丧失了对资本主义现实根基的批判。

媒介交往（实践）范式既阐述媒介交往与资本的客观联系，又指出交往实践的理想状态。该范式阐明只有把媒介放到媒介所处的实践结构中考察，才能理解媒介本身。而理解媒介本身并不是媒介研究的终极目的，而要寻求媒介对资本的现实批判，从而为整个社会的进步，以及人类的自由和解放发挥作用。可见，“交往”不仅要对交往实践的客观性进行把握，还要对交往的目的进行阐释，即批判资本的现实根基和最终实现共产主义，这是交往范式独特的价值所在。

（张强，渤海大学文学院，讲师）

论“中国传播学”的基本向度及其反思

汪　罗

一、何谓“中国传播学”

“中国传播学”的生成和建制的过程是传播研究的知识生态、学科自觉意识、研究主体活动、研究方法等要素综合建构、编织的结果。当下学术界对于“中国传播学”的研究可谓如火如荼，研究成果更是“乱花渐欲迷人眼”。大部分的研究成果都能够意识到“中国传播学”意指传播学在中国的理论旅行及实践历程，在一定意义上与“传播学本土化”“传播学中国化”等同，却忽视了更为重要的维度，即“中国传播学”是一个专有的概念（术语），有着自身的理论体系、研究方法和研究领域。基于此，笔者拟用作为专有概念指称（术语）的“中国传播学”为起点，并就概念（术语）本身可能囊括的诸多面向进行阐述。

第一，从现有地位及将来存有的可能性而言，贾文山等人认为“中国传播学”是与传播学的美国传统及欧洲源流和而不同的新兴的学术范式，“这一范式过去 30 年间以借鉴美国传统和欧洲传统为基础，开始产生一些原创性成果并丰富了全球的传播研究”[①]。中国传播学所思考的问题应是整个“传播研究”的根本性问题，它们二者并非泾渭分明，而是在发展路径上互为坐标、互为支撑。如若细究的话，这种一致性主要体现在对中国传播学在“西方理论”与“中国经验”这一二元对立框架的兴起、形成及反思上。因为“中国传播学的建制过程既是其现代化的过程，也是其本土化的过程”[②]。1982 年施拉姆访华至 90 年代，志在创构及研究“中国传播学”的研究者如余也鲁、孙旭培等便开展了一系列的学术实践以提升国人在传播研究领域的地位和话语权。此后，第一次、第二次、第三次、第四次、第五次、第八次“全国传播学研讨会”无不将建设“中国特色传播学”作为学术研究的目标，以期让“中国传播学”走向世界。

第二，从形式上而言，“中国传播学”是基于一系列命题、概念及其在互动中呈现的关系及其涵盖的关系网络。实用主义也好，经验主义也罢，对“中国传播学”的界定和理解最为基础的维度就是其自身的“概念化”，因为“中国传播学”势必要借用一定指标来建构一个强有力的对于现实世界的阐述性架构。“理论并不仅仅是一种概念系统或类型，它必须含有两个或两个以上概念或变量的命题”[③]，基于此，创构一种科学的、完备的研究领域，就必须首先要界定所要研究的领域和对象。“中国传播学”概念化及其研究的本质就是对一系列抽象概念的建构，继而进行概念的操作化。比如，有学者认为“中国传播学”的具体意蕴，从广义上看，“指的是在中国传布、扩散、应用，任何跟传播学学科相连的传播学知识，其意涵由‘在中国’＋‘传播学’两部分组成”；从中义上看，“跟中国的政治、经济、国情……相关联的传播学知识体系的生产、扩散和应用……其意涵由‘以中国作为研究对象’＋‘传播学’两部分组成”；从狭义而言，指的是“以中义层面传播学知识的生产与扩散为基础，进一步把研究对象和范围局限于如何在中国引入、发展专门的传播学知识”。[④]

第三，从内容上看，“中国传播学”映射了一定的“西方理论”与“中国经

① 贾文山、刘海龙、王润泽、刘新传：《当代中国传播学：一个新兴的范式》，载郑保卫主编《新闻学论集》（第 32 辑），经济日报出版社 2015 年，第 4 页。

② 田中阳：《论中国传播学发展的基本向度》，《求索》2003 年第 5 期，第 51 页。

③ 布莱诺克：《理论的构造》，布林特斯一霍尔出版社 1969 年，第 2 页。

④ 张健：《中国传播学：概念的演进与意涵分析》，《国际新闻界》2008 年第 7 期，第 22 页。

验”，且需要“中国经验”去进一步验证“西方理论”的适用性。因为理论的本质即在于强调“有用的理论都可以通过经验事实来检验”①，比如，1997 年出版的由孙旭培领衔主编的中国传播学（或曰华夏传播学）的标志性成果《华夏传播论：中国传统文化中的传播》就致力于实现西方学术界中关于信息传播的理论与模式之于中国传统文化的无缝对接，并在实验、调查、找寻的基础上探究通行华夏的传学（传播学）理论体系。其后，于 2001 年由北京文化艺术出版社编辑出版的《说服君主：中国古代的讽谏传播》《传在史中：中国传统社会传播史料选辑》及《汉字解析与信息传播》等“华夏传播研究丛书”更是试图在“回到传统文化”的研究范式中归纳“中国经验”所具有的与西方传播理论及模式相同的普遍原则，并在此基础上丰富“中国传播学”的理论涵盖。

第四，从功能上看，“中国传播学”具有科学理论的一般特性——解释与预测，其旨归在于阐释种种社会问题和社会景观，并对社会在变迁和发展过程中的某些规律做出解释和预测。在功能主义的视域中，所谓的理论在本质上就是那些试图解释社会发展过程及运作机制的一种架构和体系。在这个意义上，作为理论体系的“中国传播学”可以被视作对中国既有的、将有的社会事实的解释和预测，用“中国传播学”研究中的概念及理论去理解社会现象，解释社会变迁的表征与本质，预测研究过程中受众的心理、观念、行为、文化等要素，是对社会事实的一种科学的认知。“中国传播学”研究的合理性、合法性正是基于其能够为社会事实“立规”，在于其解释、预测社会变迁和发展的某些方面。

二、“中国传播学”的基本向度

所谓“中国传播学”的基本向度，指的是研究者在具体开展传播研究时援引的分析问题的框架，即在确立问题、阐述问题中所秉持的理论意识、方法意识等。这些框架和意识总是先验地对“中国传播学”提出自身理论涵盖的体系，并遵照问题导向形成基本的对研究议题的价值判断，从而成为理论介入客

① 乔纳森·特纳：《社会学理论的结构》，邱泽奇译，华夏出版社 2001 年，第 56 页。

观现实的一种方式。因为，"中国传播学"的基本向度是一种标识传播研究的呈现形式、一种分析传播及传播问题的切入视角、一种促成关涉传播及传播元理论的学术争鸣（商榷）的平台、一种彰显学术群体学术作为的重要坐标。

笔者根据现有文献所绘制的"中国传播学"研究的壮丽图景中，"以媒介为中心"占据了研究版图的绝对优势地位，具体而言，主要包括如下几种："媒介与社会"、"媒介与国家"、"媒介与受众"及"媒介规制与新闻生产"四个方面。这些不同的阐述架构既在一定意义上形塑了"中国传播学"可能存在或已然存在的学术旨趣和学术共识，同时围绕诸如此类的架构形成了较有代表性的学术共同体。

基本向度之一：媒介与社会（media and sociology）。

"媒介与社会"的阐述架构源于芝加哥学派在20世纪三四十年代开展的媒介研究，帕克、库利等研究者以实用主义（pragmatism）作为方法论，将媒介视作促成社会问题得以解决、社会变革得以实现的工具。施拉姆本人所撰写的《大众传播媒介与社会发展》可算作这一向度的典范。被施拉姆指定的"奠基人神话"的诸如拉扎斯菲尔德、霍夫兰、拉斯韦尔等人编织的"媒介与社会"的"主导范式"将视线的重心转向效果的维度，囊括了效果的生发、观察、测量等不同层面。《麦奎尔大众传播理论》中，铺设的研究路线就是以"媒介与社会"为基础，将传播研究划分为"媒介中心论、社会中心论、文化主义和唯物主义"①四个不同的维度。另外，李普曼及法兰克福学派的研究者的研究成果亦是"媒介与社会"的最好注脚。李普曼首先意识到了媒介与社会在空间中的差异，二者并非如胶似漆、不分你我。相反，它们之间横亘着相当的距离，如他对"客观现实"与"媒介现实"所做的区分便是如此。法兰克福学派的阿多诺、霍克海默等人同样对"媒介与社会"热情满满，只是在认知和操作上对实用主义取向的媒介研究进行批判，将"媒介与社会"的触角延伸至社会控制、意识形态接合、合法化（合理化）等领域。具体到"中国传播学"，在这一向度的倡导者和实践者，以邵培仁、杨击等为代表，其中既有对海外研究成果的引介与总结，也有与中国语境相勾连，对相应理论做出的创新。

① 麦奎尔：《麦奎尔大众传播理论》，清华大学出版社2010年，第11页。

"媒介与社会"这一议题的统摄力度非比寻常,导致人们在理解上常常陷入困境。因为在结构上,"媒介与社会"的关系是呈现发散性质的;而在具体的术语层面,其似乎又与"媒介社会学""传播社会学""新闻传播与社会发展""媒介的社会学原理"等具体的学科和研究方向等比肩。李金铨的论述可以引导我们较为明确地关照二者的具体关联。在他看来,"以媒介与社会的关系而言,媒介是行动者,社会是结构;媒介必须在特定的社会内运作,而和社会政治、经济和文化结构发生复杂的辩证关系"①。

早在1994年,邵培仁在其主编的《传播社会学》中就指出,"传播是社会现象,是社会产物,同时也是形成社会关系的重要因素……通过传播才能相互了解,产生共同的认识、共同的信念,也才能形成和谐的人际关系和稳定的社会秩序"②。并就"媒介与社会"的元理论、互动过程、表现形态做了界定和分析。21世纪初,传播学进一步发展时他就指出传播学"是一门探索和揭示人类传播的本质和规律的科学"③。在此基础上,他进一步指出"传播学的研究宗旨,就是从人类社会的普遍联系中……探索和揭示人类传播的本质和规律"④。在他的论述中,他强调"媒介与社会"决不能片面孤立地看待传播要素,而是要再现二者的有机统合性。因此,在邵培仁的书写中,"媒介与社会"成为认识传播学、改造传播学、支配传播学的钥匙。2013年,邵培仁与展宁合作,在参考了麦奎尔关于"媒介与社会"阐述架构的基础上,列举了"大众社会理论、媒介的社会规范理论、英国文化研究、传播技术决定论和媒介生态学、新闻社会学与建构主义路径"⑤等在内的10种理论范畴。并规划了关涉这一向度未来的研究方向:(1)重视"媒介与社会"的后现代转向,在规设现代社会运作逻辑的前提下(风险社会、消费社会、流动的社会、泛媒介社会等)"超越各个孤岛并在后现

---

① 李金铨:《关于传播学研究的新思考》,载洪浚浩主编《传播学新趋势》,清华大学出版社2014年,第7页。

② 邵培仁、陈建洲主编:《传播社会学》,南京大学出版社1994年,第1页。

③ 邵培仁:《传播学》,高等教育出版社2000年,第2页。

④ 邵培仁:《传播学》,高等教育出版社2000年,第3页。

⑤ 邵培仁、展宁:《探索文明的进路——西方媒介社会学的历史、现状与趋势》,《广州大学学报》(社会科学版)2013年第5期。

代理论的整合框架内把握媒介与社会，才能不断突破建立起新的范式”[①]；(2)立足中国语境，解决中国问题；(3)超越学术殖民和学术霸权，实现学术之间的平等对话。

除却上述研究成果中对“媒介与社会”议题宏观的分析外，有研究成果指涉媒介之于社会结构层面，对“媒介与社会”议题的统摄范围做出了延伸：如“媒介与社会治理”、“媒介的社会责任”等。比如，在李良荣看来，“参与社会治理，是传媒公共性建设的最佳契合点”[②]，因为传媒公共性的表征不仅仅要求传媒在“媒体传播权的公权属性”，还要在“大众传播的公益性”、“媒体产品的公开性”及“传播资源的公共资源属性”[③]等维度得以彰显。朱清河以媒介社会责任的逻辑缘起、责任主体、责任对象及责任履践为切入点，认为“关注‘弱势’，反映民生，以人为本，善待环境”[④]是重构媒介社会责任的价值标杆。

译著方面，最有代表性的是由(美)库兰主编、杨击翻译的《大众媒介与社会》。书中收录的关涉“媒介与社会”的19篇文章中，遵照三个基本轴线进行展开：(1)在总体的视角中，“默多克关于传播和阶级的关系、普雷斯从女性主义理论关照媒介以及甘地谈种族和媒介关系的论述”[⑤]被清晰地勾勒出来；(2)媒介研究(media studies)之于文化研究(culture studies)的关联；(3)新的信息传播技术对现代社会的结构性制约。

此外，郑保卫主编的《中国少数民族地区信息传播与社会发展论丛》、谢耘耕主编的《新媒体与社会》辑刊、赵月枝著《传播与社会：政治经济与文化分析》、胡正荣主编的《新媒体与当代中国社会》、纪莉主编的《媒介与社会发展研究》等都很有代表性。

应当说，“媒介与社会”的阐述架构，在一定意义上具有很强的阐释力度和效度，它将媒介的外延与其所具备的社会学意义进行整合，使研究者找到了重

---

① 邵培仁、展宁：《探索文明的进路——西方媒介社会学的历史、现状与趋势》，《广州大学学报》(社会科学版)2013年第5期。

② 李良荣、张华：《参与社会治理：传媒公共性的实践逻辑》，《现代传播》(中国传媒大学学报)2014年第4期，第31页。

③ 朱清河：《论传媒公共性及其实现途径》，《现代传播》(中国传媒大学学报)2008年第4期。

④ 朱清河：《媒介“社会责任”的解构与重构》，《新闻大学》2013年第1期，第19页。

⑤ 库兰主编：《大众媒介与社会》，杨击译，华夏出版社2006年，第11页。

新认识、重新发现社会的一把钥匙。

基本向度之二：媒介与国家（media and nationality）。

“媒介与国家”阐述框架的产生归因于媒介的国家属性，这不难理解。因为在阿尔都塞、葛兰西、霍尔等人的论著中，明确地将媒介归为意识形态国家机器。艾瑞克·霍布斯鲍姆甚至断称媒介对于社会、国家具有强有力的影响，“媒体无孔不入的能力，对当政者希望保持的话题挖掘报道不遗余力，同时也给予一般大众发表其感想，发泄其感情……媒体在政治过程中的地位，显然比政党及选举系统更为重要，并极有可能如此持续下去”。[①] 在梅里尔的叙述架构中，“每一国家的新闻制度及其理论，是和那个国家基本的政治、社会制度以及意识形态相一致的”[②]。目前探讨“媒介与国家”阐述框架的研究成果主要集中在两大方面：随着全球化的逐步深入，媒介在形塑、传播国家形象的功能上愈加凸显，甚至可以作为一种国家战略。文献主要涉及国家形象传播的基本模式、实现方式等议题。

国家形象是长久以来人类社会在互动、交往、竞合等基础上的必然结果，以一系列信息、文本、观念的输入与输出为表征，是认知他者与观照自我的有效因素。在媒介形塑、传播国家形象方面，媒介既是载体又是主体，因为信息的对外流向和传播几乎都要通过媒介进行。对此，程曼丽认为，“大众传播对于国家形象的塑造至关重要”[③]。此外，刘继南等人认为“国家形象是指在一国在其他国家人们心中的综合评价和印象，主要体现在别国的大众传播媒介上”[④]；徐小鸽则将国家形象界定为“一个国家在国际新闻流动中所形成的形象，或者说是一国在他国新闻媒介的新闻和言论报道中所呈现的形象”[⑤]，在一定意义上也强调了大众传媒在国家形象的形塑与传播层面的重要作用。精心地借用媒介传播国家形象，不仅可以彰显强大的软实力，还可以对内进行重构

① 艾瑞克·霍布斯鲍姆：《极端的年代 1914—1991》（下），郑明萱译，江苏人民出版社 1998 年，第 859 页。

② 梅里尔：《世界新闻大观》，河南人民出版社 1988 年，第 7 页。

③ 程曼丽：《大众传播与国家形象塑造》，《国际新闻界》2007 年第 3 期，第 9 页。

④ 刘继南：《大众传播与国际关系》，北京广播学院出版社 1999 年，第 25 页。

⑤ 徐小鸽：《国际新闻传播中的国家形象问题》，载刘继南主编《国际传播——现代传播文集》，北京广播学院出版社 2000 年，第 27 页。

与整合，凝聚国民共识。数字化、媒介化、全球化形成了“媒介与国家”新的特征与趋势，也为研究者提供了研究国家形象传播的全新的参照系。国家之间的博弈由“硬实力”转向“软实力”，官方媒体作为单一的传播主体也有所突破。透视现有的研究成果，基本可以得出这样的结论，即现阶段的媒介形塑与传播国家形象是“以国家战略为指归，以官方媒体为主、民间媒体为辅助的常态化、系统化信息传播体系”。

在已有的文献中，“宣传”常常是作为国家形象传播的纲领性的词语，撒播于学术研究之中。如张昆在《国家形象传播》中以“对外宣传”为起点，探讨全球化时代中国国家形象的诸多可能性。焦妹的《中国国家形象传播研究》、何辉的《新媒体环境中国家形象的建构与传播》、吴友富的《中国国家形象的塑造与传播》等都在文本中建构了“宣传”的相对的主导性地位。姜加林“建议借鉴其他国家的经验，成立由国家领导人直接负责、由相关职能部门组成的‘国家形象管理委员会’或相应机构”[①]以达到对国家形象的规划、协调、沟通和传播，从而形成一种国家战略。江作苏等认为整合好官方媒体和民间媒体的传播优势和向度是国家形象传播中至关重要的一个部分，因为“官媒民媒共存，这是培育合于国情的国际传播力方面应有的前置心态”[②]，也在一定意义上重塑了国家形象的传播模式。针对国家形象传播的实现方式，研究成果主要包括对概念的规范使用、经由媒介事件等中介来进行。朱振明认为从概念的认知和操作上就应得到足够的规范和重视，他主张将以“宣传”为主导话语的模式进行变更，改用“公共外交”来替代。他援引美国从事外交研究的约翰·布朗(John Brown)的观点，公共外交在国家形象传播的叙事结构中处于最好的状态，而宣传则是最坏的状态。在此基础上，他认为“用‘公共外交’概念代替‘宣传’来建构国家形象无论从学术角度或是从实践观点来看都具有合理性”[③]。涂光晋、柯惠新、朱方、甘险峰、万晓红、孟建、苏壮、胡斌、黄建成、李莹等学者

---

① 姜加林主编：《对外传播中的国家形象设计》，外交出版社 2012 年，第 233 页。

② 江作苏、李鸿、陈士名等：《国家形象的官媒与民媒二元建构蠡谈》，载张昆主编《新闻与信息传播论坛：2013 卷》，华中科技大学出版社 2015 年，第 30 页。

③ 朱振明：《数字时代的国家形象传播》，载苏志武、丁俊杰主编《亚洲传媒研究 2008》，中国传媒大学出版社 2009 年，第 119 页。

就“奥运传播与国家形象”及“世博会传播与国家形象”的议题进行了不同取向的研究和分析，这些研究成果将奥运会和世博会作为由媒介形塑的“媒介事件”，并以此为介质在国际传播和跨文化传播中进行文本、意义、观念的输出。

姜飞分析了当前国际传播体系中官方媒体在形塑和传播国家形象的结构性桎梏，认为国家形象的植育是一种建构“文化自觉”“文化自信”的过程，官方媒体应积极主动地“加快从国际传播向跨文化传播的转型”。① 李彦冰从意识形态、政治合法性的角度勾连了国家形象的建构与传播，认为国家形象也如罗伯特·福特纳所强调的介乎于传播者与受众之间的“政治鸿沟”，并宣称国家形象既不是“传播者一厢情愿的信息传播的直接反映，也不是受众不受任何限制的单纯想象……是受众意识形态与国家形象传播主体的意识形态博弈的结果”。② 支庭荣也认为“国家形象传播，实际上是以国家形象宣传为主题的一种跨国的政治传播”。③ 刘国强强调国家形象要在考虑到政治主导的前提下，兼顾其文化身份维度上的意义，因为“国家形象的建构，不仅有政治权力的强力干预作用，更是出于一种国家认同的社会心理的自觉行为”。④ 再次，是研究方法的超越及“国家传播”学科及理论体系的建构。在研究方法上，李智认为目前学术界在研究国家形象上存在某种程度上的“悬空”，即意指国家形象学术研究常常故步自封、趋于僵化，对现实境况的关照变革力度及贡献力都不甚理想，且常有本质主义之嫌。在他看来，现有的关涉国家形象的研究文献“大都把国家形象视为国家基于自身‘本体’（现实状况）而自我设定、塑造并加以传播出去的形象。对国家形象……预设和蕴含了特定的逻辑思维”⑤。由此，他主张必须引入一种代替、超越本质主义的建构主义（constructivism）的解释框架和操作范式。以此为切入点，国家形象将不再仅仅是区别于他国的身份

---

① 姜飞：《加快从国际传播向跨文化传播的转型》，载白志刚主编《外国问题研究论丛：第1辑》，知识产权出版社2013年，第197页。

② 李彦冰：《政治合法性、意识形态与国家形象传播》，《现代传播》（中国传媒大学学报）2012年第2期，第72页

③ 支庭荣：《国家形象传播——一个新课题的凸现》，载刘继南主编《国际传播——现代传播文集》，北京广播学院出版社2000年，第25页。

④ 刘国强：《媒介身份重建：全球传播与国家认同建构研究》，四川大学出版社2009年，第78页。

⑤ 李智：《中国国家形象：全球传播时代建构主义的解读》，新华出版社2011年，第3页。

(identity)，而是在与他国互动、实践的社会建构物。

基本向度之三：媒介与受众(media and audience)。

西方传播学关于"媒介与受众"的研究理路中，"传播者—媒介—受众"是核心议题，这从拉斯韦尔遵照"5W"划分的研究范畴就可见一斑。受众"不仅仅是传播效果范畴内的核心概念，更是考察传播效果的立足点，而经由媒介、社会及人的关系维度成型的大众传播理论范式中，受众更是连接一切问题的中心"①。当然，视角有别，受众观自然有差异。比如，20 世纪 90 年代 James Hay、Lawrence Grossberg 等人合作主编的《受众及其图景》(*The Audience and Its Landscape*)中的跨学科视野：社会心理学、功能主义、新马克思主义、人类学、文化研究等范式综合运用。Karen Ross、Virginia Nightingale 的《媒介与受众：新视点》(*Media and Audiences：New Perspectives*)中的纵深梳理：从鲜为人知的"魔弹论""乌合之众""固执的受众"，到"使用与满足""接受理论"等。其实，要建立书写"媒介与受众"研究传统的新尺度是一项极其有意义的尝试，它要求研究者在相当程度上把握和映像"媒介与受众"二者关系的内在逻辑关系，超越"强—弱""主动—被动""积极—消极"等二元对立模式，从而体现它们关系的"本质"。在这其中，罗杰·迪金森等人②以及麦奎尔③概括的"媒介与受众"的三范式可以为后续的研究者提供参考。

在"中国传播学"之"媒介与受众"的研究成果中，有对全国范围内受众的媒介接触的调查，有对指涉具体阶层(如女性、儿童、农民工等)的研究成果，也有对传统的"媒介与受众"的叙事及书写方式提出挑战，试图重新清理二者关系的论著。

在具体的操作层面，以下几类调查较有代表性：如 1982 年，由中国社会科

---

① C. Monk, *Heritage Film Audience：Period Films and Contemporary Audiences in the UK*. Edinburgh：Edinburgh University Press, 2011.

② 罗杰迪金森等人将"媒介与受众"的研究范式总结为以下三个方面：以使用与满足理论为导向的宏观效果论为代表的"行为科学研究范式"；以伯明翰学派为代表的"收编/抵抗范式"；以西尔弗斯通的《电视与日常生活》为代表的"景观/表演范式"。

③ 麦奎尔将"媒介与受众"的研究范式概括为结构性研究传统、行为性研究传统及文化性研究传统三类。结构性研究传统主要描述受众的基本构成，旨在关联媒介与受众的关系；行为性研究传统针对受众的媒介选择、媒介接触进行解释；而文化性研究传统则将视角转向"意义维度"，强调受众所建构的意义之于媒介形态、媒介生产等的再造。

学院新闻研究所牵头，北京广播学院、《人民日报》等单位展开的《北京读者听众观众调查》被众多研究者称为中国本土的受众调查的里程碑；而此后，由中央电视台、全国各省市自治区级电视台共同完成的第一次、第二次、第三次的《全国电视观众抽样调查》对我国的电视受众进行了摸底；CSM 媒介研究从 2005 年起编纂的《中国广播收听年鉴》对受众所能接收的广播频率情况进行调查。孙五三从学理上探讨了受众媒介观念的内涵、指涉及影响，并认为受众的媒介观念是受众观念现代化的一个极其重要的变量。方晓红在对江苏农村地区进行调研的基础上，临摹了所调研地信息传播中的“城乡有别”，呼吁“关注农村应当成为 21 世纪大众传播媒介的使命”。① 2009 年，浙江大学出版社出版了由张国良担任主编的《中国发展传播学》(9 卷)，21 世纪以来“一项面向全国的大规模、综合性、实证性的研究，工作量堪称浩大”②。这项调查是中国传播学领域内涉及调查区域最广的一次受众调查，分别在黑龙江、江西、河南、广东、四川、甘肃、云南、浙江等省份的城市、乡镇、村庄展开，对分属不同地域、具备不同媒介认知偏向的媒介负责人进行访谈。此中，“媒介、受众、受众的媒介行为”构成了贯穿于论著中心基本的主线。论著主要包括以下三个方面的内容：“(1)包括受众接触的媒介种类、频率、内容、动机与满足程度、对媒介的评价等；(2)对受众的媒介行为与特任特征的关系的研究，包括受众的媒介行为与受教育程度、居住地、性别的关系，以及媒介、受众、观念现代化三者之间的关系；(3)对媒介报道的内容进行研究，包括对报道内容主题的分析，以及对报道角色的社会经济地位、性别的分析”。③

以下讨论“媒介与受众”指涉的具体阶层。受限于篇幅，现就“媒介与女性”作重点说明。女性在传媒中的“存在”状态是怎样的？冯媛综合了性别研究的视角，认为报刊对女性议题的报道中存在偏向，即“男性新闻人物在出现频度、被引用频度、被拍摄频度方面都远远多于女性；而女性新闻记录者和新

---

① 方晓红：《大众传媒与农村》，中华书局 2002 年，第 239 页。

② 张国良主编：《中国发展传播学：总报告》，浙江大学出版社 2009 年，前言。

③ 张国良主编：《中国发展传播学：总报告》，浙江大学出版社 2009 年，第 9 页。

闻参与者都较多地出现在非重点报道领域”。[①] 与此结论相近的，鲍海波认为女性至少在“新闻传播主体”、“新闻文本”及“新闻受众”层面存在着缺席。造成女性这种缺席的，媒介首当其冲。[②] 即使“在场”，也面临着诸如“男性话语霸权”、“女性话语的自我颠覆”之类的困惑。[③] 张晨阳考察了在整个大众传媒图景中的女性话语所面临的困境及出路，认为“在目前机遇与挑战并存的现状下，要扩大社会性别意识力量的影响力，既要靠外部政策与规范的建立，也要靠女性更积极主动地参与到媒介之中，努力创造女性话语，使媒介成为创造、传播女性话语，争取合理权利的阵地”。[④] 代表性著作方面，主要有卜卫的《媒介与性别》、刘利群的《媒介传播与社会性别》、曹晋的《媒介与社会性别研究：理论与实例》、张敬婕的《性别与传播》及宋素红的《女性媒介：历史与传统》等。

新传播技术革新了旧有“媒介与受众”研究的范式与书写方式。研究者注意到，在“新技术・新传播・新受众”[⑤]的延展图中，重新发现受众及受众变迁的路径弥足珍贵。首先，新技术有着非比寻常的创构能力，在此基础上成型的新传播形态将触角延伸至个体日常生活中的每个时空节点，或解构、或重构个体之于个体、群体、社会之间的关系网络；其次，流动的场景中，个体的媒介行为及习惯随时发生位移，飘忽不定、捉摸不透；再次，新传播技术连接、统和并在一定意义上再造了新的“社会关系网络”(social network connections)，让受众的形貌和特征较之于以往，均发生了改变。基于此，李良荣主编的《新传播形态下的中国受众》立足于上述提及的新的研究范式，对全国 31 个省、直辖市、自治区实地走访调研，“从传播学、社会学、政治学、心理学理论出发，对全国受众较为完整全面的描述和概括”[⑥]。另外，调查超越了旧有的受众结构，从“媒体使用、日常生活与新媒体、媒体认知与评价、认同与态度、个人背景资料

---

① 冯媛：《女性在新闻中的存在——关于八家主导报纸新闻版新闻的研究报告》，《浙江学刊》1998 年第 2 期，第 85 页。

② 鲍海波：《女性在新闻传播中的“存在”状态分析》，《新闻知识》2003 年第 2 期，第 22—23 页。

③ 鲍海波：《女性在传媒中的“在场”与话语困境——“女性与传媒研究”之二》，《新闻知识》2003 年第 2 期，第 16—18 页。

④ 张晨阳：《当代中国大众传媒中的性别图景》，中国传媒大学出版社 2010 年，第 199 页。

⑤ 李良荣：《新传播形态下的中国受众》，复旦大学出版社 2013 年，第 1 页。

⑥ 李良荣：《新传播形态下的中国受众》，复旦大学出版社 2013 年，第 20 页。

以及家庭视听设备情况”[①]等六个方面对“媒介与受众”的互动模式、关联机制、意见网络等维度进行了阐述。

基本向度之四：媒介规制与新闻生产。

之所以将媒介规制与新闻生产二者关联在一起加以阐述，因为“那种认为媒介是独立的力量，能够随意影响和形造社会的老看法，过于简单而且已经过时”[②]。媒介对客观性迷思在任何时代、任何社会当中都是难以做到的，而且，巴兰和戴维斯在《大众传播理论》（第 5 版）中将“新闻生产研究”（news production research）言之凿凿地定义为“对新闻生产的制度化常规如何不可避免地导致新闻内容扭曲或产生偏见的研究”[③]。事实上，国外学术界对“媒介规制与新闻生产”的研究从 20 世纪 50 年代就已开始，“媒介规制与新闻生产”的研究进程被众多来自政治学、心理学、社会学等相关的学者（主要包括拉扎斯菲尔德、霍夫兰、卢因、拉斯韦尔等）所推进，并导致了“媒介规制与新闻生产”议题知识生产的实证取向。随后，怀特从方法、目的及个人的心理等层面验证了卢因所提出的“把关人”理论。而巴斯、沃特·吉伯、布里德等人更是将“把关人”延伸为一种社会控制的模式。“这些学者们的开创性研究，在新闻学历史中属于少数的可以被毫无疑义命名的‘经典派’。”[④]70 年代起，人类学、社会学、文化研究等学科方法和取向对新闻生产影响巨大，并在一定意义上引发了这一研究议题的社会学转向。关注点也由效果、受众转向了批判性地审视新闻传统、意识形态、新闻文本、新闻框架等。比如，1978 年盖伊·塔奇曼出版的《做新闻》认为新闻生产的内部运作机制依赖于其自身秉承的专业理念，而政府、商业组织等相关组织施加的压力则从外部进行规约。其后一年里，甘斯在《什么在决定新闻》中则通过建构不同类别的规约主体（新闻本体、新闻从业者、新闻政策）来关照新闻生产，而在这其中，国家与社会、新闻的价值维度、客观性、审查与自我审查都在一定意义上充当着媒介规制的角色。

近些年来，中国的学者相继开始从社会转型和变迁的视角，遵照新闻生产

① 李良荣：《新传播形态下的中国受众》，复旦大学出版社 2013 年，第 20 页。

② 梅尔文·德弗勒：《大众传播者诸论》，杜立平译，新华出版社 1990 年，第 137 页。

③ 巴兰、戴维斯著：《大众传播理论第 5 版》，清华大学出版社 2014 年，第 308 页。

④ 乔根森、哈尼奇编著：《当代新闻学核心》，清华大学出版社 2014 年，第 6 页。

社会学的理论资源，对建制于中国语境的“媒介规制与新闻生产”进行了诸多维度的分析。

其中陆晔援引社会学中“过程—事件分析”的分析策略，用她所在团队于2000年至2001年在北京、上海、香港三地的田野资料对新闻生产中具体的、微观的动态实践中隐秘的不确定的权力关系进行结构化和操作化，分析了从宣传管理、媒介组织以及消息来源三个维度规制新闻生产的权力体系及构成。在此基础之上，她认为处在转型期的中国的新闻生产及其实践正是在诸多正式的、非正式的规制节点编织的关系网络中生存、发展并逐步制度化。芮必峰从知识社会学的角度将新闻生产视作一种知识生产的过程，并勾连了新闻生产具体操作过程中存在的“中国语境”。在他看来，我国一直以来的新闻生产的前提涉及“制度”和“观念”两个维度，具体而言，则是“准入制”（或曰“许可证制”）、“政治家办报”，二者由内到外导向着新闻生产的基本前提。此外，他还试图描绘新闻生产的整体脉络，即现实语境—运作逻辑—理想追求。该研究引入社会互动、制度性空间及社会权力等理论资源，从思辨的角度对新闻生产进行了关照，在一定意义上是对现有关涉新闻生产研究文献中强调媒介和具体生产者的一种纠偏。王维佳另辟蹊径，以中央电视台、黑龙江电视台、北京人民广播电台和《京华时报》为参照点，以新闻生产的内外场域为尺度，将新闻生产视作一种劳动，一种受媒介机构内部控制机制、聘任机制、考核机制控制的具体劳动和商品劳动。李红涛将“媒介规制与新闻生产”的统摄范畴延伸至媒介记忆的维度，主要囊括“媒介记忆的生产机制、记忆与遗忘的辩证关联……媒体怀旧与日常生活，以及中国新闻界的集体记忆等”。①

在个案研究中，邵鹏在《媒介融合语境下的新闻生产》中阐述了媒介融合时代新闻生产的种种走向，并对涉及其中的朴素理论、人文主义、公共利益及新闻教育等维度进行观照。洪兵将处于社会转型变迁的《南方周末》在新闻生产实践过程中彰显的“促成问题解决”、“服务于公共利益”的做法视作西方学术界中“参与式新闻业”(participatory journalism)的典范。张志安以“新闻生

---

① 李红涛、黄顺铭：《新闻生产即记忆实践——媒体记忆领域的边界与批判性议题》，《新闻记者》2015年第7期，第36页。

产与社会控制”为起点，援引了布迪厄的“场域”（field）理论详实地考察了《南方都市报》创办十余年间媒介组织、权力关系对历史过程（从历时性角度透析种种规制因素在其中发挥的作用）、生产过程（文本生成的过程）、不同组织（如社会新闻部、专题新闻部、文化娱乐部等）和层级（普通记者、编辑、中层管理及高层管理人员）的结构性制约，并在此基础上总结出了新闻生产的场域特征。

另外，还有大量文献就新媒体（互联网）语境中的新闻生产做了说明，关注重点集中在其运作机制、制约结构及范式创新等。如刘义昆的《大数据时代的数据新闻生产：现状、影响与反思》、曾庆香的《众筹新闻：变革新闻生产的权力结构》、王辰瑶的《结构性制约：对网络时代日常新闻生产的考察》、陶文静的《搬迁：后工业时代新闻生产的空间与地点》、叶青青的《新制度主义视野下的新闻生产研究》等。

三、对“中国传播学”研究现状的反思

在廓清“中国传播学”的概念指涉及基本向度之后，接下来要做的工作便是对“中国传播学”作为一个独立的学术范式的建设和反思。

自 1978 年以来，传播学在中国的理论旅行及实践历程，总是时而炫目、时而尴尬。历经 40 年的发展，传播学业已通达中国。作为一门新兴之学，传播学也在中国的社会巨变及学术域中占有一席之地。但相较于其他研究领域，以学科名义出现的传播学显然在理论原创、理论积淀及成型时间上稍显怯懦，加之其学术“圈地”现象及不断扩充学术版图的“野心”不断高涨，也常常引发其他学科的侧目与批判，久而久之，便造成了传播学基础理论的原生与解释现实世界的力度之间的反差越来越大。在既有的理论范式中兜兜转转，故步自封，当研究者囿于旧的理论域、问题域时，他们必然在其中面对新问题、新材料时或削足适履，或精雕细刻。张涛甫将这种状况称之为“结构性贫困”，换言之，此类贫困状况将“成为制约这个年轻学科持续发展的路障”[①]。尽管研究者在刚刚接触传播学时已然确立了具有强烈乌托邦色彩的研究规范：“系统了

① 张涛甫：《新闻传播理论的结构性贫困》，《新闻记者》2014 年第 9 期，第 48 页。

解、分析研究、批判吸收、自主创造”，但彼时的中国传播学研究突出的糟点就在于刻意用经验研究的外衣包装自己，而对涉及“中国传播学”本体的理论建构始终停留在译著的简单介绍上。随着研究环境及研究者学术自觉的强化，这种缺憾在学科知识的描绘中并没有得到应有的纠偏，反倒在学科规划和建设上表现出很强的工具理性，大多数的应用性的、经验性的研究应势而生，未能实现元理论层面建树与提升。进入21世纪以来，中国传播学的研究开始迈进了新的发展阶段，在一定意义上实现了由功能主义向建构主义的转换。究其原因，其中一个重要的表现就是在对待“西方理论”的视角上多了些反思的意蕴，即使是译介性质的文章，不仅全面、系统，而且在动态及前沿的方面上把握得相当精准。可以说，步入21世纪以来，中国传播学的研究者秉承的研究态度更加理性。研究者在关涉“中国传播学”维度的理论原创和对现实社会的回应的传承性、积累性等层面都令人欣慰，有代表的学术成果和学术共同体初步彰显，且其势头愈加强劲。比如，复旦大学信息与传播研究中心就立足于“传播与中国”，致力于创新“中国传播学”的研究视域和学术共同体的打造，黄旦、孙玮及陆晔三位教授分别领衔的“‘新报刊（媒介）史书写的理论与路径’、‘数字城市：社会交往与生存样态’及‘新闻的语境和危机：理论与方法’”[①]的三类研究向度，为处于全球化、媒介化、数字化时代的中国传播学研究奉献了力量。

但上述的理论创新及其所承载的辐射力在现下的学术界还是远远不够的，中国传播学的学术研究场域还有诸多值得反思的地方，突出表现在以下几个方面：

第一，“西方理论”与“中国经验”之间的结构性偏差以及学术自觉意识的孱弱导致了“中国传播学”理论建构的愿景面临着诸多的困境和挑战。现阶段，中国传播学理论建构的学术规范、学术评价及建构的诸多指标不甚清晰，缺乏有效的学术激励、学术评价机制，研究者在开展自身的学术研究的过程中学术及理论自觉意识极度匮乏，存在很多需要规范的尺度。因此，何以在今时今日提倡“中国传播学”研究的学术自觉、理论自觉，其目的就是要在意识到

---

① http://cics.fudan.edu.cn/Default.aspx

“西方理论”与“中国经验”之间存在的诸如适用性、解释力度、效度等张力。研究者们在创构“中国传播学”所秉持决心和毅力的同时，也应自觉地观照到“作为方法的中国”以及“作为社会事实的中国”等学理逻辑与现实基础。

第二，应用研究与理论研究的各自圈地、不成比例的事实已经很大程度上成了“中国传播学”阔步行进的羁绊，也影响了这个学科或者是研究领域整体性的可持续发展。尽管现下的诸多年轻的学者对“中国传播学”的建构取向理论研究的兴趣愈加浓厚，深刻反思也好，知识考古也罢，但实质性的、有影响力的理论创构及成果却依旧寥寥无几，为数不多的关涉“中国传播学”元理论维度的研究成果也常常陷入大量经验取向的研究泥沼中无法自拔，以至于众多研究者用单向度的问题域、理论域、解释域去书写本就绚烂无比的“中国传播学”。这不能不说是现下“中国传播学”研究的重大缺憾。

第三，传播学的诞生、发展与政治（意识形态）有着千丝万缕的关联，无论在西方还是在中国，但是传播学毕竟不是政治科学。“中国传播学”有着区别于意识形态理论及政治科学非常多元的社会基础和实践基础，因此，我们有必要把握好“学术与政治”之间的平衡点，为“中国传播学”的研究创造一个良好的理论生态。

第四，刘建明教授认为，21世纪的“中国传播学”研究“尚处于泛化状态，呈现大而化之的倾向，非科学因素很多”[①]，这种趋势在相当程度上冲击和解构着“中国传播学”的理论创构。除此之外，诸多非传播学理论也渐渐开始披着传播的外衣出现在研究者的视线中，使得传播学理论有被日渐边缘化的危险。当然，这并不代表笔者不承认传播学始终处在人文社会科学的“十字路口”。在现下的学术场域中，传播研究罔顾自身的文化情境，研究主题过于碎片化，“随着对科学准确性的追求……学术性问题已变得更为狭隘了”[②]，尤其是当前国内学术界在新媒体的研究中，“新技术激发的传播实践，被扭曲、删减，强行

---

① 刘建明：《传播学从“泛化”、“玄化”到两极发展——21世纪中国传播学研究的趋势》，载袁军、胡正荣主编《面向21世纪的传播学研究——中加传播学研讨会文集》，北京广播学院出版社2000年，第289页。

② 卡尔·博格斯：《知识分子与现代性的危机》，李俊、蔡海榕译，江苏人民出版社2002年，第155页。

塞进旧框架中,失去了鲜活的生命,沦为旧理论一个个干瘪的注脚”①。

事实上,在传播学的学科体系中,“中国传播学”既是其分支,亦是创新整个传播学研究的新的学术增长点和繁荣点。前文论及,贾文山、刘海龙等教授将“中国传播学”列为正在成长的传播学研究第三大学派。而在新媒体语境中,既有传播关系的转变使得传统的大众传播理论危机重重,一些基本概念、经典假设及模式面临着被重新书写的可能性,所以我们无论怎样强调其重要性皆是必要的。反思“中国传播学”就要求研究者对理论、理论应用的现实场景、理论所产出的效果等谱系的精准把握。“中国传播学”作为传播研究领域的新宠,一方面不可能彻底摆脱西方自 20 世纪 20 年代开始的研究传统、知识体系,从而创构一个完全的、独有的“中国的传播学”;另一方面,基于中国社会情境及文化形态的相对独特性,亦不可能绝对在操作和取向上与西方传播研究的知识传统完全保持一致。因此,只有在互相比对、互相关照的基础上理解中国社会及西方社会,并在理论建构中触类旁通,我们才能发展出兼具普遍性与独特性的“中国传播学”,而这亦是促进“中国传播学”融通世界范围内传播研究的新的征程的起点。

(汪罗,西藏民族大学新闻传播学院,助教)

① 孙玮:《为了重建的反思:传播研究的范式创新》,《新闻记者》2014 年第 12 期,第 50 页。

微信公众号热门内容及其特征实证研究

——基于 K-means 文本聚类分析

徐翔　李莎

微信作为一种强势崛起的社会媒体(social media),正在成为传播的重要新空间和新场域。微信中传播的大量文章、帖子,构筑着公众的舆论议程与媒介拟态环境。这种新生成的重要社会传播形态,其内容具有怎样的构成特征,关系着一种媒介空间与"信息方式"的主导特征。微信中大量公众号的崛起,使得原本注重"强关系"的微信中"熟人社会"的传播,而注入了更多公共领域的特质,对微信的信息空间产生了重要的作用。腾讯公司微信官方数据显示,截至 2017 年 3 月,微信公众号超 2000 万个。洛文塔尔于 20 世纪 40 年代在《大众偶像的胜利》中指出,媒介中的"偶像"经历了从以企业家为代表的"生产偶像",向以娱乐明星为主的"消费偶像"的转变。而在微信中,其具有主流意义的元素是否也具有其自身独有的特征也关系到我们对于微信空间及其传播特质的把握。在此基础上,本文所针对的核心问题是:微信传播空间中,其具有高传播效果和高影响力的内容类型,具有怎样的特征。研究的主要路径,是通过对 150679 条微信公众号文章及其传播效果进行实证挖掘和分析。

一、相关研究和理论假设

学界对于微信公众号内容的相关研究，自腾讯公司于 2012 年 8 月 18 日微信推出微信公众号以来越来越多。对国内相关文献进行梳理，目前微信公众号内容的相关研究主要集中在以下几个方面：一是涵盖政务、高校、军事等主要分析微信公众号内容在社会管理方面的有效应用，如《政治传播视角下的政务微信研究——内容、功能及策略》①、《军事类微信爆文的传播特征及启示》②等；二是从内容营销角度探讨微信公众号的传播特征、传播效果和传播策略等，如《基于内容营销的微信传播效果研究》③、《移动内容营销传播初探——以企业微信公众订阅号为例》④等；三是从新媒体、传统媒体等媒介融合角度对微信公众平台内容的分析，如《自媒体类微信公众平台内容传播策略研究》⑤、《提升学报内容在微信平台上传播质量的路径》⑥等；四是对微信公众号内容传播特征、传播效果的研究，如《微信阅读、视听内容的传播特征与影响探析》⑦、《微信平台传播内容分析》⑧等。在微信用户所关注的内容层面，2014 年腾讯公司发布的《微信官方数据披露：什么样的文章更受欢迎》显示，情感资讯、养生、政法新闻文章稳居阅读人数和分享人数前三名；官方调查报告《2016 年微信用户喜爱文章类型调查报告》中表明情感、搞笑、娱乐、个人生活等文章是最受微信用户喜爱的内容。

总体上，目前国内对微信公众号热门内容及其特征的研究成果比较少，大部分相关研究只是对微信公众号热门内容及特征进行了概括性文章类型归类

---

① 郭艺渊：《政治传播视角下的政务微信研究——内容、功能及策略》，云南大学 2016 年博士论文。

② 张辉：《军事类微信爆文的传播特征及启示》，《图书情报论坛》2016 年第 5 期，第 36—39 页。

③ 马红岩：《基于内容营销的微信传播效果研究》，《商业研究》2014 年第 11 期，第 122—129 页。

④ 田原、张庆梅：《移动内容营销传播初探——以企业微信公众订阅号为例》，《东南传播》2015 年第 3 期，第 8—10 页。

⑤ 张晗：《自媒体类微信公众平台内容传播策略研究》，苏州大学 2016 年博士学位论文。

⑥ 毛殷：《提升学报内容在微信平台上传播质量的路径》，《编辑学报》2017 年第 1 期，第 73—76 页。

⑦ 张路路：《微信阅读、视听内容的传播特征与影响探析》，上海师范大学 2016 年博士论文。

⑧ 马佳明：《微信平台传播内容分析》，《新西部》2015 年第 3 期，第 93 页。

或描述，比如邹晖晖《新媒体时代微信公众号热门推文的表达特征及其成因》，简单总结了热门推文在形式上具有标题句式多样化、语言表达非规范化、传播形式多元化的特征和内容上呈现选题综艺化、内容活化的特性以及分析其成因，并无相关实证数据分析进行理论支持。赵志真《微信热门文章及其影响因素等实证研究》，研究成果也只停留在对微信热门内容作了相关和回归分析，并没有对微信公众号热门内容特征展开充分详细的论述。目前，对微信公众号的内容特征尚无针对性的专门实证研究，这也使得本研究具有其较为迫切的学理诉求与现实意义。

美国政治思想家汉娜·艾伦特在《人类境况》中提出“私人领域更倾向于一种生活式范畴而非空间范畴，着意突出个体化活动的自由自在性”。微信在探讨社会公共事务的弱能力以及朋友圈的圈层文化，而公私域消融的微信空间则满足了人们情感化、私人化、非典型性相对自由的表达。同时按照马斯洛需要和满足理论，人类的基本需要是多方面、多层次的，而虚拟现实具有心理补偿功能，微信空间一定程度满足了人们情感补偿心理的需要。正如法国哲学家福柯所说：“总之，这面镜子是无地方的地方(a placeless place)，所以是一个乌托邦。”微信空间就如一面镜子，变成了情感的乌托邦，人们通过阅读文章寻求情感寄托、补偿，了解社会和他人的情感和变化；另一面人也躲在文章后面窥探他人的隐私，从而获得一种情感的认同、宣泄和孤独的消除。本文研究目的是通过实证研究来分析微信公众号热门内容及其特征。因此，提出的研究假设为：微信公众号传播的热门内容，具有情感化、生活化、个人化的特征。

二、研究思路和过程

选取研究样本通过 Python 网络爬虫采集得到的 150679 条不同微信文章，主要考察微信文章内容本身、阅读量、点赞数、与之对应发布者微信公众号的预估粉丝数等数据。首先对抓取到的 15 万微信正文进行预处理，包括考察了处理后得到的 147157 篇样本的 TF-IDF，得到 2776 个词，再运用奇异值分解进行降维，把所有的帖子从 2000 多维降到 500 维，提取了前 500 位最重要的主题并考察每条帖子在每个主题上的得分，进而对降维后结果进行聚类分析。选取聚类结果排名前20位的最热门微信公众号内容，通过对文章类型特征和阅读量、点赞数等数据之间的关系进行分析来检验假设，并得出研究结论。研究过程主要运用Python网络爬虫的模块，包括numpy、scikit-learn等工具以及spss统计软件等，研究中所涉及的程序代码为笔者根据研究目的编写。

K-means算法是最为经典的基于划分的聚类方法，是十大经典数据挖掘算法之一。K-means算法的基本思想是：以空间中k个点为中心进行聚类，对最靠近它们的对象归类。通过迭代的方法，逐次更新各聚类中心的值，直至得到最好的聚类结果。将147157篇微信文章内容进行TF-IDF词频矩阵的计算，词频最少出现1500次，最大idf为0.08，得到关键词2776个。将关键词提取后建构一个147157×2776的词频矩阵，通过奇异值分解(svd)，取前500个主题进行聚类，即将原矩阵降维到147157行×500列的矩阵进行聚类。奇异值分解采用Python的numpy模块自行编写代码完成。随后运用"肘方法"确定k-means的聚类数目，用Python的scikit-learn模块计算了分别聚为2—200类情况下的"簇内误差平方和"(sse)，未见明显的"拐点"(见图一)。在此基础上本研究将所有微信文章的聚类数目定为200类。

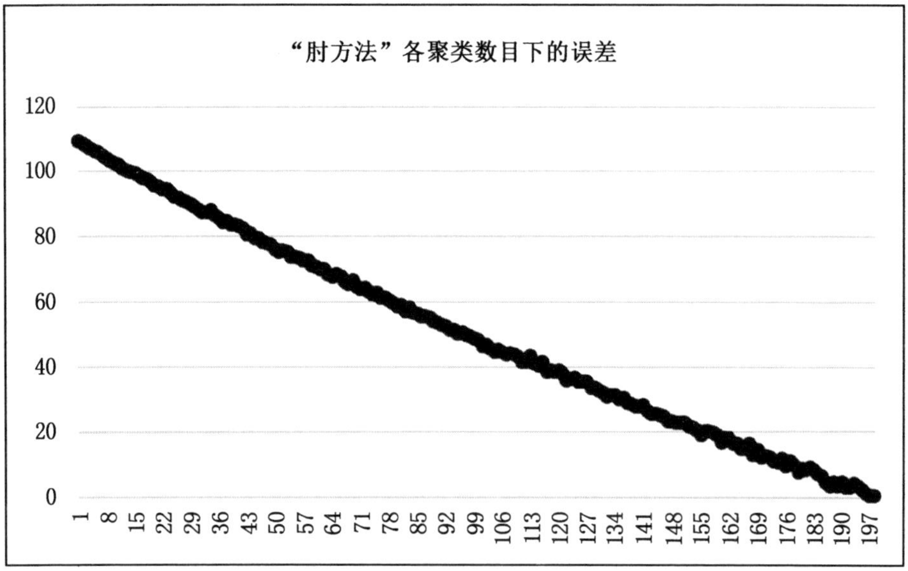

图一　各聚类数目下的误差

三、微信公众号热门内容及其特征分析

对微信文章的效果分析，本文主要从公众号的粉丝数、近一个月平均点赞数、文章阅读量、文章点赞量四个重要维度来进行研究。自媒体时代，粉丝数是衡量传播效果之受众影响力的重要评价指标，点赞数、阅读量是衡量传播效果之传受互动力的指标。

关于情感化、生活化、个人化三个特征的概念和定义存在不同的界定。一般的普通心理学课程中认为："情绪和情感都是人对客观事物所持的态度体验，只是情绪更倾向于个体基本需求欲望上的态度体验，而情感则更倾向于社会需求欲望上的态度体验。"《心理学大辞典》中认为："情感是人对客观事物是否满足自己的需要而产生的态度体验。"而《情感心理学导论》(*Emotional Evolutionary Psychology*)中对"情感"的定义在学术界受到广泛认同：情感是一种状态、一种表现，例如喜悦、悲伤、愤怒、恐惧、同情、失望等状态。据此，情感化是指所呈现的各种情感状态。生活化包括生活方式、生活习惯、生活情趣、生活形态或生活理念等与生活息息相关的各类形态。对个体化的研究主要是从社会学而来，最早追溯到德国社会学家滕尼斯的《新时代的精神》，书中指出，个体化是指单一个体人格、价值及目的都要挣脱束缚其的共同体从而获得发展。鲍曼认为，个体化所承载的是个体的解放，即从归属于自己、通过遗传获得、与生俱来的社会属性等的确定性中解放出来；贝克指出，个体化意味着生活方式的"解传统化"。个人化相对于社会化而言，指个体的独立性、独特性、主体性日益得到显示和表达的过程。因此在本文中关于公众号热门内容情感化、生活化、个人化定义概括为：情感化是指微信公众号热门内容中呈现包括爱情、亲情、友情等在内喜悦、悲伤、愤怒、恐惧、同情、失望、惊讶、痛苦等情感状态；生活化是指包括衣食住行在内的生活方式、生活习惯、生活情趣、生活形态或生活理念等生活状态；个人化是指个人自身与其他个体在工作、学习和生活等各方面保持差异性，拥有个体的独创性。

(一)微信文章类型与微信公众号粉丝数

对聚类得到的200类文章其发布者的粉丝数进行统计，取最高的前20

类，如表一所示。

表一　各聚类类型的微信公众号平均粉丝数（取最高的前20类）

类序号	N	均值	标准差	标准误
105	276	91.7971	135.73593	8.17034
43	357	88.1541	138.65719	7.33852
131	855	80.8140	128.29289	4.38752
155	259	77.5135	109.08525	6.77823
163	296	75.2534	121.67896	7.07245
87	87	73.1954	123.82995	13.27596
6	233	65.3734	115.64911	7.57643
143	131	64.8779	72.39560	6.32523
157	273	64.3260	99.87665	6.04481
107	117	64.2393	101.79744	9.41118
181	38	63.5526	84.46419	13.70190
52	891	61.2918	69.28331	2.32108
179	562	60.5569	68.16637	2.87542
171	434	58.4355	74.47933	3.57512
111	677	58.3693	103.26435	3.96877
77	705	57.9248	100.64514	3.79052
39	280	57.9036	104.15543	6.22448
166	68	56.8088	104.49784	12.67222
68	200	56.6350	102.22579	7.22845
49	126	56.6190	59.78560	5.32612

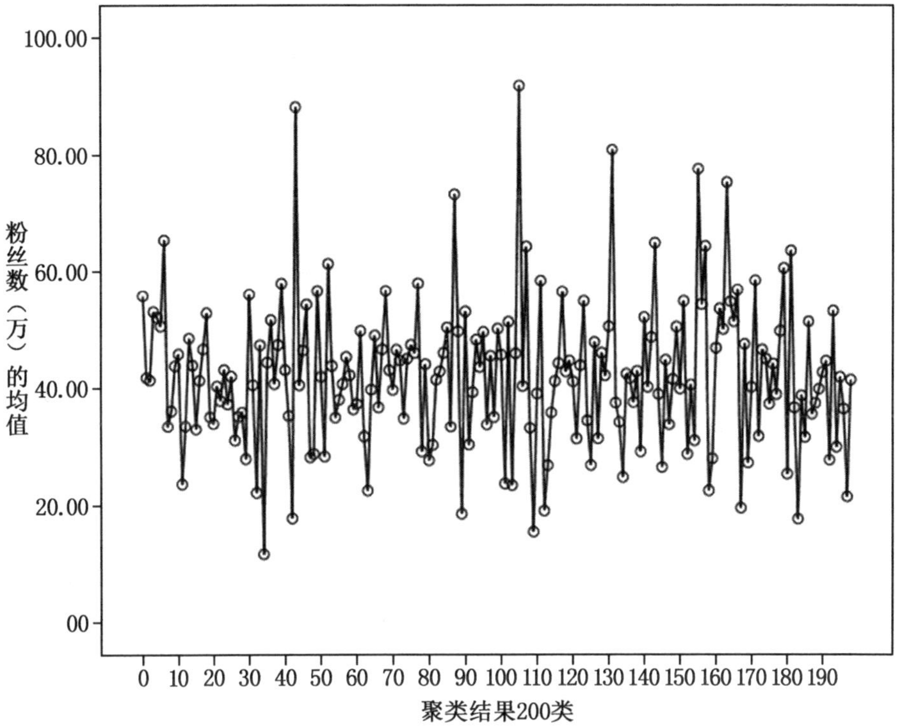

微信公众号都想凭借爆文实现“一夜暴富”，带来粉丝的暴涨。因为粉丝数量越多，传播效果越好。在 200 类的聚类结果中，传者粉丝数最多的前 20 类微信文章类型见表二：

表二 传者粉丝数最多的前 20 类微信文章类型

类序号	类主题特征	情感化	生活化	个人化
105	两性情感、情感故事	是	是	是
43	用佛法、国学等来对待情感	是	是	是
131	情感倾诉	是	是	是
155	情感修养文摘类	是	是	是
163	娱乐搞笑类	否	是	是
87	服装类公众号营销	否	是	是
6	职场规则和宝典	否	是	是
143	汽车移动电子类综合资讯	否	是	是

续表

157	流量促销资讯	否	是	否
107	心理、性格、智商等测试	否	是	是
181	视频下载资讯服务	否	是	是
52	新款汽车营销	否	是	是
179	SUV	否	是	是
171	新车、汽车组装等资讯	否	是	否
111	女性视角看待两性关系	是	是	是
77	女儿养育成长、女神养成记	是	是	是
39	母亲节主题文章	是	是	否
166	热播剧《欢乐颂》心灵鸡汤	是	是	是
68	学车、路况、交通事故等	否	是	否

居于前三的是夜听公众平台推送的情感类文章，感情话题的秘密性和匿名性契合无处可倾诉的情感问题，推送的微信公众号有十点夜听、睡前夜听、寂听、陪你一起夜听等公众号。111 类是女性视角看待两性关系，155 类是关于人生哲理、生活感悟所谓有思想深度的情感修养营养第四餐。166 类是当时热播剧《欢乐颂》中五美之一的樊胜美角色定位的关于认知、财富、阶级等蹭热播剧的典型鸡汤类文章。163 类、6 类、107 类、143 类均具有生活化、个人化特点，这些内容提供与生活、个人相关的有价值资讯。

由此可见，微信文章类型与传播效果相关，具有情感化、个人化、生活化的微信文章都具有更好的传播效果，属于微信公众号的热门内容。

（二）微信文章类型与公众号近 30 天的平均点赞量

表三　微信公众号近 30 天的平均点赞量(取最高的前 20 类)

聚类序号	N	均值	标准差	标准误
131	854	1436.75	3896.910	133.350
6	231	1317.54	4037.920	265.676
43	356	1223.88	2704.265	143.326

续表

105	275	1219.27	2401.396	144.810
130	1048	1132.74	2121.806	65.543
87	87	982.86	2663.067	285.511
68	199	874.84	2577.682	182.727
155	259	821.39	1518.796	94.373
85	355	747.67	1898.551	100.765
18	308	740.61	1659.153	94.539
30	1113	721.05	1993.874	59.765
117	256	720.53	1712.439	107.027
166	68	719.38	2235.387	271.080
143	130	718.93	1521.431	133.438
90	255	697.08	1804.959	113.031
52	884	694.56	1432.872	48.193
111	672	694.13	2342.753	90.374
3	182	682.80	1568.181	116.241
107	116	680.92	1732.660	160.873
0	781	671.95	1581.127	56.577

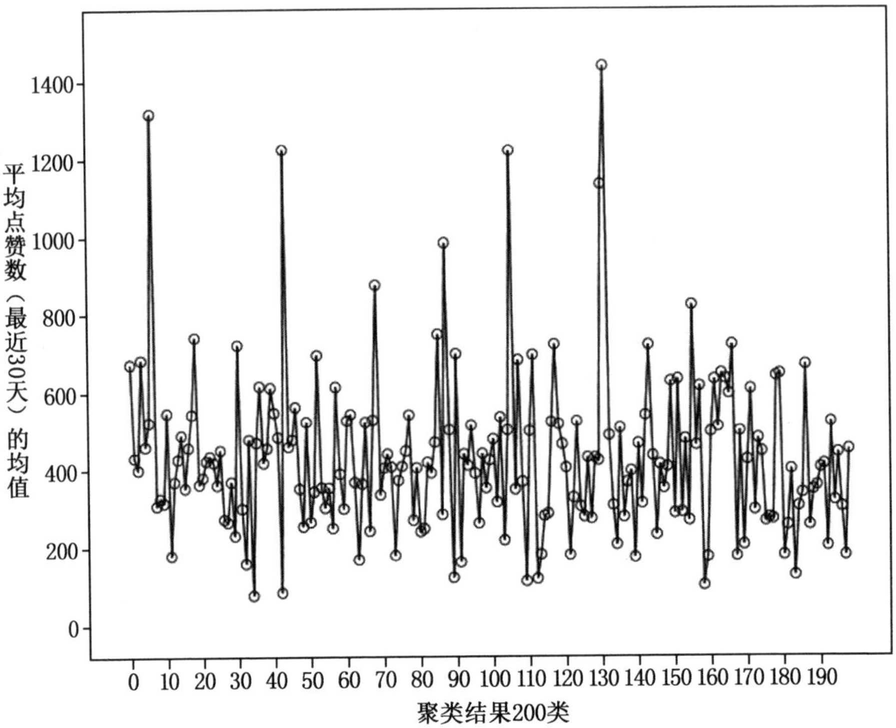

点赞数表示文章的受欢迎程度，是衡量传播效果的另一个重要指标，近30天平均点赞数反映在1个月内受欢迎程度的总体特征。在微信文章类型和点赞数关系考察中，处于前20类里，和粉丝数的排名重复的有131、6、43、105、68、87、155、166、143、52、111、107等12类。85类是关于法国总统马克龙竞选成功后被关注并捎带美国总统特朗普蹿上热点搜索榜，主要关注点在于男女年龄差距大的婚姻和爱情的情感类文章。30类是关于唐诗故事、英语美文、钢琴曲、影视作品等艺术与教育类文章，117类是关于台湾和两岸文化，包括台湾美食、大陆传统文化、时事、历史等，均具有生活化特征。

由此可见，近30天平均点赞数与传播效果相关，具有情感化、个人化、生活化的微信文章都具有好的传播效果，属于微信公众号的热门内容。

(三)微信文章类型与文章阅读量

表四 各聚类类型的文章平均阅读数(取最高的前20类)

聚类序号	N	均值	标准差	标准误
105	276	60589.83	37856.876	2278.716
43	357	46943.70	38595.261	2042.678
155	259	42023.01	41932.560	2605.563
163	296	37650.40	44082.285	2562.231
166	68	36024.78	35187.042	4267.056
52	891	34132.72	32124.073	1076.197
87	87	34097.77	33834.150	3627.402
179	562	34044.63	31409.494	1324.930
131	855	33572.43	35486.809	1213.623
85	355	32814.95	34230.898	1816.787
111	677	32739.54	36059.574	1385.882
157	273	32657.49	33807.295	2046.111
171	434	31492.00	31051.695	1490.529
4	436	30703.80	33273.939	1593.533
39	280	30412.65	35542.692	2124.082
142	746	29994.92	34961.366	1280.027
136	584	29730.94	29482.036	1219.975
156	2012	29588.63	33177.294	739.651
6	233	29184.27	36177.549	2370.070
10	321	28650.36	26385.929	1472.719

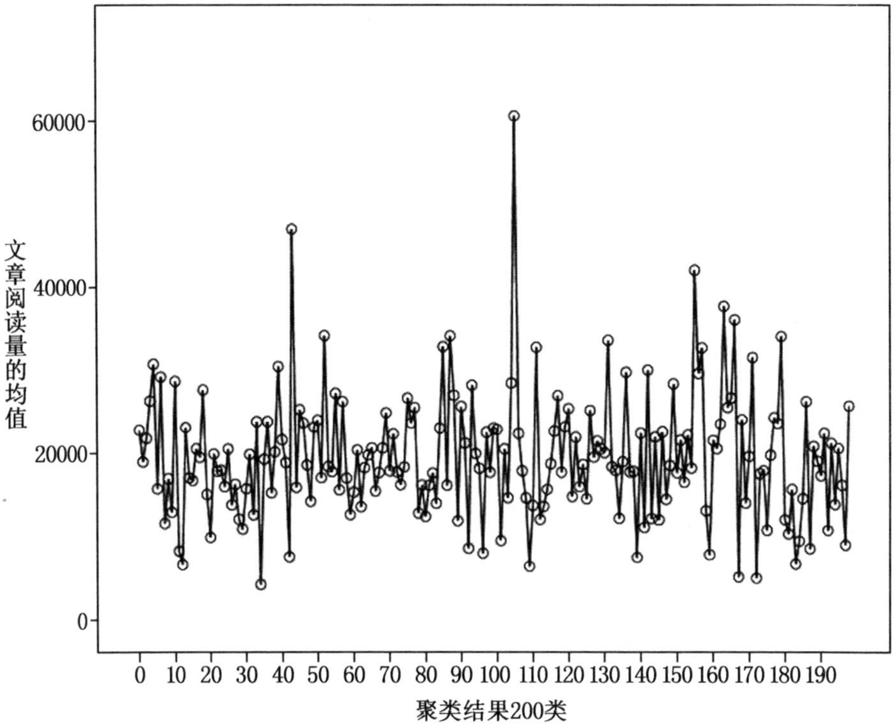

文章阅读量是直接体现传播效果的指标，105、43、155、166、52 等类别与粉丝数最高、近 30 天平均点赞数最高的前 20 类高度重合。10 类有 2012 篇文章，所占比例大，主要关于影视娱乐、明星八卦类资讯；4 类是关于 520 表白日；142 类是标题党的奇闻怪谈；136 类是一些穿搭艺术、时尚造型类，均是具有生活化特征的文章。

由此可见，文章阅读量与传播效果相关，具有情感化、个人化、生活化的微信情感类文章都具有好的传播效果，属于微信公众号的热门内容。

(四)微信文章类型与文章点赞量

表五 各聚类类型的文章平均点赞数(取最高的前20类)

聚类序号	N	均值	标准差	标准误
131	855	1870.758	6589.76	225.37
105	276	1564.428	1632.23	98.25
157	273	1013.040	2595.13	157.06
6	233	978.790	3626.46	237.58
43	357	896.087	1265.94	67.00
130	1049	854.185	1218.16	37.61
155	259	835.158	1512.49	93.98
166	68	755.941	2915.83	353.60
85	355	724.223	2237.56	118.76
18	309	654.929	1981.58	112.73
117	256	626.141	2133.47	133.34
0	781	560.406	1614.96	57.79
68	200	508.450	1699.54	120.18
88	467	502.897	1940.70	89.80
90	255	495.776	1501.30	94.01
142	746	492.485	900.17	32.96
57	301	490.525	1255.56	72.37
111	677	479.659	1215.57	46.72
40	340	460.815	2680.99	145.40
163	296	457.166	624.66	36.31

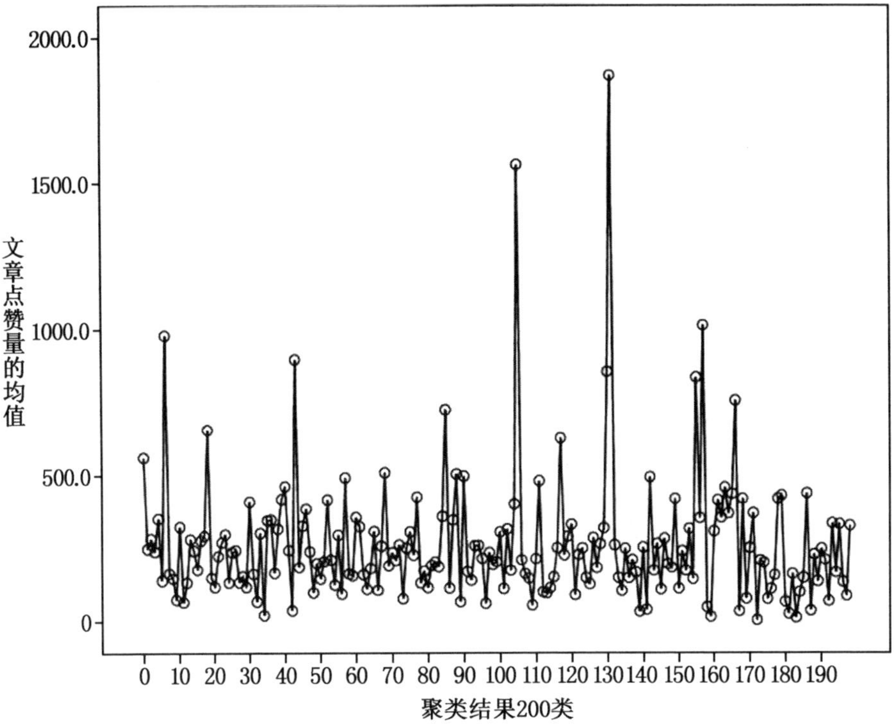

文章点赞量是衡量文章传播效果直接指标，点赞量越高，传播效果越好。在文章点赞量最高的前 20 类中，131、105、6、43、155、166 等与前面三项均有重复。88 类有 467 篇文章，主题和关键词涉及直播、平台和主播等与如今非常火爆的网络直播相关，具有生活化特征。

由此可见，文章点赞数与传播效果相关，具有情感化、个人化、生活化的微信文章都具有好的传播效果，属于微信公众号的热门内容。

（五）微信公众号热门内容及其特征总结

200 类文章类型聚类结果居于前 20 位都具有好的传播效果，属于微信公众号的热门内容，将类别在四个指标中出现的频次和特征进行归纳总结如下表：

表六 前200位类别特征总结

类序号	类主题特征	出现频次	情感化	生活化	个人化	类序号	类主题特征	出现频次	情感化	生活化	个人化
6	职场规则、宝典类鸡汤文	4		是	是	179	提供关于SUV的个人选车信息	2		是	是
43	用佛法、国学等对待、处理情感	4	是	是	是	88	网络直播、平台和主播生活类	1		是	
105	两性情感、情感故事	4	是	是	是	171	新车、个人汽车组装、改装资讯	2		是	是
111	女性视角看待情感类两性关系	4	是	是	是	142	标题党、地方性奇闻怪谈	2		是	
131	情感倾诉	4	是	是	是	10	生活常识、窍门	1		是	
155	情感修养文摘类	4	是	是	是	136	个人穿搭、编织、时尚造型类	2		是	是
166	热播剧《欢乐颂》关于认知和阶级的心灵鸡汤	4	是	是	是	143	个性化定制选择汽车移动电子类综合资讯	2		是	是
52	新款汽车资讯营销（内容煽情）	4	是	是		156	女性、情色、电影等	1	是	是	
68	学车、路况灯信息和地方交通事故警示性新闻	4		是		130	说股、侃股等个人炒股、操盘等股市信息资讯	2		是	是

续表

40	人生哲理、佛学道理	1	是	是		3	健康、养生等人生正能量文章	1	是	是	
87	服装类公众号营销（追求个性化）	3		是	是	4	520表白日主题帖	1	是	是	
157	流量促销资讯	3		是		181	粤语八卦杂谈	1		是	
163	娱乐搞笑类	3		是	是	39	母亲节主题文章	1	是	是	
18	中韩政治军事八卦、旅游、追星	2	是	是		30	唐诗故事、钢琴等艺术、教育	1		是	
77	女儿养育成长、女神养成记	1	是	是		77	女儿养育成长、女神养成记	1	是	是	
90	印度和中国励志文化、历史、影视和职场规则	2	是	是		85	年龄差距大婚姻以马克龙和特朗普为热点典型	3	是	是	
107	心理、性格、智商等测试	1		是	是	49	粤语地区粤蒲粤好玩资讯	1		是	是
117	台湾和大陆情感归属、美食、人文、旅游、历史	2	是	是		57	飞机、航班、机场等娱乐、旅行资讯和新闻	1		是	

四个指标中都出现的有105、111、131、155、43、166、6类，归为情感大类。105、111、131、155、43类四个指标中均居于前10位的着重在具有情感化、私人化、个人化、非典型特征的文章。166、6类主要关于职场的鸡汤类文章，具有生活化、情感化特征的文章。68、85、87类等出现频次为3次，主要是生活休闲、搞笑娱乐、娱乐营销等具有生活化特征文章；绝大多数频次为2次，类别主要

涉及健康养生、冷笑话、情感修养等，具有生活化、个人化、情感化特征。

由此可见，微信公众号传播的热门内容具有情感化、生活化、个人化特征，研究假设成立。

四、结语

本文通过实证研究，对微信空间的传播特征进行了探索和实证数据的支撑。在公众议题中，传统媒体以企业家为典型的传统生产偶像以及微博中以娱乐、体育明星为主的消费偶像等起重要作用的舆论领袖，在微信公众号传播中并没有很显著的传播作用。现代人生存压力加大，微信空间一定程度成为个人情感、生活表现、表达、围观甚至寻求寄托和慰藉的地方。微信公众号传播的热门内容具有情感化、生活化、个人化特征，表明人们一旦无法从现实生活中汲取足够的营养，那么靠微信等虚拟空间聊以为生也毫不稀奇。同时也体现了人们在微信空间中倾向于自由自在的表达方式，也更加关注私人生活、情感需要和个体的发展。这体现了微信空间在公众号传播的基础上，既具有公共领域的公共性，同时也高度关注甚至出现对情感和个人等"非公共领域"的个体生活内容的转向，形成在公共领域及私人领域之间的一种张力。从现实意义而言，微信传播中影响力的塑造以及微信舆论的引导，都需要高度重视这种情感化的特质，形成更为有效的传播路径和引导策略。

（徐翔，同济大学副教授、研究生导师；
李莎，同济大学艺术与传媒学院研究生）

巴克森德尔与T. J. 克拉克之辩[①]

——艺术社会学的两种研究路径举隅

原百玲

20世纪90年代，美国当代艺术史家兰代尔将巴克森德尔与T. J. 克拉克并称为"艺术社会学"的先驱[②]。他们同为出生于英国本土的艺术史家，且在1972—1975的几年间陆续出版了其艺术社会学代表作。正如美国新艺术史家阿尔珀斯在《艺术是历史的吗?》一文中所言，T. J. 克拉克和巴克森德尔开启了艺术史研究的新潮流，"以前的艺术史是把艺术作品放在历史背景中去研究，认为艺术史是时代风格的完成和发展，现在，是将个别作品或成组的作品，将个别现象置于一个特定的时间和地点去考虑。艺术作品自身被看作是历史的一部分，而不是作品史或作品序列"[③]。以克拉克为代表的左派艺术史家十

① 基金项目：2018年度广西高校中青年教师基础能力提升项目"巴克森德尔视觉文化研究"(2018KY0062)。

② Allan Langdale, "Aspects of the Critical Reception and Intellectual History of Baxandall's Concept of the Period Eye", *Art History*, December 1998:479—497.

③ 阿尔珀斯:《艺术是历史的吗》，张怡译，《艺术与设计分析》2010年第3期，第1页。

分欣赏巴克森德尔的研究,认为他看到了艺术的社会的价值,以及对微观社会实践的论述方式,重新建构了艺术-社会关系的新模式。

除此之外,巴克森德尔和克拉克在具体结合绘画细节和社会语境方面却走上了完全不同的路径,而且在研究的主题、方法、思考视觉艺术的目的和意图上都存在着巨大的差异,严格地说他们二人代表了艺术社会学的两种研究路径。巴克森德尔属于传统的艺术史家,他对意大利文艺复兴绘画分析重点在于立足于作品本身,还是从艺术形式的角度探究视觉惯例的形成,属于内在论的研究模式。克拉克本质上是社会学家,通过考察马奈对于《奥林匹亚》的分析,不难发现他关注的重点是"阶级""意识形态""现代性"等社会学议题,绘画作为重要的载体,直观地呈现了这些宏大概念形成和发展的历史过程。

一、艺术与社会之间:以视觉惯例为中介

当兰代尔将巴克森德尔与克拉克并列为艺术社会学的先驱时,主要是基于他们二人相继在 1970 年前后发表了以艺术-社会为主题的重要著作。1972 年,巴克森德尔出版了《15 世纪意大利绘画与经验》一书,明确地将绘画的社会功用作为研究的起点,"一幅 15 世纪的画作系某种社会关系的积淀。……画家和雇主双方均受约于某些制度和惯例——商业的、宗教的、知觉的,从最广义上说,社会的,这些不同于我们的制度和惯例影响着该时代绘画的总体形式"[①]。由此开启了艺术史研究向视觉文化的转向。一年之后,克拉克出版了《人民的形象:库尔贝和法国第二共和国 1848—1851》,该书被认为是奠定了艺术社会学的研究方向和旨趣。1974 在《泰晤士文学增刊》(*Times Literary Supplement*)发表宣言《艺术创作的条件》,这份"宣言"被看作是艺术史新思潮的原始文件,即一种新的、社会学倾向的、马克思主义艺术史。巴克森德尔研究的对象是文艺复兴时期的绘画,克拉克关注的则是 19 世纪现实主义绘画大师库尔贝,但是他们不约而同地在绘画分析中强调了社会和历史的维度,尤

① Michael Baxandall, *Painting and Experience in Fifteenth Century Italy: A Primer in the Social History of Pictorial Style*, Oxford & New York: Oxford University Press, 1972:1.

其是将视觉惯例作为了艺术和社会关系的重要中介。

在《艺术，社会和布格定律》[①]一文中，巴克森德尔旗帜鲜明地说道：艺术和社会作为分析性概念，是来自人类经验的两个不同领域的范畴，各自都是被建构的，并指向自身的体系，体系之间互不兼容。艺术作品的定义大多数都指称的是一类物质客体，以及具有相关的精神特征；但是社会的定义往往归结为一套复杂的机制，在其中个体能发现其集体性的纽带。因此它们是两类完全不同的指称体系。他把艺术和社会的关系比喻为化学元素碳和树的关系。很明显，树离不开碳元素，碳作为摄入纤维的一部分，同样树也会在碳元素上产生作用。但是它们的意义和内涵分属不同的范畴体系，一个属于化学，碳是在和其他化学元素的差异中获得意义；另一个则是植物学。[②]

由于艺术和社会是不同质的，涉及二者关系的建构时，巴克森德尔认为必须借助于一个中介性的因素。他引入了光学的布格定律[③]来予以说明。根据布格定律，在一个事件中，如果很难建立两个术语之间的关系，就要移动其中一个与另一个进行匹配，移动不同的一方会形成两种不同的视野，这样才能得到有效信息。巴克森德尔根据这一原理在艺术-社会之间增加了“文化”的向度，即艺术-文化-社会。首先是移动艺术这个范畴，由于图像本身就是文化的一部分，所以文化和艺术的关系相对说来可以直接把握。其次是社会范畴，社会乃是一种机制，从构成社会的复杂机制中抽取出与艺术特别是视觉技巧相关的部分，因此艺术到社会的移动以视觉机制为过渡，形成艺术—视觉机制—社会三个分析向度。社会和这些具有艺术性的机制之间的关系是介入的、相对直接的。在巴克森德尔看来，我们可能很难确定艺术家究竟在多大程度上

---

① Michael Baxandall, “Art, Society, and the Bouguer Principle”, *Representations* 12, Fall, 1985:32—43.这篇文章是巴克森德尔在1985年召开的“艺术和社会，我们必须选择吗？”国际学术研讨会上，此次会议由他的同事阿尔珀斯发起，包括高居翰在内的众多伯克利艺术史教授参加了此次讨论。

② Michael Baxandall, “Art, Society, and the Bouguer Principle”, *Representations* 12, Fall, 1985:32—43.

③ 布格定律的大意是，在没有光学仪器和其它方式能够测量光之前，全部的估算过程必须是眼睛可见或心灵可感的。比如两只大小不同的蜡烛，心灵可能无法准确地估量出它的大小。布格的解决方式是：如果我们的心灵无法估量，那么可以让两束光相互移动、接近另一束光，目测出两者间的距离，进行匹配、比对，然后描述两束光的大小。Michael Baxandall, “Art, Society, and the Bouguer Principle”, *Representations* 12, Fall, 1985:32—43.

作用于机制或者被机制所作用，但起码我们获得了一个讨论艺术-社会的基本框架。这一框架可以在英国文学批评家、马克思主义者雷蒙·威廉斯(Raymond Williams)的“中介”概念中找到回应。[①]

不管是移动社会还是艺术，视觉技巧都是极重要的因素。视觉技巧既是文化的组成部分，又发挥着社会机制的功能。艺术家的训练过程也有文化和机制的两个面相。因此必须从不同的视角看待艺术。当巴克森德尔面对这样的问题：他的艺术史研究是为了解释艺术还是社会，必须要在二者之间选择一个，他的回答是：我们不可能二者兼备。艺术和社会是两个不同质的体系建构，对此需要引入一个中间的主题。艺术指向的这类客体，从它们的结构和组织中获得意义，如果把它看成是非结构性的象征性客体，会忽视艺术之所以为艺术的前提以及艺术所负载的信息。社会也是分析结构和组织的概念，它是一个互动的机制体，包括阶级、血缘、经济、政治、宗教、教育等。艺术史家并不在于解释社会，不是要建立艺术-社会的关系，只是遵循社会结构所提供的模式。

在《人民的形象》中，克拉克说：“我的兴趣并不在于探讨艺术作品如何反映了意识形态、社会关系或者历史。同样，我也不想把历史看作是艺术作品产生的背景，或者只是偶然出现的要素，在本质上是和艺术品及其生产相割裂的东西。我还反对这样的观点，即把艺术家的基点设为是先天的社会存在，先于实际的艺术社交圈。据此观点，历史将以某种固定的路径，通过一成不变的中介系统，传达给艺术家，艺术家回应社交圈的价值和理念，反过来也会因社会价值和理念的改变而改变，并且受制于历史环境的影响……最后，我也不希望艺术社会史依赖于艺术形式和意识形态的直观类比，例如将库尔贝作品‘奥尔

---

① 威廉斯在 1973 与阿尔都塞的有关意识形态概念和机制的修订版本对话中，提出了上层建筑的修改定义，他将上层建筑定义为一种反映(reflection)，并作为一种中介而存在，即上层建筑并不映射基础，其必定经中介活动和社会实践受缚于基础。“人们很容易发现‘中介’作为一个术语，其吸引人的地方正在于它描述的是‘社会’与‘艺术’之间或‘基础’与‘上层建筑’之间的那种关系过程。我们不应该期待(或者并不总能)在艺术中发现直接‘反映’出来的社会现实，因为这些现实(时常或总是)经过了一种‘中介’的过程，在这种过程中它们的内容已经发生变化。不过，这一普遍命题可以通过几种不同方式加以理解。”参见雷蒙·威廉斯《马克思主义与文学》，王尔勃、周莉译，河南大学出版社 2008 年，第 211 页。

南的葬礼'，因在构图上缺乏稳固的聚焦点而解释为表现了画家的精英主义。"[①]不难看出，克拉克认为艺术无法直接反映现实，艺术也不是意识形态的同义词，在艺术和社会之间，还存在着"中介系统"发挥着重要的联结作用。这些中介本身就是在历史中形成并改变的，对于每位艺术家来说，每件作品在历史上都是独特的。[②] 对此，艺术史家必须退回到相当狭窄的、经验性的艺术社会史概念中，关注艺术生产和接受的中介条件，包括赞助制度、价格机制、批评家和公众的反映。

克拉克将艺术和社会的中介系统界定为：绘画传统或视觉惯例，只有当社会历史条件迫使这个传统或惯例做出改变时，艺术才能间接地反映社会现实，或成为意识形态的一部分。在《现代生活的画像》一书中，克拉克重新界定了艺术和社会关系的模式，即绘画并不能直接表现"阶级"和"意识形态"，只有当这些范畴影响到绘画的视觉结构从而改变有关绘画的既定概念（传统和惯例）时这一点才有可能。在他看来，"只有当一幅画重塑或调整其程序——有关视觉化、相似性、向观者传达感情、尺寸、笔触、优美的素描和立体造型、清晰的结构等等的程序时，它才不仅将社会细节，而且将社会结构置于压力之下"[③]。在克拉克的艺术社会史模型里，绘画发生于经济基础（或社会现实）以及绘画传统（或惯例）的三角关系之中。用克拉克的话说就是：只有首先对图画传统或惯例做出改变（迫使画家改变惯例的压力来自社会现实），图画才有可能表现社会现实。倒过来，也只有在对传统或惯例做出的改变中"社会现实才能在图画中有所反映"并为人们所知。本文将在第二部分详细分析克拉克是如何通过马奈的绘画来分析19世纪法国巴黎"妓女阶层"的社会境遇及其所代表的现代性进程的。

重新审视T. J. 克拉克和巴克森德尔的艺术社会学研究路径发现，他们都把艺术作品看成是一段历史。值得深究的倒不是他们都强调了艺术和社会，

---

① Timothy J. Clark, *Image of the People*: *Gustave Courbet and the* 1848 *Revolution*, Berkeley: University of California Press, 1973:10.

② Timothy J. Clark, *Image of the People*: *Gustave Courbet and the* 1848 *Revolution*, Berkeley: University of California Press, 1973:12.

③ T. J. 克拉克：《现代生活的画像：马奈及其追随者艺术中的巴黎》，沈语冰等译，江苏美术出版社2013年，第8页。

因为这种模式已然存在很久，而在于他们所提出的特定指称。从前这种研究属于艺术史，着眼于时代风格的发展和成就，认为是在历史语境中研究艺术，现在则认为艺术是个体的或群体的作品，它们附着在特定的时空环境中。他们均把艺术和社会的关系进一步细化为艺术、社会、视觉惯例三者的关系，强调视觉惯例和传统对于阐述艺术的中介作用。

二、艺术-社会的经验描述与深度阐释

尽管巴克森德尔和克拉克在对待艺术和社会关系的问题上保持了基本一致的立场，但是二者却走向了完全不同的研究路径。巴克森德尔重在描述视觉惯例是如何被社会历史所塑造，而克拉克则认为这些视觉惯例本身并不是历史的真实，因此试图揭示视觉惯例是如何受到了意识形态的影响。所以克拉克指责巴克森德尔回避了任何有关意识形态的讨论，没有触及阶级和权力等问题。本文将结合巴克森德尔和克拉克的具体分析案例来说明二者在讨论艺术-社会关系时形成的不同路径。

作为一名艺术史家，巴克森德尔在《绘画与经验》中的研究对象是文艺复兴时期的绘画，他的重点在于解读艺术作品，在时空上距离我们如此之远的艺术应当如何“被观看”。他提出的“时代之眼”概念，旨在帮助现代人进入当时的经验世界，还原他们的观念和信仰，找到正确地“观看”一幅画的方式和途径。为此，巴克森德尔充分地利用和挖掘了当时的历史典籍，包括流行祈祷手册、画家签订的合同、来往信件、宗教剧、舞蹈手册、学校教育等等，最大程度上还原了当时的历史情境，特别是他们在这些日常实践中所普遍共享的“视觉技巧”。只有掌握了这些普遍的技巧，进入当时的文化和观念世界，即具备一双 15 世纪意大利人的眼睛，才有可能“看出”绘画在形式和内容方面的独特性。巴克森德尔将这些观念概括为宗教的、商业的和社会方面的见识，15 世纪的意大利人可以总结为“喜爱跳舞和上教堂的商人”[①]。

文艺复兴时期的很多画作被笼统地放在“宗教画”门类之下，巴克森德尔

---

① 马尔科姆·巴纳德：《理解视觉文化的方法》，常宁生译，商务印书馆 2013 年，第 62 页。

首先重新界定了"宗教画"的内涵，他认为要理解宗教画的意涵首先要明确"宗教"在当时（而非当下）的地位和作用。这些宗教画在15世纪西欧人生活中的位置完全不同于现代的阐释者："对于他们而言，一幅祭坛画就是一次视觉化的宗教活动"。① 这就使得当时的宗教画事无巨细地描绘宗教故事，观者通过这些圣像回忆起相关的圣徒故事和细节，就像自己亲眼看见，或发生在自己面前一样，图像越具体，越有利于观者完成这一想象性的参与过程。巴克森德尔还运用了15世纪流行的宗教小册子作为佐证，这些流行读物无一例外地在教育教徒如何把耶稣受难的故事牢记心头，并流畅地记取每一个情节和场景。从最后晚餐的宫殿，耶稣夜里被捕的地方，被逮到凯厄弗斯跟前受到嘲讽和拷打之处，被捆在圆柱上的彼拉多的住处，还有大难山遗址（Mount Calvary），在那儿他被推上了十字架等等。"要慢慢地从一个情节转向另一个情节，逐个地加以沉思，细细琢磨故事的每一阶段和进展。如果你在某一点上体会到一种虔诚感，那就停下来，只要有那种甜蜜而又虔敬的情感，就不能一掠而过……"②这也意味着，作为现代人的我们如果想要更为准确地体验这些画在创作之初的内涵，首先应该进入到他们的"宗教"中，理解他们的宗教语汇。

除了宗教之外，巴克森德尔还列举了其他理解文艺复兴时期画作需要具备的视觉技巧，包括他们对色彩的象征意义、低地舞蹈对画面人物姿势的渗透、宗教剧和图像中编排人物及不同人物之间的位置比例的对应、形状、体积、商业数学、三段法则等重要的形式因素，通过历史性地还原这些技巧和知识，能够使我们获得当时人们观看时所共享的一种见识。比如容积测量和三段法则（the Rule of Three）都是当时非常重要的数学技能，它构造了人们思考世界的方式和结构。商人在测量物品容积体积时，将表面不规则的东西还原成几何图形，这样的思维方式同样体现在画家创作或观者的观看中。当皮耶罗这类画家画出一顶帐篷，他会请观众来计量，"他们倾向于首先把这顶帐蓬看作是一个圆柱体与圆锥体的复合体，其次把它看作是严格的圆柱体与圆锥体的

---

① Michael Baxandall, *Painting and Experience in Fifteenth Century Italy: A Primer in the Social History of Pictorial Style*, Oxford & New York: Oxford University Press, 1972:45.

② Michael Baxandall, *Painting and Experience in Fifteenth Century Italy: A Primer in the Social History of Pictorial Style*, Oxford & New York: Oxford University Press, 1972:46.

异构形态。其结果是把帐蓬更明确地理解为一个具有个别特征的体积与形状”。因此巴克森德尔有理由说，画家把“不规则的体积和空间”简化成了“容易处理的几何形体”。[①] 当时的知识大众很可能是用这样的几何学技能来读解画，并且作为鉴赏识别的一种媒介。这些技巧对于他们而言太过熟悉、对于我们又是如此陌生，以至于我们要理解这些作品、恢复这些作品的视觉经验时必须小心翼翼地唤醒它们。

巴克森德尔关心的始终是如何正确地“观看”作品这个艺术史的问题，而对于克拉克来说，单纯地揭示这些社会经验和视觉惯例远未触及历史的真实。克拉克认为绘画有着更为重要的功能和作用，在那些社会经验和视觉惯例背后存在着一种决定和调解这种联系的结构，如意识形态，阶级和阶级冲突，巴克森德尔却在经验面前止步不前了，所以“15 世纪的意大利人”就成了安全地游走在“对舞蹈有兴趣，常去教堂的商人身上，而真正推动其变化的力量却被驱逐了”[②]。对于克拉克而言，探究视觉惯例的重点在于揭示这些批评是为了探究话语背后的意识形态预设，发现那些隐藏在现象背后的“缺口”。

以马奈的《奥林匹亚》为例，克拉克以马奈给波德莱尔的信开始叙述，总结了有关《奥林匹亚》的各种丑闻报道、公众反应和批评家们的狂欢。这幅画的主人公是一个名为“奥林匹亚”的妓女。在克拉克看来，公众和批评家驱逐《奥林匹亚》的一个表层原因是，马奈在表现裸体女性时不符合西方传统裸体画的惯例，使得批评家很难按照当时评论裸体画的话语做出得体的评价，由此表现出一种集体“失语”后的震惊、惊恐和厌恶。在该画的沙龙评论中，大都是些诋毁的激烈言辞，其中也可以看到批评家的困惑：“没有形式”、“不可想象”、“坏得无法形容”、“无法解释”，“他们觉得想要看画，就好像真能懂得这幅画，那才是一个笑话”、“他的目的究竟是什么呢”。无论在形式还是内容上，《奥林匹亚》都超出了当时评论裸体画所普遍采用的话语框架。在传统的西方裸体画框架中，女性裸体作为一种艺术呈现对象，它标志的是“贞洁和抽象美，裸露的

---

① Michael Baxandall, *Painting and Experience in Fifteenth Century Italy: A Primer in the Social History of Pictorial Style*, Oxford & New York: Oxford University Press, 1972:87.

② Jeremy Tanner, "Michael Baxandall and the sociological interpretation of art", *Cultural Sociology*, 4/2 (2010): 231—256.

身体是一种抽象的存在”，“欲望不是裸体艺术的一部分，裸体是人的一种表现形式，是从生活、社会接触、吸引力甚至性别中抽象出来的形式”。那些被人们所接受和认可的裸体画是被“抽象化”了的女性，而非具体的、作为个体的女性，这样才能尽可能地让观者摆脱欲望的纠结，只是作为凝望的观看者而存在，好像他们看到的玩耍的赤身裸体的孩子一样纯真。具体到艺术技法上，女人的身体必须被安排得与观众的眼睛保持确定的关系，必须被置于一定的距离之外，近的足以可视，远的显得得体。但是马奈在处理《奥林匹亚》时，打破了裸体画的传统惯例。首先，奥林匹亚的眼神是挑衅的，身体则像在验尸房等待检验。其次，马奈绘制奥林匹亚的手法不正确，她的身体看起来比例失调、膝盖脱位、胳臂折断、支离破碎，是在一种铅、石膏、印度橡胶做得抽象而又僵硬的骨架的支撑下才勉强维持，她的身体似乎是画错了。其三，画面中的奥林匹亚的手放在了生殖器上，有故意掩盖女性没有阳具这一事实的嫌疑。第四，《奥林匹亚》中的身体呈现于画布上的方式，画家似乎有意着重突出他的材料的物质性。总之，批评家无法用传统的绘画语言来评述这幅画作，他们甚至认为这幅画根本没有资格放在沙龙里展出，5 月底，这幅画就被从展览厅取走了。

不过，克拉克对于《奥林匹亚》的分析没有止步于视觉惯例层面，他还进一步分析了这幅画不被公众所接受的社会原因及其背后的意识形态“缺口”。在当时的沙龙评论中，虽然只有为数不多的几篇涉及“妓女”“阶级”问题，但是它恰恰遮蔽了当时的法国巴黎由于“妓女”泛滥所引发的道德恐慌。马奈的《奥林匹亚》真实地再现了 19 世纪巴黎的“妓女”，打破了以往艺术家表现妓女题材时所惯用的“交际花”形象。“交际花”是当时人们可以接受的妓女形象，她们被戴上虚伪的面具展示在画作中，并且被赋予了“漂亮、表面的高贵、模仿上流社会”、“青春和爱情事业的领军人物”等神话性内涵。但是马奈并没有以这种方式呈现，他笔下的奥林匹亚来自社会底层、闭塞的郊区和工人阶级世界，光顾的是最下层的酒吧。“奥林匹亚们”赤身裸体从事着皮肉生意，肮脏粗俗，她们当中有捡破烂的、无所事事的、醉鬼，还有裹在厚厚的破衣烂衫下看不出性别和年龄的女人[①]。她们原本是躲藏在地下的边缘群体，现在却光明正大地聚集在街头、咖啡厅、剧院等公共场所，入侵到城市的各个角落。马奈画作恰好反映了 19 世纪 60 年代法国资本主义进程中的社会景观。根据当时的相关记载，由于受到现代商业逻辑的推动，妓女正在被“合法”地纵容，其一是巴黎奥斯曼城市改造计划的施行，使得城市格局发生变化，出现了各种名目的妓院，男人们跳舞、喝酒、吃饭或娱乐的地方都有可能成为拉客的场所，城市周边的妓院数量也急剧上升；其二，警察管辖网络的松懈也在客观上纵容了妓女的猖狂，很多非注册的妓女被默许，“报纸和大街上充斥着欲望”，以至于当时法国公众担心的是“巴黎将完全等同于卖淫”[②]。正是基于这样的历史社会情境，1865 年该画展出引发的丑闻和诅咒谩骂，除了审美层面的批评，更多是针对妓女阶层的道德批评。从这个意义上说，克拉克认为“阶级”乃是奥林匹亚的现代性的本质，也是她所激发的丑闻背后的真相，她折射出“妓女”作为一个“阶级”在资产阶级社会中逐步被建构的过程。

对于克拉克来说，“阶级”“意识形态”“现代性”不是一个抽象的概念，而是包含着活生生的男男女女生活方式的实在变化。这些变化会以文字或视觉的形式呈现在艺术中，视觉艺术及其评论正是以这种方式和社会产生联系，即“艺术作品总是跟意识形态具有特定的关联，绘画就是一种意识形态。”[③]所以，他认为艺术社会学的首要任务是揭示绘画背后的意识形态。显然，这跟巴克森德尔通过还原社会语境来描述艺术作品的观看方式截然不同。这也导致了克拉克对“时代之眼”的研究路径非常不满，认为后者只是一种微不足道的对于艺术观看的经验描述，巴氏所使用的历史材料、甚至“时代之眼”的观看方式和视觉惯例也具有“意识形态”的遮蔽性，而且这些因素明明存在却没有被指出来，这一点是克拉克的死敌。

简单地说，巴克森德尔与克拉克的差异可以概括为艺术史家与社会学家

① T. J. 克拉克：《现代生活的画像：马奈及其追随者艺术中的巴黎》，沈语冰等译，江苏美术出版社 2013 年，第 154 页。

② T. J. 克拉克：《现代生活的画像：马奈及其追随者艺术中的巴黎》，沈语冰等译，江苏美术出版社 2013 年，第 147 页。

③ Timothy J. Clark, “Preliminary Arguments: Work of Art and Ideology” in *Papers Presented to the Marxism and Art History Session of the College Art Association Meeting*, Chicago, 1976:5.

的区别，巴克森德尔关注在视觉惯例层面艺术和社会的融合，而克拉克更加看重绘画内容和社会历史的相关性，他们凸显的是艺术-社会学的两种研究路径。巴克森德尔的重心是艺术经验的重建，在对日常视觉经验的描摹中，重建人们的观看方式，使艺术作品从往昔复活。他假定了共享某种文化或亚文化的人们，在思想和知觉的结构上存在统一性，他们往往出于文化惯例的本能，无意识地运用这些技巧和习惯。不同于巴克森德尔关注的是视觉语言，克拉克更加关心绘画细节跟当时社会历史的联系，特别是在以马奈、德加和莫奈为代表的印象派中，如果要真正理解那些画作中出现的酒吧间的吧台女、来自劳动阶层的妓女、咖啡馆、休闲的娱乐场所、巴黎周边的乡村，就势必和 19 世纪中后期资本主义的发展及其中产阶级的兴起联系起来，反过来，印象主义绘画具体而直观地呈现了“中产阶级”“现代性”的社会学内涵。所以，克拉克不会认同巴克森德尔的诠释原则，甚至认为这种经验性阐释本身就忽视了历史的复杂性，无论是绘画还是艺术批评话语，都具有意识形态的虚假性，仅仅描述这些经验并不能真正还原历史的真实。

（原百玲，广西师范大学文学院/新闻与传播学院）

图像学视域中的徽志书传统

——里帕《图像学》研究状况

黄 燕

20世纪初,欧文·潘诺夫斯基(Erwin Panofsky)所确立的图像学(Iconology)研究方法,将美术史学科中存在已久的图像解读,引向一种相对科学的阐释体系。作为潘氏图像学分析方法三个递进阶段中最为重要的环节——图像志(Iconography)研究阶段,艺术作品(或图像)中隐含的"故事"(Stories)或"寓意"(Allegories)被一一进行细致的描述、剖解与分析,作品(或图像)的"主题"(subject matter)与"意义"(meaning)才逐渐从层层隐喻中浮出水面。研究者唯有在图像志环节做好充分准备,作品进入"内在意义和内容"的图像学解释层面才具备了可能。[1] 换言之,在图像志研究阶段,阐释层的维度与方向决定了图像意义层最终的抵达是精准还是乖离。

这种倚重大量古代文献来解读或揭示图像内在象征意涵的研究方法,加

---

① 参见欧文·潘诺夫斯基《图像学研究:文艺复兴时期艺术的人文主题》"导论",上海三联书店2011年。

深了艺术史与其他历史学科之间的联系，其效用的有限性固然存在争议，但在解读古典艺术内容方面，如果不偏离潘氏的"矫正原则"，图像志领域的研究探索往往能够拓宽我们对往昔艺术的理解。破解被象形文字、徽志、寓意画、拟人形象所遮蔽的象征性艺术所蕴含的复杂的意义，也正是图像志研究中的一个主要课题，而艺术史研究者们或多或少，往往要回溯文艺复兴时期肇始的徽志书（emblem books）传统寻求帮助。意大利人切萨雷·里帕（Cesare Ripa）16世纪末出版的《图像学》（*Iconologia*）就是当时较为流行的徽志书之一。这本图像志参考手册被他同时代的艺术家用来指导艺术创作，今天则被艺术史学家用来解译古典绘画雕塑等视觉艺术作品中的寓意性内涵。在西方艺术史研究领域——尤其是图像学学科，里帕这本《图像学》被发掘出来且越来越受到学术界重视，从侧面也折射出徽志书传统对于研究古典艺术作品不可或缺的重要性。

一

1922年，法国艺术史学者埃米尔·马勒（M. Émile Mâle）前往罗马研究"特兰托公会议"之后的基督教艺术图像志。他描述了自己在罗马众多教堂中所见到的大量寓意形象，给他带来的难以理解的困惑：

> 不多久，在我研究博格塞别墅（Villa Borghese）的贝尔尼尼（Bernini）作品时，我惊讶地看到了他那美妙的"真理"（Truth），一切都栩栩如生，只见"真理"一手拿着一种太阳似的光芒四射之物，还有个球状物踩在他的一只脚下。这些属像（attributes）该如何解读呢？贝尔尼尼构思这件陷入深沉忧思时刻的雕塑，他隐藏其中的意思是什么？真的是他本人发明了这些奇怪的属像吗？当时我仍在罗马，我注意到在那不勒斯人的圣灵堂（Santo spirito dei Napoletani），枢机主教乔凡尼·巴蒂斯塔·德·卢卡（Giovanni Battista de Luca）陵墓上有个"真理"的形象，她手中也有一个太阳，脚下也有一个球体，这使我产生了怀疑。是不是有一种规则，使得"真理"应当用这种方式来表现？如果有，那么这规则出自何处？我似乎

隐约瞥见一种具有自身语汇和规律的寓意语言。[1]

马勒很快就明白了,他接着写道:

> 这些艺术家不仅拥有一种传统,而且有一本书,一本当他们需要将一个抽象理念进行拟人化时,无论何时都可以求教请益的寓意词典。

经过一番努力,马勒在曾经属于耶稣会的罗马大学图书馆——今天的意大利国家图书馆——发现了他认定存在的"那本书":

> 就是在那儿,我找到了一本意大利文著作,它一度声名赫赫,此时却湮没无闻:切萨雷·里帕(Cesare Ripa)骑士的《图像学》(*Iconologia*)。这是一部带有插图的寓意形象词典,作者在书中教你如何将抽象的概念拟人化。

"这是一个鼓舞人心的开始",埃米尔·马勒说。当他投入极大的精力去阅读此书,很快就能运用里帕"去解释装饰了罗马宫殿与教堂的大部分寓意形象"。[2]

现代读者借助马勒颇具戏剧化的叙事才能,仿佛能够从他的记录中真切地看到一幕极富戏剧性的图景——这位穿行于罗马教堂、祈祷室、宫殿的学者,面对那些灰泥塑就的、谜题式的造型艺术作品,敏锐地意识到他面前是一个诉说着某种未知语言的世界。当然很快,马勒就找到了进入这种艺术语言的一把钥匙——他将"发现"时刻的兴奋与惊喜在其著作中也展现无遗。5 年之后,即 1927 年,埃米尔·马勒的《绘画与雕塑中寓意形象的关键》(*La clef des Allégories peintes et sculptées*)一文发表[3]。1932 年,马勒将其发掘性成

---

① Émile Mâle, *L'Art Réligieux du XVIIIe Siècle*, Pairs, 1951:384.

② Émile Mâle, *L'Art Réligieux du XVIIIe Siècle*, Pairs, 1951:386—387.

③ Émile Mâle, *La clef des Allégories peintes et sculptées*, *Revue des deux mondes* 97, 1927:106—129.

果结集成书，即《特兰托公会议之后的宗教艺术：16 世纪晚期及 17、18 世纪的意大利、法国、西班牙和佛兰德艺术中的图像志研究》（*L'Art religieux après le Concile de Trente, étude sur l'iconographie de la fin du XVIe, du XVIIe et du xviiie siècles en Italie, en France, en Espagne et en Flandre*）。

回顾艺术史，我们知道寓意式艺术在 16 世纪末伴随着巴洛克艺术风格的流行而逐渐步入巅峰，以致各种寓意主题创作成为当时文艺领域中热衷的体裁样式，诗歌、戏剧、绘画以及雕塑与建筑装饰，寓意式艺术的核心部分，即抽象概念的人格化身——“拟人形象”，成为该时期的艺术作品的创作关键。

侧重于视觉表达的艺术家群体，在创作过程中常对拟人形象有着迫切的“范本”需求，却苦无“引据权威”且“使用便利”的资料加以参考，只得凭借各自的有限理解力设计构思。在此背景下，意大利人切萨雷·里帕的《图像学》堪称是应时而出的一本图像志参考手册。他从古代文物、壁画雕塑、神话传说、中世纪动植物志、经典诗歌文学乃至舞台剧场景中广泛撷取视觉表达资源，将古希腊以降对抽象名词进行视觉化呈现的习惯考溯源流，综合了古代徽志（emblems）、徽铭（impresaes）、徽征（devices）及寓意（allegory）创作传统，用文字构思创作出一系列拟人形象（personifications），并且以方便查阅借鉴的字母表顺序条陈纂集，提供给当时的诗人、布道者、演说家、艺术家甚至舞台设计者们作为创意参考。他的这本《图像学》很大程度上缓解了当时受教育程度普遍不高的文艺人士的“引据”苦恼，以至在当时及随后的两个世纪都深受艺术家群体的追捧，几经扩充，一版再版，被译成多种语言流行于欧洲大陆。但由于诸多原因的交互作用，里帕随其《图像学》一起，在 18 世纪末逐渐湮没不闻。直至埃米尔·马勒在那座“一切都唤起往昔回忆”的罗马学院图书馆，将它从故纸旧籍中翻找出来，抖落尘埃重新审读。

恰是基于埃米尔·马勒的研究成果，里帕《图像学》这样一本在 16 世纪晚期至 18 世纪初，对艺术产生过重要影响力的图像志作品，从此才得以重新回到学术界的视野。虽然在此之前也有学者已经在各自的研究中涉及过里帕，比如著名的保罗·赫亚（Paul Reyher）和欧文·潘诺夫斯基（Erwin Panofsky），但前者基本是作为英国假面剧（masque）研究的图式性材料，后者的研究范畴虽然更广阔些，可是侧重点却完全不在图像志分析。因此也唯有马勒做到了——任何关注文艺复兴时期艺术的人，在1927年之后都不能再无视里帕。

当然，马勒的研究范畴仅限于《图像学》书中的拟人形象内容。第一位对里帕及其著作进行综合性全面研究的学者是厄纳·曼多夫斯基（Erna Mandowsky），其博士学位论文出版后的半个多世纪中，众多学者在她的里帕研究基础上继续深入，耙梳史料、检索文献，不断地发掘补充证据，逐渐还原出切萨雷·里帕的生平信息、人际交流、宗教文化背景、《图像学》的版本和译本状况，及其创作的思想背景和借鉴的各种类型资源。

二

尽管《图像学》在切萨雷·里帕生前和死后都享誉整个欧洲大陆，但或许是因为作者出身寒微，他的相关生平信息却鲜见资料记载。18世纪，奥兰迪（Cesare Orlandi）为1764年佩鲁贾版的《图像学》所作的学术性序言中也不无遗憾地提到，17世纪资料中关于里帕生平的信息相当匮乏。所以，厄纳·曼多夫斯基（Erna Mandowsky）1934年撰写其学位论文时（E. Mandowsky, *Untersuchungen zur Iconologie des C. Ripa*, Hamburg, 1934），对里帕的生平仍然只能描述出一个大致轮廓，但因为她的结论缺乏证据支持，难以被后来的学者们采信。随着20世纪末梵蒂冈一些文档的解密，尤其是里帕的雇主萨尔维亚蒂主教（Cardinal Antonio Maria Salviati）档案中的一份遗嘱[即1602年6月3日汇编的萨尔维亚蒂的“家庭成员名单”（*Lista della Famiglia*）]，以及罗马教区历史档案[《罗马波波洛圣母堂教区教堂之“死者第五卷”，1621—1635》（*Liber Quintus Mortuorum Ecclesiae Parochialis S. Mariae de Populo Romae*），其中确切记载里帕殁于1622年元月22日，享年75岁]。学者史蒂芬尼（Chiara Stefani）根据这些资料还原相对准确的切萨雷·里帕人生轨迹。①

① 参见 Chiara Stefani, “Cesare Ripa New Biographical Evidence”, *Journal of the Warburg and Courtauld Institutes*, Vol.53, 1990:307—312.

因为里帕的生卒时间对于推断其生前的人际交往状况，是否参与了卡斯蒂利尼（Giovanni Zaratino Castellini）全面修订的1625版，是否可能提出增补建议等方面尤为重要。

当然，曼多夫斯基的研究不惟考据里帕的生平。对于作者的人际交往和学术圈子状况，对于其编撰《图像学》一书所利用的各种资源，诸如古物遗存、古代钱币和浮雕壁画，甚至佛罗伦萨幕间剧场景之类的视觉资源，以及古代作家的诗歌、神话传说、中世纪动植物志，包括古埃及象形文字等文献资料，曼多夫斯基也加以梳理，并于1939年以意大利文发表其学术成果（Erna Mandowsky，'Ricerche intorno all' Iconologia di Cesare Ripa'，*La Bibliofia*，xli，1939）。1977年，另一位德国学者盖兰德·沃纳（Gerlind Werner）在曼多夫斯基的研究基础上，针对1603版《图像学》，做了更为深入和全面的关于里帕《图像学》的"目标、方法"和"资源"研究（Gerlind Werner，*Ripa's Iconologia. Quellen-Methode-Ziele*，Utrecht：Haentjens Dekker & Gumbert，1977），可以视作较为全面的、针对作者与文本的研究。

沃纳将其研究的注意力集中于1603版的《图像学》，她的《里帕〈图像学〉：目标、方法、资源》共分六部分：第一部分简要介绍1603年罗马版的《图像学》，第二部分分析《图像学》的目标与方法，第三部分涉及人物和图像的选择原则，第四部分考察里帕的各种资源，第五部分追溯插图的风格与原型及当时艺术家与出版商对插图的影响，第六部分是结语。这其中尤以第三和第四部分为重点。

第三部分"形象的选择原则"（Die Auswahlprinzipien der Bebilderung），沃纳聚焦于里帕在前言中所陈述的"原则"标准，即基于亚里士多德分类法的一种系统化理论。沃纳详细阐述并扩展了这一理论，并添加了例证。但她显然忽略了贡布里希在1972年就谈及的"里帕与亚里士多德式教谕传统"的关系[E.H.贡布里希《象征的图像》（*Symbolic Images*）]。里帕宣称要赋予"拟人形象"全新的一致性，特别要避免"偶然性"（这让沃纳视里帕《图像学》为"巴洛克精神"的一种明证），但里帕自己创造的一些形象却不能自圆其说，譬如无头的"美"，就从未在任何艺术家的作品中被采纳过。其次，里帕《图像学》特有的文体描述方式（简述人物的性别年龄、穿戴的款式色彩、属像、姿势等，再逐一给以解释)，表明这就是一本十足的汇编参考手册，书中那些看上去学识渊博的引文和拉丁文格言，包括对古代文物和古埃及知识的参考，全都来自二手文献。里帕本人对此并不讳言，还常常在书中指明出处：神话汇编、徽志书、与古物相关的手册、硬币上的图像、节庆的描述，以及16世纪就兴起的幕间剧(Florentine Intermezzi)。沃纳总是力求找出里帕每个选择背后的"原则"，即便已经意识到里帕在实际"选择"过程中比前言中强调的"原则"要宽松许多，她仍然认为里帕努力通过插图的选择加以弥补。由于过分倚重插图，且不能找到证据证明图像的前期设计与艺术造型有里帕本人的亲自参与，沃纳利用几个选择性的范例，来说明里帕在随后的收集整理中遵循了前言中所阐明的"拟人形象"制定标准，并且借由1603版的插图得到了例证体现。她的这一判断几乎可以说是站不住脚的，因而此书的结论遭到了学者们的普遍批评，认为她对里帕的检视基本是对《图像学》中那些"原则"的分析及其运用的讨论，而若如此，则她研究的建基并非里帕的资料来源，只是里帕在作品前言中的论述罢了。

第四部分"里帕的资源"(Die Quellen Ripas)，沃纳主要侧重于书籍、朋友及艺术家等方面。虽然这些内容曼多夫斯基早已给出了概述，但沃纳补充了更加全面丰富的细节证据(遗憾的是，她并未在书中一一明示自己从前辈学者研究中的获益)。沃纳指出，里帕视觉化资源对艺术作品或艺术家的引用，通常并非源自个人观察，而是参考文学作品和文献资料。《图像学》典型的"特征描述法"文体特点就是易于再现。这种方式不仅适用于古代的遗失作品，同样适用于当时——对于有文字记载的纪念碑雕塑和湿壁画，里帕就不必躬身前往。此外，沃纳还证明，里帕的《图像学》对卡塔瑞(Vincenzo Cartari)《神谱》(*Immagini de i dei*)的借鉴无处不在，却并未注明。还有就是瓦莱里亚诺(Pierio Valeriano)的《象形文字》(*Hieroglyphica*)，里帕书中频繁以"古埃及人"用典，也等同于频繁地引用瓦莱里亚诺。沃纳体系化地将里帕的"资源"划分为"引述的资源"(Die zitierten Quellen)和"未提及的资源"(Die nicht erwähnten Quellen)，并且在前者中又貌似逻辑性的分类为"文学的"(Literarischen Quellen)和"图像的"(Bildliche Darstellungen)，但实际上用处不大，因为"未提及的"多属于当时人所共知的内容。

由于沃纳对1625版《图像学》的排斥态度及其对卡斯蒂利尼的个人偏见，导致她研究范畴和结论的局限性，不能说不是种缺憾。（后来的诸多证据已经表明，卡斯蒂利尼是里帕当时学术圈中的好友之一，除了接手并大量增补的1625版，前面几版《图像学》他也曾间接参与，并与里帕多有交流探讨。此外，若将1603版视为定本也有违里帕本意，因为在后来的版本序言中，里帕曾言辞尖刻地表达了对1603版出版者各种疏漏错误的不满。）但整体而言，这是针对里帕本人及其《图像学》各类"资源"的较为全面的一次梳理，虽然值得商榷之处甚多，但丝毫不影响其研究价值。①

另外一本针对里帕《图像学》文本和视觉形象来源的专著，是索尼娅·马菲（Sonia Maffei）《符号的古老根系：切萨雷·里帕的〈图像学〉及其与古物的关系研究》（Sonia Maffei, *Le radici antiche dei simboli. Studi sull' Iconologia di Cesare Ripa e i suoi rapporti con l antico*, La Stanza delle Scritture, Naples, 2009）。与一些学者们评价里帕为"业余爱好者"（dilettante）的判断不同，马菲通过自己的研究，认定他是"16世纪意大利艺术的人文学者"（Cinquecento humanists）之一。②

为了还原出一个相对真实、立体的切萨雷·里帕，给他的著作《图像学》一个相对公允、客观的判断，不少学者在这方面都做出了努力：除了前面提及的学者Elizabeth Mc Grath（Personifying Ideals, *Art History*, Vol.6, No.3, 1983）和Chiara Stefani（Cesare Ripa New Biographical Evidence, *Journal of the Warburg and Courtauld Institutes*, Vol.53, 1990）的研究成果，20世纪上半叶较为重要的里帕研究还有C. P. Curran的两篇论文（Cesare Ripa and the Dublin Stuccodores, *An Irish Quarterly Review*, Vol.28. No.110, 1939; Ripa Revisited, *An Irish Quarterly Review*, Vol.32, No.126, 1943）其中也涉及到了里帕《图像学》及其英译本在爱尔兰的影响。学者Christopher L. C. E. Witcombe的研究（'Cesare Ripa and the Sala Clementina', *Journal of the*

---

① 参见Elizabeth McGrath, "Personifying Ideals, Art History", Vol.6, No.3, 1983:363－368.

② 参见John Cunnally, "Reviewed Work", *Le radici antiche dei simboli. Studi sull' Iconologia di Cesare Ripa e i suoi rapporti con l'antico by Sonia Maffei*, *Renaissance Quarterly*, Vol.64, No.3, 2011:906－07.

Warburg and Courtauld Institutes, Vol.55, 1992)则是通过对里帕参与的教皇克莱芒大厅壁画设计,检视了里帕的交际圈子,并纠正了长久以来关于里帕获得骑士勋衔原委的一个错误认识。

针对里帕的雇主,安东尼奥·马利亚·萨尔维亚蒂主教(Cardinal Antonio Maria Salviati),赫图比斯博(Pierre Hurtubise)1985 年的著作《一个家族见证者,萨尔维亚蒂》(*Une Famille*—*témoin. Les Salviati*)中,以充分的证据证明,里帕供职的萨尔维亚蒂家族处于当时智识文化的高级别地位。主教家族的图书馆"拥有 5000 册图书、数千件文书和契约,300 捆之多的信笺和各种各样的文献",这也是里帕写作过程中主要的参考资料来源。[①]

诸多《图像学》版本的序言都不会绕过作者里帕及其著作的背景介绍,其中不乏体现出十足学术性的文章,譬如被现代研究引用颇多的 1764 年佩鲁贾版奥兰迪的"前言"(C. Orlandi, 'Memorie del Cavalier Cesare Ripa' in *Iconologia*, Perugia, P. G. Costantini 1764, *Preface*, p.xv)。现代版本中,1970 年,Erna Mandowsky 为重印的 1603 版(*Cesare Ripa*: *Iconologia*, Georg Olms Verlag, Hildesheim & New York)作序;1971 年,珀森(Dirck Pietersz. Pers)荷兰语 1644 版《图像学》(*Cesare Ripa*: *Iconologia of Uytbeeldinghe Des Verstands*, Davaco Publishers, Soest, 1971)也重印,其序言是由荷兰乌特勒支大学主攻图像学的学者 Jochen Becker 撰写。此外还有 Edward A. Maser 在 1971 年为"赫特尔—多佛版"《图像学》(*Cesare Ripa*: *Baroque and Rcoco Pictorial Imagery*: *The* 1758—1760 *Hertel Edition of Ripa's Iconologia with* 200 *Engraved Illustrations*, Edited by Edward A. Maser, Dover Publications, New York, 1971)所写的序言等,都不失为精彩的里帕研究成果。

三

《图像学》一书共有 9 个意大利语版本,分别是 1593 与 1603 的罗马版,

---

① 参见 Lucinda M. C. Byatt, "Reviewed Work: Une Famille—témoin. Les Salviati by Pierre Hurtubise", *The English Historical Review*, Vol.102, No.402, 1987:122—125.

1602 年的米兰版，1613 的锡耶纳版，1611、1618、1625 和 1630 的帕多瓦版，以及 1764 年的佩鲁贾版。切萨雷·里帕生前参与增补修订的几个版本常为研究者所倚重，这其中又尤以不带插图的 1593 年版（*Iconologia*，Rome，G. Gigliotti，1593）和首部配有插图的 1603 年版（*Iconologia*，Rome，L. Favius，1603）最受重视。当然扩充与修订的进程并未在 1603 年之后搁置，经过 1611 年的帕多瓦版（*Iconologia*，Padua. P. P. Tozzi，1611）、1613 年的锡耶纳版（*Iconologia*，Siena，Florrimi，1613）、1618 年帕多瓦版的《新图像学》（*Nova Iconologia*，Padua，P. P. Tozzi，1618），以及金石学者卡斯蒂利尼（Giovanni Zaratino Castellini）深度参与的 1625 版（*Della novissima Iconologia*，Padua，P. P. Tozzi，1625）和 1630 版，《图像学》一书的厚度已经较之初版扩充了不止一倍。出于对伟大同乡的纪念，1764 年奥兰迪（Cesare Orlandi）编修的 5 卷本佩鲁贾版（*Iconologia*，Perugia，1764—1767）出版，虽已不复一个世纪之前的影响力，但仍因其全面性而成为意大利语《图像学》的华丽尾声。其他语种版本中：博丹（Jean Baudoin，1590—1650）所译的法语版（*Iconologie*，Paris，1643—1644），皮耶特·珀森（Dirck Pietersz. Pers，1581—1659）的荷兰语版（*Iconologie：Uytbeeldingen des Verstands*，Amsterdam，1644），洛伦兹·史特劳斯（Lorens Strauss，1603—1687）的德语版（*Erneuerte ICONOLOGIA oder Bilder－Sprach*，Frankfurt，1669—1670），1760 年的"赫特尔"版（Augsburg，Georg Hertel，1760 ca.）①，以及艾萨克·富勒（Isaac Fuller，1606—1672）绘图的 1709 版（*Iconologia：or Moral Emblemst*，London，P. Tempes，1709）与 1779 年理查森（George Richardson）的两个英语版影响较大。而之后的诸多版本，尤其是 18 世纪晚期的大部分《图像学》译本，拟人形象的描述与配图之间差别很大（有些甚至只是采用里帕的概念，并不遵循原著文本），遂渐湮没无闻。

由于版本和译本众多，针对不同时期甚或不同编修者出版的里帕《图像学》，版本研究只能依据影响力原则，有选择地加以探讨。而且版本研究的范

① "赫特尔"版的英译本：Cesare Ripa，"Baroque and Rcoco Pictorial Imagery：The 1758－1760 Hertel Edition of Ripa's Iconologia with 200 Engraved Illustrations"，Edited by Edward A. Maser，*Dover Publications*，New York，1971.

畴呈现多元趋势，既有面向各个版本或译本的出版历史及其物质性特性（如卷数页码、开本尺度、文本排版与插图边饰的形式、数量等变化）的侧重，还有很多面向这些《图像学》内容变化的研究成果。

如此庞杂的研究范畴离不开"目录索引"这种体系化的科学研究手段，以之作为《图像学》各版本比较则非常直观。目前学界广泛参考的一本"索引"是研究 Yassu Okayama（冈山安）的著作（*The Ripa Index: Personifications and their Attributes in Five Editions of the Iconologia*, Davaco Publishers, Netherlands, 1992）。这部编目索引之作，将 5 个版本的《图像学》（即 1603 和 1624 的意大利版，1644 和 1677 的荷兰版，以及 1644 的法文版）中，对书中"拟人形象"（Personifications）及其"属像"（Attributes）的关键词加以抽取，以文本对照形式排列对比，使得《图像学》研究者对于各版本中"拟人形象"的增删与特征变化一目了然。

1950 年，荷兰艺术史研究院（Rijksbureau voor Kunsthistorische Documentation，简称为 RKD）与艺术史学者亨利·范德瓦尔（Henri van de Waal）以及 DIAL (Decimal Index of the Art of the Low Countries)合作，大量收集资料进行"图像分类"系统工作，目前已提供有英语、拉丁语、意大利语等多语言支持的 ICONCLASS 在线检索系统（主页地址：http://www.iconclass.nl/home.）。此外，乌得勒支和莱顿大学（University of Utrecht and Leiden）成立的"图像分类研究与发展小组"（ICONCLASS Research & Development Group），于 1972—1991 年间，完成了计算机编目的"图像分类"（ICONCLASS）工作。其成果曾以 CD－Rom 介质出版，以供研究机构使用。

虽然贡布里希在其论文《拟人化》（*Personification*）中曾言，"我认为学术界众口一词的建议会是：我们现在应该对我们正在研究的这个时期中的所有拟人形象做一个全面梳理，把它们的名字和属像记在计算机的打孔卡上。……但是我不敢说我们能从这项工程中得到多少收获"。但从学术研究层面，这样基础性的系统分类工作自有其价值所在，尤其是以数字信息形式提供检索和浏览，采取开放式的资源分享服务，足以令全球化时代的学术研究跨越语言、地域和文化的阻隔而获益。

研究者 Mason Tung（董梅森 音）在其学位论文《里帕〈图像学〉两个索引》

（图注：RKD 检索系统—关键词 Ripa，搜索结果共 2976 条）

（*Two Concordances to Ripa's Iconologia*，Ams Press，Inc. New York，1993）给出了《图像学》的两个索引目录，一个是沃纳（G. Werner）所提供的1603、1611、1613 和 1618 这 4 个版本的索引，另一个是 1593、1603 和 1618 这 3 个版本的 editio princes 的关键词索引。此外，这本索引资料集的作者，即美国爱达荷大学的 Mason Tung，对于阿尔恰托（Andrea Alciato's *Emblemata*）和皮查姆（Henry Peacham's *Minerva Britanna*）分别出版于 16 世纪末和 17 世纪初的两部徽志书都很熟悉，也曾研究过里帕对当时流行的这些徽志手册的资源借鉴。（Mason Tung，*From Personifications to Emblems：A Study of Peacham's Use of Ripa's Iconologia in Minerva Britanna*，from Peter M. Daly ed. *The English Emblem and The Continental Tradition*，Ams Press，New York，1988）

著名学者戈登（D. J.Gordon）的《里帕的"命运"》从文学视角等多个维度，试着找出《图像学》在 18 世纪末销声匿迹的原因（*Ripa's Fate*. from Stephen Orgel ed. *The Renaissance imagination ：essays and lectures*，University of California Press，Berkeley，1975），形同于借助里帕《图像学》的命运浮沉，给出了一条欧洲大陆逐渐步入理性启蒙阶段，文艺观念的变迁轨迹。

针对《图像学》各版本插图的研究，散见于版本的介绍和部分是基于对插图设计和插图木刻风格的研究，尤其是从当时较为著名的插图设计师入手，如针对乔万尼·盖拉(Giovanni Guerra)和阿皮诺骑士(d'Arpino)这两位传为《图像学》1603版插图设计者的研究。罗马萨皮恩扎大学的意大利学者在瓦尔堡院刊上发表有一篇乔万尼·盖拉是否曾为里帕《图像学》创作插图的研究性文章(Stefano Pierguidi, Giovanni Guerra and the Illustrations to Ripa's Iconologia, *Journal of the Warburg and Courtauld Institutes*, Vol. 61, 1998)此外还有些意大利语的关于乔万尼·盖拉的研究专著和论文(Stefano Pierguidi, Alle radici dell'Iconologia: i rapporti di Cesare Ripa con Ignazio Danti, Giovanni Alberti e Giovanni Guerra, *Arte Cristiana*, 90, 2002; Stefano Pierguidi, *Dare forma humana a l'Honore et a la Virtù: Giovanni Guerra (1544—1618) e la fortuna delle figure allegoriche da Mantegna all' Iconologia di Cesare Ripa*, Roma, Bulzoni, 2008)。2012年"美国文艺复兴协会"召开的"*The Understanding The Emblematic Operation in 16th—Century Italy and Beyond*"主题年会上提交的一篇会议论文(Liana De Girolami Cheney, *Cavalier d'Arpino and Cesare Ripa's Iconologia: ut pictura poesia*),曾以"诗如画"艺术传统重新审视阿皮诺和里帕的1603版《图像学》创作观念。

著名的艺术史学者E. H. 贡布里希(E. H. Gombrich)的两篇讨论象征和拟人形象论文,也不可避免地涉及了里帕的《图像学》。(E. H. Gombrich, Icones Symbolicae: The Visual Image in Neo—Platonic Thought, *Journal of the Warbrug and Courtauld Institutes*, Vol.11, 1948; E. H. Gombrich, *Personification*. from R. R. Bolagr, ed. *Classical Influences on European Culture, A.D. 500—1500*, 1971)。尤其在《拟人化》中,贡布里希推荐C. S. 刘易斯(C. S. Lewis)《爱的寓言》(*Allegory of Love*, Oxford, 1936.)第二章,以及《欧洲文学和拉丁中世纪》(Ernst Robert Curtius, *European Literature and the Latin Middle Ages*, London, 1953)中论人格隐喻的章节,并认为这些篇章可以成为拟人化研究探讨的出发点。此外,瓦尔堡研究院丛书中的《古代艺术中的神话与寓言》也是关于"拟人化"的权威之作(Roger Hinks, *Myth and Allegory in Ancient Art*, Warburg Institute. Studies, Kraus Reprint, London, 1968.)。还有两篇关于"拟人化"的重要文献如下:T. B. L. Webster,

Personification as a mode of Greek thought. *Journal of the Warburg and Courtauld Institutes*. 17. 1954；Costa－Zalessow，Natalia，The personification of Italy from Dante through the Trecento. *Italica*. 68. 1991。

一些着重于“寓像”和“属像”的符号学层面研究也可资借鉴，如《寓意与符号迁移》（Rudolf Wittkower，*Allegory and The Migration of Symbols*，Thames & Hudson Ltd.，London，1977））就是属于该范畴的论文集。相对较新的一篇论文（Massimo Leone，Signs of the Soul：Toward a Semiotics of Religious Subjectivity，*Signs and Society*，Vol.1，No.1，2013），以里帕在《图像学》中对“明智、蒙福的灵魂”（anima ragionevole e beata）的描述和刻画为起点，从符号学角度看待基督教想象中的灵魂，并进入这一主题迷宫般的发展历程去加以探寻，认为它是现当代主体性的文化符号来源之一。

也有些学者的研究的确是围绕“追溯单个拟人形象的起源和传播”（语出贡布里希《拟人化》）及其在不同作品中的视觉化呈现与文本描述之间的差异这一重要范畴。诸如讨论里帕创作“历史”这一形象所借鉴的图像资源，以及当时艺术家们对这一形象的使用情况（L. D. Ettlinger，The Pictorial Source of Ripa's “Historia”，*Journal of the Warburg and Courtauld Institutes*，Vol.13，No.3/4，1950）。

除了这些针对里帕《图像学》中某一具体“拟人形象”所做的研究，仍有大量巴洛克时期艺术家作品中的拟人化形象被追溯或辨析其来源，其中以伦勃朗、鲁本斯、维米尔等艺术家为目标对象的讨论尤多。但这类文章未见得会把里帕《图像学》作为讨论重点，而更多是将之穿插于论述主题的检视和论证过程中，譬如 2009 年 E. McGrath 在日本东京参加学术会议所提交的一篇论文，以美国自由女神像为讨论起点，探讨拟人形象“自由”分别在鲁本斯、德拉克洛瓦和巴尔托迪（Auguste Bartholdi）的作品中的不同呈现面貌，以及艺术家对这一形象在各自作品中进行的调整和改变。此类型研究的数量较大，仅能视为里帕《图像学》的研究角度之一。

四

艺术史学科的发展过程中，这本著作的地位虽非显赫，却是“图像学”之链上不可无视的一环。《思想史词典》(*Dictionary of the History of Ideas*)提及切萨雷·里帕《图像学》时称：“由于这本书的出版，人文主义的寓意图像志体系才得以建立：古典神明、拟人形象、象形文字、符号和徽志把文字和图像结合了起来。”[①]《艺术辞典》(*The Dictionary of Art*)评价此书“是所有图像志手册中至为重要的，尤其在于它满足了艺术家的需求。……对于17和18世纪的寓意画，它是一个不可或缺的资料来源”[②]。

这一论述明确了切萨雷·里帕及其《图像学》的学术价值之所在，或也可视作对里帕及其著述的研究意义所在。

美术史是动态的。新材料能否出现，某种程度上决定了涉及切萨雷·里帕本人的研究是否能够继续。但国外学术研究的重心从来不曾偏离《图像学》文本内容，毕竟著作本身才是一位作者具备研究价值的前提，所以更多的研究方向聚焦于这一徽志手册庞大的拟人形象人物“团体”，及其在17和18世纪所产生的广泛艺术影响力和象征层面意涵。此外，由追溯拟人化习惯而引发的思考，也是近半个世纪以来，艺术史学者始终勤力耕耘的领域。

目前国内对于切萨雷·里帕知之者寥，其著作《图像学》虽版本众多，但迄今无中译本付梓，所谓的里帕研究更是几近于空白。造成这种状况的首要因素即语言障碍，里帕16世纪末出版的《图像学》以意大利文写作，其间夹杂有更多的拉丁文箴言、引语，后来几个对17、18世纪艺术产生较大影响的版本也

---

① Jan Białostocki, "*Iconography*", from Wiener, Philip Paul, ed. *Dictionary of the History of Ideas*: *Studies of Selected Pivotal Ideas*, Vol.II. Charles Scribner's Sons. New York, 1973:524—541.(比亚洛斯托基:《图像志》,杨思梁译,载曹意强主编《艺术史的视野》,中国美术学院出版社2007年,第313—345页。)

② "…It is by far the most important of all iconographic handbooks, specifically composed to meet the needs of artists. For allegories of the 17th and 18th centuries it is an indispensable source." Jane Turner, *The Dictionary of Art*, Vol.15. Oxford University Press, USA. *Iconographic handbook*: (*iii*)*Personification*. p.83.(范景中主编:《美术史的形状II》,第三章“图像志书籍的历史”——“拟人化”,中国美术学院出版社2003年。)

多为法语、荷兰语、德语等译本，并且在逐渐的增补扩充过程中，全书的体量也数倍增加，因而也提升了阅读和查阅难度。其二，即里帕《图像学》在艺术史学科上的地位，虽是当时第一部“将拟人化形象的相貌和属像进行标准化统一的作品”（语出《艺术辞典》“图像志手册－拟人化”部分），但属于归纳前人“拟人化传统”一个成果，并不具备开创性意义，因而也仅属于拟人化传统到图像学中间的一个环节，从而容易受到忽视。其三，里帕的《图像学》实质是一本迎合了当时艺术创作需求的图像志参考手册，并非严谨的学术著作，且“拟人形象”人物形象的选择与构思标准并未严格贯彻始终，其文本阐释部分引据庞杂，用典繁多（除了古典文学作品，还包含诸多异教神话和宗教故事），故而若非具备西方古典文化通识者，几无从甄别其来源。这些原因或多或少会影响里帕及其《图像学》在当下国内学术视野中的出现。基于国内外学术研究起点的这一差距，或许在国内学术研究的视野内，将切萨雷·里帕及其《图像学》在西方艺术发展史中的相对坐标加以标注还原，将其对于艺术史的有限价值和影响呈其本貌，或许就是现阶段的首要任务。

在图像学研究的视域中，诸如里帕《图像学》这样徽志书参考手册，是图像志阐释阶段不可忽略的一个寓意性艺术作品“解读指南”。恰是因为西方艺术史学界意识到徽志书传统在艺术史发展中的重要作用，并从各种角度切入历史，了解此类徽志手册对当时及其后的艺术家创作带来的或直接或间接的影响，从而使得图像学研究方法能够在面对古典艺术作品时，更大程度地实现有效解读。

（黄燕，广西艺术学院美术学院）

跨界的图像阐释

——“图像研究：理论、方法和实践”学术研讨会综述

唐可星

2017年11月11日，由广西艺术学院主办、美术学院承办、《媒介批评》集刊协办的“图像研究：理论、方法与实践”学术研讨会在广西艺术学院相思湖校区顺利召开。来自全国各高校美术史、文艺理论、传播学、哲学等相关领域的20多位学者就图像学研究的理论、方法与实践等相关议题进行了深入探讨。

图像一直伴随着人类历史的发展。从史前洞窟壁画，到服务于宗教的教会艺术，再到现代的摄影图像，乃至当下互联网上传播的数字图像，图像一直是人类精神的重要载体。图像学在西方学术中拥有悠久的历史和传统。现代意义上的图像学是一战时瓦尔堡在罗马国际艺术史会议上提出的，后来潘诺夫斯基《图像学研究》的出版则进一步确立了现代图像学的地位。[①] 从国内20世纪80年代外国美术史学术著作的译介浪潮开始，图像研究的理论和方法持

① 范景中：《〈图像学研究〉中译本序》，《新美术》2007年第4期，第4—12页。

续影响着艺术史研究的风貌和发展方向。[①] 随着数字时代的到来，图像又在文化生活的各个领域获得了新的活力，图像研究也超出美术史研究的范畴，成为文学、哲学、历史学、美学、传播学等不同学科共同关注的主题和解决问题的方法。

此次研讨会旨在对图像研究的理论、方法进行梳理，同时也关注图像研究的最新实践，以期推进图像研究在美术史等多学科领域的深入对话与探讨，并回应当代视觉文化的相关问题。此次会议的主题“图像研究”并不局限于传统的图像学研究，而是倡导一种开放的、包容性的图像意识，鼓励发现图像研究的不同视角并关注当下的视觉实践。会议的论题主要分为以下几个方面：

一、传统的图像学研究

潘诺夫斯基1939年出版的《图像学研究》将图像学研究分为前图像志描述、图像志分析和图像学解释三个层次，并以此为基础来分析案例，为后世学者提供了研究图像的一般性原则和运用的示范。此次研讨会上有不少学者以传统图像学方法对具体的图像进行深入分析，或对图像相关理论文献进行阐述。

上海大学美术学院的陈平教授通过对罗马晚期镶嵌画中金色背景(golden ground)的考察，聚焦于对图像媒介的理解和阐释，论述了20世纪西方三位最重要的美术史家李格尔、潘诺夫斯基和贡布里希关于金色背景的不同阐释。李格尔认为镶嵌画是一种“远距离观看”的视觉媒介，金色背景是观念上的空间，标志着知觉方式向视觉转向，是现代艺术追求自由空间的发端。潘诺夫斯基在观念史的基础上对李格尔理论进行批判和改造，认为金色背景是基督教艺术创造的一种非物质性的和无维度的空间再现。贡布里希则认为必须将这一现象与绘画的神学功能联系起来，金色背景是一种表达光和神圣性的再现媒介。

---

① 段炼：《视觉文化在中国：图像研究的发展与现状》，雅昌艺术网博客，https://news.artron.net/20170305/n912936.html

中国人民大学哲学系的吴琼教授以佛罗伦萨银行家弗朗西斯科·萨塞蒂(Francesco Sassetti)礼拜堂中的装饰为例,分析向文艺复兴盛期过渡的画家多米尼科·基朗达约(Domenico Ghirlandaio)画中"引述"的图像。吴琼教授提出了文艺复兴图像研究的三个问题:互文——参照性文本和图像性文本直接的关系;语境——艺术作品与社会文化发生关系;赞助人——需求的最大化问题。在此基础上,展示了基朗达约作品中对前代人的叙事图式的"援引"及"修正",进而讨论了基朗达约的图像从中世纪、文艺复兴早期向盛期的过渡,其"穿越"体现了虔诚的宗教信仰和赞助人的世俗诉求在图像中表现和平衡的方式。

中央美术学院人文学院的吴雪杉副教授则讨论了20世纪30年代义勇军的图像,围绕黄新波义勇军题材的木刻版画,探讨了中国现代木刻版画的一段发展历程。义勇军题材的出现和流行是20世纪30年代艺术领域里一个重要的现象,主要由木刻这一民国时期最具现实性和批判性的媒介来承担。从最具反抗性的艺术媒介,到具有政治合法性,为官方所认可,义勇军题材的流行,不仅是当时社会形势所趋,也是木刻版画媒介意识形态改变的关键。

来自天津工业大学文法学院的郑二利讨论潘诺夫斯基文艺复兴艺术研究中的"人文"主题,从三个方面进行阐释。首先提出了人文主题是潘诺夫斯基图像研究的出发点,其对文艺复兴"人文"主题的表述引证布克哈特文化史学研究的观点,选择古典题材的图像作为研究对象以回应"人文"精神;其次,论述潘诺夫斯基的图像研究偏重于符号学,而非造型功能;最后,对潘诺夫斯基图像理论进行质疑。

广西艺术学院的黄燕则对16世纪末意大利人切萨雷·里帕(Cesare Ripa)的《图像志》(*Iconologia*)一书的徽志传统进行了深入研究。她首先以法国艺术史学者马勒(Émile Mâle)的研究引出里帕的著作,进而提出西方古典文献中的三个关键概念,即寓意(Allegory)、徽志(Emblem)和拟人形象(Personification)。最后通过对《图像志》研究的文献综述、版本讨论及其学术价值综合考察这本徽志书参考手册。

同样来自广西艺术学院的吴燕武则在意大利费拉拉无忧宫(Schifanoia)星相壁画中探寻到了中国元素的痕迹。通过对壁画中某些图像志的解读以及相关文献的研究，他得出欧洲和中国的星相图像有着同样的来源：波斯和印度；欧洲与中国的关系未必有直接的联系，而是被波斯-印度化后互相传入。

二、多学科的视觉文化研究

图像研究不仅是国内美术界关注的研究方法，也为美学、哲学、文学等领域所运用，成为视觉文化研究的主流。研讨会突破单一的图像理论和研究方法，探讨图像同修辞、叙事、符号、思维等问题的关系。

同济大学的蒋原伦教授认为中国山水画不仅仅表达了画家的主观感受，更体现了中国传统的文化情怀，他将其称之为“人生境界的修辞”。中国的山水画经历几个阶段：最初山水画是画家对大自然和生活的观察和描绘，在演进过程中，由于山水空间演变为与世俗平行的人生境界空间，画题被悬置，绘画技法渐渐独立，并演变为程式，在 20 世纪初西方写实风格传入中国时山水画又受到挑战和质疑。蒋原伦教授还通过探讨吴冠中“笔墨就等于零”以及张仃“中国画的底线”不同的主张，说明笔墨技巧一方面需要随特定情景而变，同时它也构成了中国坚固的传统和趣味，独立于被表现的对象。

华东师范大学哲学系的姜宇辉教授通过蝴蝶这一具体图像讨论中国古代女性绘画，并结合梅洛-庞蒂的理论，试图构建贯通艺术文化的“通感”概念。“通感”在梅洛-庞蒂的理论中被认为是肉体与世界的通道，“限定”和“啮齿”(s'engrenage)大致勾勒出“通感”的基本面貌，是指大自然在不同事物上印下的相同印证。从文俶的画中看出，蝴蝶无论是从构图还是存在的意义，都存在着特殊性，多种研究表明，通感具有一种女性特质，蝴蝶在闺阁画中代表的是在男性为主导的社会里无声的反抗。

东南大学艺术学院的卢文超副教授从 85 新潮美术谈起，探讨了艺术先锋与政治先锋的关系。艺术先锋与政治先锋的关系非常复杂，时而携手一致，时而相互冲突。一方面，艺术先锋借助政治先锋的精神资源，在艺术领域进行艺术革命，实际上是在艺术领域进行具有政治性的行动，而政治先锋可以从艺术先锋那里获得本真性；另一方面，由于艺术先锋独特而激进的形式导致与政治先锋不容。两者相互依赖又相互抵触，正是在这种复杂的关系中，中国的 85

美术运动发展了起来。

来自嘉应学院文学院的李俊副教授在研讨会上讨论了图像的逻辑问题。图像叙事是当今视觉文化的逻辑起点，以“艺术成了仿像”、“世界将作为图像被把握和理解”、“生活本身展示为许多景象的高度聚积，直接存在的一切都转化成一个表象”三个观点，说明图像叙事的逻辑这个概念，将图像叙事的逻辑分为“元文本”叙事、“聚焦式”叙事、“整体式”叙事和“欢快式”叙事，并由此提出了图像叙事的逻辑与社会组织原则。

广西艺术学院美术学院的张园副教授通过艺术史家夏皮罗和哲学家海德格尔对梵高的《鞋子》这件作品的不同解释，探讨哲学与艺术史研究方法的区别。开篇提出海德格尔艺术之思的理论逻辑，指出他对艺术的思考建立在哲学史和美学史的基础上，认为艺术是存在真理发生的本源，他通过艺术品关注存在着的存在；而夏皮罗则关注艺术作品与艺术家个人经历和社会文化的关系，着重艺术的表现。二者对待艺术的不同态度和意图造成对艺术作品的不同阐释。

南京艺术学院美术学院的丁亚雷副教授的议题涉及图像与思维层面的问题。通过对不同理论对图像是否展现思维问题进行探讨。图像的焦虑在于图像在思想的生成上，自身是无语的，图像的发生有赖于语言和文字。而阿恩海姆的格式塔心理学认为图像是基础性的再现模式；在卡西尔的理论中，图像能够作为一种思维方式。通过这些理论，他认为图像的思考与展现无需中介。

中国人民大学文学院的常培杰老师同样探讨先锋艺术。他从审美唯名论美学的角度，论述现代艺术和先锋艺术的特征和发展。借助唯名论在艺术领域形成的审美唯名论，现代艺术从抽象永恒的观念中解放，转向具体短暂的当下经验，以“自我批判”的方式追求特殊性和纯粹性，审美领域对特殊性的强调确立了现代艺术的自主性和自律，而不断更新的追求也使现代艺术具有了鲜明的“自反”特征，逐渐走向抽象，并最终导致了反艺术自律的先锋艺术的产生。

三、新媒体时代的图像和艺术

随着数码技术、互联网、虚拟现实技术的发展，图像学的运用超出了美术史、美学、哲学等理论的局限，与新媒体和传播学相结合。此次研讨会也关注了新媒体时代的图像研究。

广西师范大学文学院的副教授刘世文讨论了构建“媒介艺术学”的可能性。借助技术的发展和新媒介的运用，图像的生产、传播和消费已经构建出当代社会的媒介艺术环境，而媒介优先和媒介主体性的凸显所导致的新媒体艺术繁荣是构建媒介艺术学的重要依据，在这个环境下，当代的艺术实践和研究呈现出艺术媒介化和媒介艺术化的特征。因此构建媒介艺术学，不仅对新媒体视野下的新艺术进行理论探索，也引领艺术的变革，由此可以进一步探索媒介艺术学建构的重要理论构成。

北京师范大学艺术与传媒学院的唐宏峰副教授以媒介的考古学的思路，论述中国晚清“被放映的图像”幻灯、画报图像等西洋光学媒介与电影性质的相近相似性，它们共同构成近代中国视觉现代性的发生，以及电影出现的前史。同样，晚清的早期电影观众同时参与幻灯、西洋景等新式娱乐活动和新感官经验，已培育出接受虚拟影像的美学，而电影将这种虚奇美学推至新的高度。

南京师范大学美术学院的应爱萍则探讨了对摄影史的重新阐释以及新摄影史，通过从对摄影史撰写产生重要影响的理论进行分析，考察摄影史书写的演变。传统的西方摄影史学，在 20 世纪初期转向摄影艺术史，强调美学和艺术史写作要素，但忽略了社会学和文化史等外部联系，20 世纪七八十年代摄影理论家开始对这种模式提出了质疑，借助哲学、符号学，并融合马克思主义、女性主义和精神分析等理论，全面理解和阐释摄影史和摄影理论。

北京市社科院文化研究所的许苗苗探讨了在读图时代，网络文学得以生存的原因。当前网络文学以在线通俗小说为主体，完全以文字表达的超长网络小说却在声像炫目的网络娱乐中占有一席之地，甚至日益兴盛。其原因是，媒介融合的粉丝效应使热门网络文字在其他媒体中获得图像形象；并且网络文学为吸引观众突出代入感,而文字形象的模糊和营造出的巨大想象空间提供了容纳代入感的媒介。

中国艺术研究院美术研究所的陈文璟副研究员提出了对数字时代的中国绘画发展的担忧和解决之道。他认为中国传统艺术运用图像作为沟通精神和现实世界的方式,中国绘画源于中国人内在体验的需要。明清以降图像的程式化,以及近代绘画写实主义的革命,使传统图像失去本来的价值;生产技术的进步带来了中国传统绘画的危机。在数字时代下,中国绘画的发展不仅是对传统绘画技法的继承,还应对精神传统进行复兴,实现艺术教化和修身养性的功能。

北京外国语大学外国文学研究所的博士生张洪亮关注20世纪图像诗(image poetry)的创作问题。她结合媒介理论,探讨现代图像诗的反叛性和解构特征。图像诗偏重视觉呈现,突破传统的声音属性,而现代图像诗进一步协调了诗与画的矛盾,形式和内容形成互文关系,并且将语言从意义和概念中解放出来,从而恢复读者对语言物质性的感受力。

四、民族图像与当代文化生活

图像学已在21世纪初期被中国学术界广泛接受,除了研究图像学理论,越来越多的学者致力于将理论付诸当代文化研究和美术批评的实践,考察国内本土文化和艺术。本次研讨会就将图像的意识引入民族艺术和当代文化生活。

广西师范大学文学院的张利群教授从图像叙事角度研究花山岩画的历史文化及其骆越精神信仰机制。图像叙事理论基于多种叙事方式与功能,也基于字画同源提出图像"前文字"记志功能。花山岩画的人物原始朴拙的蛙状人形、单一赭红颜料的"影子式"图像彰显生命的无限活力,成为骆越文化的代表,具有族群认同、聚集、凝聚力与向心力功能意义。花山岩画形成了文化传承之叙事场、叙事链及元叙事意义,不仅承接历史,也关联当下的文艺创作,形成独特的民族文化。

广西民族大学文学院的范秀娟教授指出,以花山岩画、铜鼓、壮锦、绣球等为原型的民族文化再生产不是一种简单的物质再生产，而是一种意义的再生产，它们共同指涉一个既有民族特色又开放包容的广西形象。广西形成了一种跨民族、跨文化、杂糅型的多民族精神，具有多元的文化价值观，而在全球化时代需要建构一个多民族统一的文化身份、整体性的文化形象来彰显地域我者的形象，以区别文化他者。以图像方式再生的传统是当代人通过对传统的挪用来确立自身的文化身份和形象，并携带传统信息的有根文化来破解身份模糊不明的窘境。

会议最后，研讨会发起人、广西艺术学院美术学院副院长闫爱华发言指出，发起和组织这次会议的初衷是邀请不同学科和不同研究路径的学者共同探讨图像研究及相关领域的话题，为学者们提供一个思想交锋和碰撞的平台，由此展现出美术史研究的开放性。同时，其他学科也可以从美术史学科中汲取营养。

本次会议既展现了在西方理论资源基础上所展开的图像研究，同时也展现了国内学界对西方学术影响的回应。相信本次会议所倡导的跨文化和跨学科的研究视角必将对国内图像研究产生一定的影响。

（本文根据研讨会论文集和会议发言整理；
唐可星，广西艺术学院美术学院）

谢森作品选登

谢森，1953 年 5 月出生于广西。1976 年毕业于广西艺术学院，留校任教至今。曾任教务处长，研究生处长，校学术委员会主任。现为谢森工作室负责人、二级教授、硕士生导师、中国美协会员、广西美协油画艺委会主任、广西美协理事、中国油画学会理事、广西油画学会主席、漓江画派促进会副主席。重要参展：第六、第八、第十、第十一届全国美展；1982 年油画《苗山十月》中国美术馆收藏；1987 年“首届中国油画艺术展”；1995 年马来西亚吉隆坡个展；1996 年“首届中国油画学会展”；1997 年“中国油画肖像百年展”；2003 年“第二届西部大地情展”获金奖、“第三届中国油画艺术展精品展”；2005 年“大河上下——新时期中国油画回顾展”；2010 年“第 9 届中国艺术节全国优秀美术作品展”、“中国小幅油画展”、“油画与当代社会油画展”；2011 年“艺术家眼中的当代中国油画展”；2012 年“可见之诗——油画写生展”、广西近现代重大历史题材创作《抗战时期桂林文化城》；2013 年“吾土吾民油画邀请展”、“首届中国美协会员油画精品展”获优秀奖、“绘画的品格油画展”；2014 年“可见之诗——中国油画风景展”；2016 年“可见之诗——第二届中国油画风景展”；2017 年“可见之诗——中国油画名家邀请展”；1988、2006 年两次获广西文艺最高奖——铜鼓奖；出版画集《中国油画二十家：谢森》、《谢森：作品与文论》、文集《艺术是可以教的》等。

收获甘蔗之三

100cm×90cm　2007 年

收获甘蔗之四

160cm×140cm

2007 年

田园牧歌的回忆　240cm×150cm　2009 年

抗战时期桂林文化城　350cm×280cm　2012 年

石林　160cm×100cm　2015 年

阳光海滩　100cm×80cm　2016 年

惠安女写生　100cm×80cm　2017 年

李福岩作品选登

李福岩，吉林人。1987 年毕业于西北师范大学美术系油画专业，1996 年毕业于中央美术学院油画系第八届油画研修班。现为广西艺术学院教授，美术学院院长，硕士研究生导师，中国美术家协会会员，广西美术家协会副主席，全国艺术专业学位研究生教育指导委员会美术设计分委会委员，广西高等教育协会理事，漓江画派促进会常务理事。多年来主要从事油画教学与创作研究工作，出版著述 2 部，油画作品多次参加全国及省市美术作品展览，并有多幅作品获奖，部分作品被国内外美术馆、友人收藏。

不夜港

110cm×120cm

2010 年

宏村

80cm×60cm

2012 年

高原小镇

60cm×50cm

2014 年

西北秋景

60cm×50cm

2015 年

烟雨初生

80cm×80cm

2016 年

云卷云舒

80cm×80cm

2016 年

明仕水田　80cm×60cm　2016 年

编后记

这期媒介批评的“核心话题”是人工智能。

首先遇到的困惑是人工智能算不算一种媒介？回答是肯定的，既然人可以是媒介（如月老、红娘），机器也可以是媒介，那么人工智能就是一种特殊的融合媒介。

在我最初的概念中，人工智能多少有点等同于机器人，其实不然，机器人只是人的各种机能的延伸，其延伸的幅度和量级在人们预先设定的范围之内。人工智能则可能是另一种行动主体，它能够在运作过程中不断自我学习、自我完善。无论是胡塞尔的还是哈贝马斯的有关主体间性的理论，似乎都无法涵盖这样一个新型的机器主体。关于什么是生命，如何界定生命的本质，人们存在着许多不同的理解，同样关于人工生命、人工智能也存在着多种研究思路和探索途径。王颖吉、卫琳聪的《智能源于生命：人工生命的实践及观念》一文梳理了近一个世纪以来，从阿兰·图灵、约翰·冯·诺依曼到凯瑟琳·海勒等有关人工生命和人工智能在观念认识上的扩展和演变的历史，简述了人工生命的概念、分类和三个不同的研究方向，以及人工生命和人工智能之间逻辑起点的差异。其中“生命的本质是算法”观念的提出，可谓惊世骇俗，撼动了欧洲文艺复兴以来“大写的人”的地位。王蔚的《关于人工智能与新闻业未来的断想》就人工智能对未来新闻业界产生冲击和影响作了预判和展望，认为人工智能完全覆盖了采访、写作、编辑、发行等新闻生产传播全链条，新闻业在被人工智能“赋能”的同时，也被其所牵制和羁绊。文章提出的一个重要问题是，在流量思维为主导的互联网新闻服务格局中,人工智能能否成为反思新闻业公共性的好时机。

本辑的"今日视点",讨论电子游戏。贾想的《3D乌托邦:论CRPG游戏的浸没体验》是这一研究领域不可多得的好文章,该文以电脑角色扮演游戏《上古卷轴5:天际》为例,描述了CRPG游戏"浸没体验"的产生过程,并从"视野叠合"到"身份叠合",从乌托邦三原则和交互性三要素等方面,对比了电脑游戏和传统游戏之间的种种差别,概括精当,分析绵密。文章最后锐利地指出,世界范围内电子游戏尤其是CRPG游戏的发达景象,其实并非游戏文化的发达,而是资本市场与新兴媒介的发达,正是在此过程中,人类早期的游戏精神逐渐沦落和异化。

在"影像批评"栏目中,孙婧《新媒体视域中的微电影影像语言考察》从影像呈现的角度对微电影的影像语言作了相应的描述。受制于资金和技术支持,微电影形成了自己的贫困或质朴的风格特征,如固定机位、小景别、文字造型和质朴表演等。可见,所谓风格或特征不一定是创作者的主观意图,有时是物质条件和环境的产物。

这里特别要提及黄燕的《图像学视域中的徽志书传统——里帕〈图像学〉研究状况》,该文对这本16世纪末面世的著作的多个版本及其研究状况作了介绍和清晰的梳理,实属难能可贵。里帕的这本《图像学》堪称图像与视觉文化研究的奠基之作,诚如作者黄燕所说,在艺术史学科的发展过程中,这本著作的地位虽非显赫,却是"图像学"之链上不可忽视的一环。里帕考溯古希腊以降对抽象名词进行视觉化呈现的习惯之源流,综合了古代徽志、徽铭、徽征及寓意创作传统,用文字构思创作出一系列拟人形象,并且以方便查阅借鉴的字母表顺序条陈纂集,提供给当时的诗人、布道者、演说家、艺术家甚至舞台设计者们作为创意参考。据说正是"由于这本书的出版,人文主义的寓意图像志体系才得以建立:古典神明、拟人形象、象形文字、符号和徽志把文字和图像结合了起来"。当然,对于笔者来说,很希望能早日读到里帕的这一著述的中译本,以便有效解读西方古典艺术作品。

蒋原伦

2018年7月